日本帝國的性奴隸

日本帝國的性奴隸

中國「慰安婦」的證言

丘培培與蘇智良、陳麗菲 合作

丘培培 譯　周游力 協譯

香港大學出版社

香港大學出版社

香港薄扶林道香港大學

www.hkupress.org

© 2017 香港大學出版社

ISBN 978-988-8390-83-0（平裝）

Originally published as *Chinese Comfort Women: Testimonies from Imperial Japan's Sex Slaves* © UBC Press, Vancouver, Canada, 2013.

10 9 8 7 6 5 4 3 2 1

於香港印刷

目 錄

圖 表

圖

表

鳴 謝

本書的調查與撰寫曾得到眾多個人和機構的熱心幫助，謹此表示最深切的謝意。首先要感謝的是那12位勇敢地站出來講述自己在日軍慰安所中所遭受的折磨及戰後苦難經歷的女性。她們是：陳亞扁、黃有良、雷桂英、李連春、林亞金、陸秀珍、譚玉華、尹玉林、袁竹林、萬愛花、周粉英、朱巧妹。她們口述史的出版使世界上更多的人得以了解這一頁重要的歷史。

對本書的研究、寫作提供過幫助的人不勝枚舉，無法逐一表達感激之情。此處鳴謝如有疏漏，敬請原諒。我們特別要感謝的是為我們收集原「慰安婦」口述史提供了直接幫助的日軍慰安所倖存者的親屬及志願研究者們。其中包括倖存者袁竹林的養女程菲、中國「慰安婦」研究中心特邀研究員程紹蟾、海南省保亭縣南茂農場志願調查員陳厚志、雲南省保山市原史志辦公室研究人員陳祖梁、海南省原史志辦公室主任符和積、倖存者李連春之女高玉蘭及兒媳張學芳、海南省陵水縣田仔鄉原文化站站長胡月玲、倖存者周粉英之子姜偉勳、陝西省盂縣志願調查員李貴明、雲南省保山市隆陽區原史志辦公室主任沙必璐、海南省陵水縣原政協主席蘇光明、倖存者雷桂英的養子唐家國、倖存者譚玉華之子譚毛湘、倖存者陸秀珍的繼子王安章，及倖存者朱巧妹之子周變。

由衷感謝湛江師範學院外國語學院院長陳俊英，「敦促日本戰後補償國際聯盟」執行長有光健，及中國故宮博物院研究員朱春立為筆者提供了寶貴的日文資料。感謝紐約非盈利機構 People Inc. 財務總監張越女士不遠萬里將筆者所需資料由中國帶到紐約。感謝哥倫比亞大學東亞圖書館中文藏書負責人王成志博士、日文藏書負責人野口幸生博士、特殊館藏負責人 Ria Koopmans-de Bruijn 女士對筆者調查的鼎力協助。筆者的調研也得到了瓦薩大學圖書館 Barbara Durniak 女士及瓦薩大學科研基金辦公室 Amanda Thornton 女士的傾心幫助。上海師範大學諸多研究生和筆者在瓦薩大學的學生助手 Xuan Liu、Sally DeWind、Maria Ichizawa、Charlotte Ong、周游力、

Hayley Rothman、劉均鋭、郭泊羽、Anthony Chan 做了大量的輔助工作；周游力還參加了本書中文版初稿部分章節的翻譯，劉均鋭參加了索引的編寫，值此一併致謝。此外，筆者借此機會對瓦薩大學畢業生 Lesley Richardson 和 Leann Peterson 表示感謝。筆者對中國「慰安婦」問題的調查始於審閱 Lesley 就韓日「慰安婦」索賠運動撰寫的畢業論文；Leann Peterson 曾參與朱巧妹口述史初稿的英文翻譯工作。

　　本書的寫作得益於諸多此前出版的關於「慰安婦」問題的研究，但因篇幅所限，難以逐一列出，謹此向先行研究者一併致謝。特別感謝康健律師向筆者提供中國「慰安婦」對日訴訟的相關信息；感謝惠泉女學園大學名譽教授、大阪經濟法科大學亞洲太平洋研究中心所長內海愛子、岡山大學名譽教授石田米子，及戰爭與和平婦女運動展覽館（Women's Active Museum on War and Peace, WAM）負責人池田惠理子的寶貴幫助。在本書英文版撰寫的不同階段，多位學者、同人抽出寶貴時間閱讀書稿並提出寶貴建議，謹此表示深切的謝意。瓦薩大學 Lizabeth Paravisini-Gebert 教授不僅仔細閱讀了初稿全篇，並為本書的撰寫與出版提供多方支持；Seungsook Moon 教授、Katherine Hite 教授分別從性別研究、社會運動，及記憶研究的角度對初稿提出寶貴的修改建議；華東師範大學姜進教授熱心促成筆者與蘇智良、陳麗菲兩位教授的合作，並對初稿提出建設性意見；哈佛大學 Karen L. Thornber 教授對完善修訂稿提出了寶貴意見，並對本書出版給予熱忱支持；中國社會科學院日本研究所孫伶伶博士從法學研究的角度，仔細閱讀了有關中國「慰安婦」法律訴訟的章節；日本戰後賠償聯絡網有光健執行長閱讀了初稿並就「慰安婦」索賠運動提供信息；瓦薩大學 John J. Ahern 教授、Bryan W. Van Norden 教授審閱了本書初稿，並給予筆者大力支持；中國社會科學院世界歷史研究所顧寧研究員、日本研究所李薇所長、美國禾大公司（Croda Inc.）孫金霞博士對本書的寫作傾心相助，並提出中肯建議；瓦薩大學蘇福兵副教授、周宇教授不僅抽出寶貴時間閱讀書稿，並與筆者就「慰安婦」問題進行了深入的討論；瓦薩大學教務院長 Jonathan Chenete 教授就本書前言的寫作提出了建設性意見；土屋浩美副教授、Diane Harriford 教授，及美國 Bridgewater Associates Inc. 中國區總裁王沿先生也在百忙中閱讀了書稿的不同章節。加拿大不列顛哥倫比亞大學出版社特邀審稿人提供了中肯評價與建設性意見，對書稿的進一步完善至為關鍵，筆者不勝感激。

　　筆者由衷感謝瓦薩大學計算機學系行政助理 Linda Wood 女士為校閱本書初稿花費的心血。感謝《新民晚報》記者方毓強先生為本書提供日軍在上海建立的第一家慰安所「大一沙龍」的日本地圖照片。感謝上海師範大學博士後研究者吳俊範女士為製作 12 位倖存者受害地點圖初版所做的工作。感謝

美國新澤西州帕利賽茲帕克鎮藝術家 Steven Cavallo、鎮長 James Rotundo、副鎮長 Jason Kim 百忙之中向筆者詳盡介紹美國第一座「慰安婦」紀念碑的建立沿革。

　　加拿大不列顛哥倫比亞大學出版社資深組稿編輯 Emily Andrew 女士、編審 Joanne Richardson 女士，及製書編輯 Megan Brand 女士為本書英文版的出版做了大量的工作。她們高度的敬業精神和專業水平令人欽佩。香港大學出版社總編輯何舜慈女士、編審謝偉強先生、策劃編輯梁悅生小姐，及原助理編輯、版權經理梁倩儀小姐為本書中文版的發行盡心盡力，特此感謝。

　　本書英文版的研究與寫作，先後得到瓦薩大學 Emily Abbey 基金和 2005 屆畢業生捐獻基金的資助。上海師範大學資助了部分實地調查及訪談的費用。本書英文版的出版承蒙加拿大政府圖書基金、不列顛哥倫比亞文學藝術委員會、瓦薩大學 Susan Turner 基金贊助；中文版的翻譯出版承蒙瓦薩大學 Salmon 基金及 Tatlock 基金贊助，在此一併致謝。

　　在本書中文版出版之際，筆者及合作者衷心感謝我們的家人。他們長期以來無條件的支持，使這一重要的研究課題得以完成。

前 言

　　劉面換是家中獨女。在她之前，劉家的幾個孩子都不幸夭折，小面換一出世就被父母視為命根子。然而，在劉面換未滿16歲那年，日軍佔領了她的家鄉，將她從母親眼前抓走，關進軍事據點充當日本兵的「慰安婦」。半個多世紀過去了，這段悲慘的經歷仍然是劉面換心頭流血的傷口。回憶起慰安所裏駭人的折磨，她止不住淚如泉湧。

　　我生在山西盂縣羊泉村。戰前家裏生活雖不富裕，倒也沒有什麼大的憂愁。

　　那年我將滿16歲，一隊日本兵突然進了羊泉村，包圍了村莊。記得是採嫩柳葉、榆樹葉吃的時候。那天天氣很好，我們一家早晨吃了早飯，母親在炕上，父親去地裏幹活了。忽然聽到有人高叫：「開會！」「開會！」後來聽說這人是日本兵的翻譯官。所有的村民被日本兵趕到草堆邊的空地上，全部蹲下，然後日本兵就開始在裏面尋找「花姑娘」。有個30歲左右的軍人，漢奸們叫他「隊長」，走到我面前，瞪著眼看我，讓翻譯對我說：「你長得很漂亮。」這樣我就被日本兵挑上，五花大綁地與其他兩個女孩一起被押上了路。我媽哭叫，沒有用。我不停地反抗，遭到日本兵的毒打，左肩受傷，至今活動不便。

　　約走了三、四個小時，我們被日本兵押到了進圭村，關進了日軍的據點。當天晚上我就被日本兵強姦了。我又痛又怕，嚇得縮成一團，恨不得鑽到地裏躲起來。以後日本兵開始白天黑夜地輪姦我，每天至少有五、六個日本兵進來。那個隊長每天晚上來強暴我。那時我還未滿16歲，還沒有月經。遭到日軍的摧殘後，下身糜爛，全身浮腫。我疼得坐不能坐，站不能站，只能在地上爬，連上廁所也只能爬著去，每日生活如地獄。

日軍讓當地的人送飯進來，每天只有兩頓，一頓只有一碗玉米粥。我房間的門口由漢奸看著，無法逃跑。我當時的身體狀況也根本不可能逃跑。我曾經想死，又想念著爹娘，想著爹娘不知怎麼念著我，我不能死，只有忍耐著。

這時進圭村的一個親戚知道了我的情況後，跑到羊泉村去告訴了我的父母。我父親把家中僅有的一圈羊給賣了，得了 100 多銀元，便跑到進圭村去求日本兵。可憐我的父親，他趴在地上磕頭，求他們開恩放了他女兒。日本兵不理。又跟翻譯說，身子養好了就送過來。當時我已被關押了 40 多天。大概日本兵看我身體確已不行了，不能再做他們的發洩工具了，便收下了銀元，把我放了。

看到父親來救我，我哭啊哭啊，連爬的力氣都沒有了。我父親將無法走路的我放在驢背上馱回了家。我一面在家養傷，一面還得提防日本兵又來抓我。於是我父親挖了個地窖，將我藏了進去。果然，在半年之中日本兵真來找過幾次，因為我事先都躲到地窖裏，才沒有被鬼子再抓了去。

劉面換的家鄉盂縣於 1938 年至 1945 年間被日軍佔領。盂縣位於日軍佔領區和抗日根據地的交界處，在日軍頻繁的掃蕩中倍受摧殘。大批當地婦女與劉面換一樣成為日軍性犯罪的受害者，時刻生活在暴力騷擾的恐怖之中。這無時不在的恐怖直到戰爭結束後才得以解除，但戰爭造成的創傷和貧窮繼續困擾著她們的餘生。在苦難中掙扎了一輩子的劉面換於 2012 年 4 月 12 日與世長辭。

在日本侵華戰爭期間，不計其數的中國婦女像劉面換一樣，遭到日軍殘酷的性奴役。然而，她們的悲慘遭遇過去卻鮮為國際社會所知。戰後幾十年來的社會政治環境迫使為數不多的倖存者長期陷於沉默，而民族國家英雄主義的抗戰敘事亦對她們的苦難遭遇諱莫如深。直到近二十年，在韓日「慰安婦」索賠運動的激勵下，在中國民間團體、研究者和法律專家的支持下，這些倖存者才開始公開講述她們的遭遇。她們的故事揭露出日軍性奴役制度最殘忍的一面，讓世人看到中國「慰安婦」作為日本帝國主要敵對國的國民所遭受的特別慘無人道的蹂躪。

自從原「慰安婦」打破沉默講出自己戰時的經歷，那些企圖將她們的故事從公眾記憶中抹去的勢力便從未停止過活動。2012 年，日本官方派員赴美，試圖拆除建在新澤西州的一個「慰安婦」紀念碑。此舉當時引起了國際社會的廣泛關注。這座銅面石底的小紀念碑於 2010 年建成，位於新澤西州帕利賽茲帕克鎮（Palisades Park Borough）。碑面上刻著如下幾行獻詞：

謹此紀念那些被日本帝國政府武裝部隊擄走的20餘萬婦女和少女

1930年代—1945年

這些被稱為「慰安婦」的女性所遭受的人權侵犯不應被任何國家和人民忽視

讓我們永誌不忘那駭人聽聞的反人類暴行

紀念碑的設計者 Steven Cavallo 告訴筆者，他是從2008年開始創作關於「慰安婦」題材的藝術作品的。當時他正在舉辦一場個人畫展，展出的作品取材於遭納粹大屠殺的猶太人、二戰時被美國拘禁的日裔、無家可歸的越戰老兵，以及日軍「慰安婦」。參與籌建這個紀念碑的人來自不同的文化背景，包括一位日裔藝術家。然而，2012年5月6日，四名日本國會成員突然造訪帕利賽茲帕克鎮，要求當地政府拆除這座紀念碑，並聲稱：「所謂軍隊脅迫婦女屬不實之辭。」[1] 他們的要求當即被鎮長 James Rotundo 及副鎮長 Jason Kim 拒絕。但此後不久便有人在白宮官方網站上登出一份請願書，發起簽名運動，要求奧巴馬政府下令「拆除該紀念碑，不支持任何與該問題相關的、針對日本人的國際挑釁」。[2] 這場簽名運動一個月內徵集了28,000多個簽名。據報導，大部分簽名來自日本。某些日本政治家及其支持者的網站對此大肆宣傳，其中就包括前往新澤西的日本代表團中的兩名國會成員。[3]

　　紀念「慰安婦」所引起的國際爭議恰恰凸顯了記憶的力量和把倖存者的經歷載入歷史的重要性。令人深思的是，在那場戰爭悲劇發生七十年後的今天，日本和世界各地仍然有人在為亞太戰爭期間「慰安婦」問題的真相而爭論。對於戰後出生的人而言，「慰安婦」的遭遇既遙遠又難以置信。棄之不問或任由歷史將之塵封似乎來得更容易、更輕鬆。然而，如此大規模、如此慘痛的生靈塗炭，不應該也不能夠被忽視；我們如何認識和記住過去發生的一切，不僅影響我們的今天，更關係到我們的未來。

　　講述「慰安婦」的故事絕不是要羞辱日本人，正如紀念被屠殺的猶太人和遭受原子彈傷害的日本人並非要讓德國人和美國人名聲掃地。恰恰相反，這樣做是為了增進日本人民與亞洲鄰國人民之間的理解與互信。以國家榮譽的名義漠視並否認普通人的苦難不僅謬誤而且危險：國家機器慣於利用此類藉口把民眾拖入戰爭，剝奪其基本權利，並傷害他們。對於那些真心希望解決戰爭遺留下來的日軍「慰安婦」問題、並撫平戰爭創傷的人來說，超越民族國家的立場，正視戰爭對人類生命的侵犯，是最基本的出發點。只有真正了解「慰安婦」的苦難，才能正確認識日軍戰時慰安所的實質和日軍「慰安婦」制度的本質。正如戴安娜・拉里（Diana Lary）、斯蒂芬・麥金農（Stephen MacKinnon）、卜正民（Timothy Brook）及其他學者在研究中國反侵略戰爭的

歷史時所指出的，為了真正理解過去發生的一切，我們必須認識到苦難是歷史研究的主課題而非副產品。[4]

　　中國大陸是第二次世界大戰的主戰場之一。為了銘記戰爭的災難，本書將中國「慰安婦」的苦難經歷連同大陸人民的慘痛記憶一併記載，以求加深我們對那段苦難歷史的認知，進而促進亞洲乃至世界各國間的相互理解與和平。

引 言

　　本書譯自關於中國「慰安婦」的首部英文專著，*Chinese Comfort Women: Testimonies from Imperial Japan's Sex Slaves*。[1]「慰安婦」一詞對於中國讀者來説並不陌生。1930 年代初至 1945 年間，日本帝國軍隊在亞洲強徵大量婦女，將她們稱為「慰安婦」，投入軍用「慰安所」，肆意蹂躪。「慰安婦」是日文同字詞的直譯。「慰安」二字的含意與受害女性在日軍慰安所裏的悲慘遭遇大相徑庭，因而這個掩飾罪惡的詞語是不應當用來指稱那些受害女性的。本書之所以使用「慰安婦」一詞，是因為該詞近年來已經成為廣為人知的專用語彙，在國際討論、歷史研究及法律程序中專指亞太戰爭期間遭受日軍蹂躪的性奴隸。因此，筆者在本書中將「慰安婦」一詞加引號，作為一個專題討論用語使用。

　　關於「慰安婦」的報導在日本戰敗後曾零星見於一些回憶錄、藝術作品、小説雜誌及電影書刊，[2] 但直到 1990 年初「慰安婦」索賠運動興起，這一問題才在世界範圍內引起重視，成為高度政治化的國際議題。[3]「慰安婦」索賠運動最初由韓日學者及婦女運動組織發起，很快得到了各國民間團體、研究人員、法律專家及媒體的關注與支持。這場運動所形成的國際社會話語環境為日軍慰安所倖存者提供了有力的支持，使她們終於能夠打破沉默，公開講出自己戰時的悲慘遭遇。

「慰安婦」口述史的英文出版概況

　　1991 年，韓國倖存者金學順 (1924–1997) 首先站出來，以原日軍「慰安婦」的身份公開作證，帶動了更多的慰安所倖存者出面講述自己戰時的經歷。倖存者的控訴為了解日軍慰安所的真相提供了第一手資料，也為搞清「慰安婦」問題的實質提供了關鍵信息。自 1990 年代以來，各國研究者為記錄、刊行倖存者的口述材料，以及把她們的口述史介紹給國際社會而付出了

巨大的努力。在「慰安婦」口述史的英譯本中，兩本倖存者自傳影響較大。一本是《五十年的沉默》(*Fifty Years of Silence*, 1994)，該書為出生在荷屬東印度 (今印度尼西亞) 的荷蘭裔受害者珍‧拉芙－奧赫恩 (Jan Ruff-O'Herne) 所著；另一本是菲律賓受害者瑪利亞‧羅莎‧漢森 (Maria Rosa Henson) 的《慰安婦：苦命的奴隸》(*Comfort Woman: Slave of Destiny*, 1996)。這兩本書詳細記錄了受害者在亞太戰爭期間被迫充當日軍性奴隸的苦難經歷，引起了廣泛的反響。與此同時，國際法學家委員會發表的專題報告《慰安婦：無盡的煎熬》(1994)，[4] 也刊載了菲律賓及韓國倖存者的口述材料。隨後聯合國的三份調查報告相繼問世，將「慰安婦」制度明確定性為日軍性奴隸制度。[5] 這些調查報告中所揭露的日軍「慰安婦」遭受的非人待遇，在國際社會中引起了強烈的震動。1995 年，Keith Howard 編輯的英文專集《韓國慰安婦紀實》(*True Stories of Korean Comfort Women*) 出版發行。此書韓文原版為「韓國挺身隊問題對策協議會」和「挺身隊研究會」所編，收有 19 位原「慰安婦」的口述材料。該書作為首部「慰安婦」口述史專集，是韓國倖存者的集體控訴，有力地挑戰了戰後日本官方對那場侵略戰爭所作的描述。從 1990 年代中開始，越來越多的原「慰安婦」證言被譯成英文。其中影響較大的有 Chungmoo Choi 主編的《慰安婦：殖民主義、戰爭與性》(*The Comfort Women: Colonialism, War, and Sex*); Dae-Sil Kim-Gibson 的專著《打破沉默：韓國慰安婦》(*Silence Broken: Korean Comfort Women*；與該書同時發行的還有著者的獲獎紀錄片，內含 36 分鐘的韓國原「慰安婦」的證言)；由 Sangmie Choi Schellstede 主編、譯自華盛頓慰安婦問題聯盟訪談錄的《慰安婦在控訴：日軍性奴隸的證言》(*Comfort Women Speak: Testimony by Sex Slaves of the Japanese Military*)；以 及 由 Nelia Sancho 主編，亞洲女性人權委員會出版發行的《亞洲婦女遭受的戰爭罪行：二戰時期的日軍性奴役——菲律賓慰安婦》(*War Crimes on Asian Women: Military Sexual Slavery by Japan during World War II—The Case of the Filipino Comfort Women*)。[6] 與此同時，一些英文學術專著和大眾讀物也發表了部分慰安所倖存者的口述片段。[7] 倖存者口述資料的出版及學者們將其介紹給國際社會的努力，不僅為世人認清日軍「慰安婦」制度的本質起了關鍵性的作用，也在當前國際性的「記憶變革」(memory change)[8] 中有著重要意義。千百年來，社會的、政治的、男權至上的歷史敘事，慣將女性所遭受的非人待遇正常化，將戰爭與性暴力的連繫合理化。慰安所倖存者講述的親身經歷不僅徹底顛覆了以往的敘事邏輯，也引起國際社會對「慰安婦」問題及相關的人道原則的廣泛注意。

　　隨著越來越多的「慰安婦」口述史以英文出版，關於「慰安婦」問題的國際討論中終於聽到了慰安所受害者的聲音。然而長期以來，關於中國「慰安

婦」的信息在國際上卻明顯地缺失。從以上的概述中可以看出，除少數東南亞地區的受害者外，此前見諸英文的倖存者口述資料大都採自日本前殖民地的受害者，而日軍佔領地區，特別是中國大陸受害者的資料，幾近全無。這種狀況嚴重地影響了國際社會對「慰安婦」這一複雜歷史問題的全面認識。

關於「慰安婦」問題的國際爭論

在圍繞「慰安婦」問題的國際討論中，日本軍隊到底有沒有強迫女性進入慰安所是一個爭論的焦點。韓國受害者最初站出來作證時，日本政府矢口否認前日本帝國軍隊與強徵婦女有任何瓜葛。直到1992年，日本歷史學教授吉見義明公布了他所發現的戰時日本官方文件後，日本政府才改變了原先的説法。從那時起，日本的進步學者和法律專家始終在支持「慰安婦」索賠運動中起著重要作用。2007年，日本戰爭責任資料中心（The Center for Research and Documentation on Japan's War Responsibility, JWRC）的專家們在長期研究的基礎上，發表了〈關於日軍慰安婦問題呼籲書〉。呼籲書指出：「前日本海陸軍為滿足軍人的需要建立了『慰安婦』制度。由軍方決定慰安所設立的時間、地點、方式，並付諸實施，提供房屋，制定規則與收費標準，同時掌控對慰安所的管理。日軍完全清楚這些女性是如何被投入慰安所的，也十分清楚她們進入慰安所之後遭受了何等折磨。」呼籲書最後強調：「如果日本國內以往的執照賣淫制度可被稱為一種變相性奴役，那麼日軍的『慰安婦』制度則是徹頭徹尾的、赤裸裸的性奴隸制度。」[9]

持這種看法的不限於日本學者。1990年代以來，國際上眾多學者、法律專家和人權運動人士都將戰時日本的「慰安婦」制度定性為強制賣淫和軍事性奴役制度。[10] 然而長期以來，部分日本政府官員卻始終堅稱，無確鑿文件可以證明日本政府與軍隊參與了強行將女性送入前線慰安所的行動。[11] 一些保守作家和右翼人士也聲稱，「慰安婦」是在戰區私人經營的妓院裏賣淫的職業妓女，並未受到國家或軍隊的任何強迫。[12]

妮克拉·亨利（Nicola Henry）在研究武裝衝突中的性暴力時指出：「在亞洲廣泛建立『慰安所』並將她們稱為『軍妓』的做法，在道德概念上起著混淆黑白的作用，把本應受到嚴厲譴責的日軍性奴役行為塗改為受害者參與合作」，從而使受害女性在國內外尋求公道的過程中遇到難以踰越的法律障礙。[13] 的確，「慰安婦」被徵入慰安所的方式多種多樣，她們在慰安所中的遭遇也不盡相同。這種複雜性的存在，不僅被右翼分子和保守人士用來否認日軍曾犯下性奴役罪行，也使一些同情受害者的學者對是否應把「慰安婦」制度

定為性奴隸制度產生了疑問。韓裔美國學者 C. Sarah Soh 在《慰安婦：性暴力與韓日的後殖民時期記憶》一書中，就不贊成「日本的進步歷史學家做出的籠統定性，把這一現象看作是『官方有組織的性暴力』或『系統性的、全面的軍事性奴役』。」[14] 她強調「慰安婦」被送入慰安所有不同方式，而且她們在慰安所中的經歷存在多樣性，認為將慰安所認定為「強姦中心」是「有失偏頗」。[15] Soh 試圖跳出日本侵略戰爭背景的局限來分析針對女性的「結構性性暴力」的社會、歷史、文化背景。[16] 從這個意義上講，她的專著提供了一個不同視點。然而，正如 Soh 的書名所示，她的研究主要以韓日受害者為調查對象，基本未涉及包括中國婦女在內的日軍佔領下各國受害者的遭遇。[17] 應當指出的是，近二十多年來中國研究者的調查表明，日軍「慰安婦」制度受害者的總數遠遠超過以往的估計，其中在日軍佔領區被擄掠的中國女子，就約達 20 萬之多。[18] 不全面了解這一受害者群體的經歷，就無法對「慰安婦」制度的性質做出正確分析。

被長期掩蓋的暴行

　　中國受害者數量驚人，但長期以來卻鮮為國際社會所知，這種狀況是由多方面的因素造成的。首先，絕大多數中國「慰安婦」是在日軍佔領她們的家鄉時被擄進慰安所的，非人的折磨使她們中的大部分未能活下來講述自己的遭遇。戰時日軍士兵普遍認為，殘暴對待敵國國民是軍隊允許的戰爭行為；他們的殘酷折磨導致了中國「慰安婦」極高的死亡率。這些受害女子或死於毒打，或因傷病得不到醫治而亡，或為逃跑被殘殺，或遭士兵性虐致死，或在日軍撤離時被屠殺滅口。其次，與從日本本土或殖民地徵集的「慰安婦」不同，日軍在佔領區隨意抓擄中國婦女通常不留任何記錄，加之第二次世界大戰結束時日軍銷毀了大量相關文件，[19] 遠東國際軍事法庭（The International Military Tribunal for the Far East, IMTFE）和中國政府又未能對「慰安婦」問題及時進行徹底調查，致使中國「慰安婦」的受害情況一直沒有搞清。此外，戰後相當長的時間裏，社會政治環境的壓抑迫使那些死裏逃生的倖存者們緘口不語。許多慰安所倖存者甚至被自己的同胞和政府看作是民族的恥辱、協助敵國的漢奸，在「文化大革命」等政治運動中受到迫害。長期以來，中國社會中根深蒂固的傳統貞操觀，也構成了對倖存者的無形桎梏。這一傳統觀念要求女性不惜一切，甚至以生命為代價去保持貞潔。遭到強姦的女人被看作不貞不潔，有辱庭門。在這樣的社會環境中，倖存者伸冤無門。即使在今天，雖然社會政治氣候已經有了很大的轉變，「慰安婦」追索正義也已經成為一個

國際性的運動，但很多中國受害者仍然顧慮重重，不願公開説出自己戰時的經歷。

「慰安婦」的遭遇，並不是唯一一個二戰後在中國大陸閉口不提的戰爭創傷。北美學者戴安娜・拉里（Diana Lary）和斯蒂芬・麥金農（Stephen MacKinnon）曾指出，雖然二十世紀前半葉那場反侵略戰爭是中國歷史上最慘烈的戰爭，造成了無以數計的物質損失和人員傷亡，但在中國，人們竟「對談論那場殺戮表現出幾近抵觸的沉默」，而且「海峽兩岸的媒體對報導日軍的暴行一致保持低調」。[20] 他們認為這是由於「臺灣國民黨政府對自己在日本人面前節節敗退時發生的慘案難以啟齒」，而「共產黨則擔心追究日軍暴行所造成的苦難會導致民眾對本國文化大革命帶來的災難予以追究。」[21] 可以説，上述種種社會政治因素交織在一起，迫使中國「慰安婦」倖存者戰後長期處於沉默；她們的慘痛記憶，也被排除於民族國家的英勇抗戰史敘事之外。

中國「慰安婦」口述史研究近況

在韓日「慰安婦」索賠運動的激勵下，中國大陸自1990年代初，掀起了調查研究「慰安婦」問題的草根運動，眾多研究者、志願者投入其中，許多重要的研究論著相繼問世，例如蘇智良的《慰安婦研究》（上海書店，1999）；蘇智良、陳麗菲合著的〈侵華日軍慰安婦制度略論〉（中文版載於《歷史研究》1998；英文版《中國社會科學》，2000）；陳麗菲的《日軍慰安婦制度批判》（中華書局，2006）。此前，韓日研究者根據當時已有的資料和倖存者的證言，曾就日軍戰時拘禁婦女充當慰安婦的人數作出推斷，各種估計從3萬到20萬不等。[22] 然而當時的推斷並未完全包括為數眾多的中國受害女性。蘇智良和其他中國研究者根據近年來在大陸調查的結果估計，從1931年日軍佔領中國東北到1945年日本戰敗，被迫淪為日軍「慰安婦」的女性約比早前的推測多一倍，而其中一半是中國女性。[23] 然而近二十年來，儘管越來越多的中國原「慰安婦」的證言及相關資料已在大陸出版，僅有少數見諸日文書刊，而中文語境之外的讀者幾乎得不到相關信息。應當説，國際討論中關於中國「慰安婦」信息的缺失，是當前「慰安婦」問題研究的一個嚴重問題；這不僅是因為中國「慰安婦」在這一受害群體中數量巨大，而且因為她們作為日本帝國主要敵國的國民，在等級分明的「慰安婦」制度中受到常人難以想像的殘酷蹂躪。可以説，沒有對中國「慰安婦」遭遇的認真研究，便無法準確分析「慰安婦」制度的性質及其加害規模。

本書之貢獻

　　本書原著以英文出版，旨在彌補國際討論中關於中國「慰安婦」信息的不足。本書英文版由加拿大不列顛哥倫比亞大學出版社於 2013 年首刊，英國牛津大學出版社和香港大學出版社於 2014 年同時發行平裝本。書中刊載了 12 位中國原「慰安婦」的口述史，並綜合介紹了中國研究者的諸多研究調查結果。通過採集慰安所倖存者的親口證言、展示慰安所的大量興建與日本侵略戰爭進展的密切連繫，本書清楚地揭示出「慰安婦」制度作為軍國主義戰爭工具的實質，無可辯駁地證明，日本帝國軍隊直接參與了擄掠、敲詐、蹂躪和奴役大量女性。雖然日本軍方首腦一再聲稱，興建慰安所是為了防止大規模強姦及性病在士兵中發生，但日軍強徵數十萬女子，全面建立慰安設施任由士兵發洩性慾，實際上是在將大規模強姦合法化、制度化。本書記述的 12 位倖存者，都是在日軍佔領她們家鄉時被抓進慰安所的。她們的受害地點幾乎遍及中國大陸，從山西省北部，到海南島南端，從大都市上海周邊，到偏遠的雲南山村。她們的口述與當地的歷史記載及目擊者證詞相印證，無可置疑地揭露出「慰安婦」制度是不折不扣的性奴隸制度、令人髮指的戰爭罪行。

　　中國「慰安婦」的經歷首先無可辯駁地證實了日軍暴力強徵婦女的歷史事實。1990 年代以來，在「慰安婦」是如何進入慰安所這一問題上，始終存在著爭論，而相關信息的缺乏，是造成這種爭執不休局面的一個重要原因。一方面，此前國際社會並不掌握日軍在佔領區大量擄掠婦女的情況；另一方面，日軍在本國及其殖民地徵用「慰安婦」時，刻意使用了欺瞞手段，給混淆是非者可乘之機。據報導，軍方在日本國內及其殖民地徵召「慰安婦」時，慣用伎倆是以虛假招工誘騙貧困人家的女子，或對女學生、女青年進行軍國主義洗腦煽動。不明真相的受害者，往往直到被騙進慰安所遭受強姦時，才知道所謂「工作」的真正性質。在徵召過程中，日本軍方人員通常躲在幕後，由妓院老闆或勞務中介出面。由於存在這些欺騙的方式，右翼勢力堅持否定日軍曾參與強徵「慰安婦」。

　　雖然日軍在中國大陸也曾採用這種欺騙的徵召伎倆，但他們在佔領區強徵「慰安婦」時，通常是明目張膽的抓擄。曾於 1912 年到 1940 年間居住在南京的美國聖公會牧師約翰・馬吉（John Magee）在遠東國際軍事法庭作證時，陳述了一名中國少女在南京附近被日軍抓走因為性奴隸的經過。他說：

> 那是 1938 年 2 月，我把這個女孩子帶到醫院，與她談了很久，其後又多次去看過她。她從距南京 60 英里的蕪湖來，父親是開店鋪的。日本士兵衝進她家，說他哥哥是抗日軍人，把他殺了。但女孩說他

哥哥並沒有當兵。日本兵又殺了她的嫂子，因為她反抗強姦；接著又殺了她姐姐，因為她也反抗強姦。女孩的父母跪在日本兵面前求情，也被他們殺害了。所有這些被害人都是用刺刀戳死的。女孩嚇得暈了過去。日本兵就把她抬到一處駐軍營房，把她在那裏關了兩個多月。頭一個月她每天遭到士兵輪姦。他們拿走她的衣服，將她鎖在屋內。後來她病得很厲害，他們怕她傳染，就把病重的她扔在那裏不管，整整一個月。[24]

馬吉所陳述的日軍對手無寸鐵的中國平民施加的這種暴行，在日軍侵華戰爭期間極為普遍。[25] 事實上，這個女孩子的遭遇與上海師範大學中國「慰安婦」研究中心主任蘇智良記載的許多案例十分相似。多年來，蘇智良和他的研究團隊記錄了102個日軍在中國大陸強徵的「慰安婦」的實例。其中87人是在日軍佔領她們的家鄉時直接被日軍抓走的；10人是由當地漢奸傀儡受命於日軍抓走的；3人是被日軍以招工的名義騙入慰安所的；只有2人戰前是妓女，但她們也是在佔領軍把妓院改為軍用慰安所後被迫成為日軍「慰安婦」的。[26] 為了盡量客觀地記述中國「慰安婦」受害的實況，本書記述的12個實例中特別包括了兩位被騙入慰安所的受害者的口述。從這兩位倖存者的經歷以及本書第一部分提到的其他案例可以看出，即使是採用誘騙的「招募」方式，日軍在佔領地區的「招募」也幾乎無一例外地伴隨著暴力脅迫。如馬吉所述，絕大多數中國「慰安婦」不僅本人被暴力綁架，還親眼目睹了自己的家人慘遭折磨與殺戮。日軍官長不但允許並指使手下的士兵使用暴力，他們自己常常就是施暴者。擄掠和強姦如此普遍，乃至日本兵們竟以凌辱中國女性為樂，當作嚴酷軍旅生活中的犒賞。原日本帝國陸軍第59師團54旅團110大隊富島健司伍長在他的回憶錄〈狗〉中寫道，1943年12月8日，在慶祝日本天皇對美英宣戰詔敕日兩週年的那天，他所在的部隊路過中國渤海灣沿海的一個小村莊，日軍士兵強迫當地一個年輕姑娘光著身子在地上爬，用刺刀刺她的臀部供他們娛樂，並就地抓了一群婦女做部隊的「慰安團」。[27] 可以説，要搞清日軍強徵「慰安婦」的歷史真相，中國「慰安婦」的遭遇是不可缺少的史實。

中國「慰安婦」的悲慘經歷清楚地將日軍慰安所的罪惡本質暴露在光天化日之下，同時徹底揭露出「慰安婦」制度作為日本侵略戰爭工具的軍國主義實質。在分析日軍「慰安婦」制度的性質時，各國研究者曾將不同形式的「慰安」設施按經營者、經營時間長短及「組建動機」（organizational motives）[28] 分類考察。吉見義明根據經營者的不同身份把慰安所歸為三類：（1）由日本軍隊經營並專為軍方人員使用的慰安所；（2）經營者非軍方人員但受到軍方嚴格管控、專為軍方人員使用的慰安所；（3）由軍隊指定並優先供軍方人員使

用，同時也向非軍方人員開放的慰安所。[29] 田中利幸（英文筆名 Yuki Tanaka）則按照經營時間長短，將慰安所劃為三類：(1) 設在主要城市的「穩定型」慰安所；(2) 附屬於大部隊的「半穩定型」慰安所；(3) 前線小部隊建立的「臨時」慰安所。[30] 雖然吉見與田中所採用的分類方法不同，他們都把「慰安婦」制度定性為日軍性奴隸制度。與他們的分類截然不同的是 C. Sarah Soh，她在專著中按照「經營資助者的動機」把慰安所進行分類，認為這樣能夠「更好地揭示慰安制度的本質」。[31] Soh 所分的三類是：(1) 以賺錢為目的而建立的「租界」慰安所，或由租界日僑經營的商業性妓院；(2) 旨在「通過有規範的性服務來管理部隊」的、由日軍全權掌控的非營利娛樂性「準軍用」慰安所；(3)「主要是在發生了士兵對當地婦女性犯罪後出現的」「犯罪性」慰安所。[32] Soh 認為最後一類「犯罪性慰安所主要出現在戰爭尾期，即 1941 年 12 月日本偷襲珍珠港之後」。[33] 她由此認為，把慰安所和慰安制度定性為強姦中心和軍事性奴役，是「未能對慰安制度做出準確判斷：這樣定性是把各類不同的慰安所簡單化地混為一談。」[34]

的確，日軍慰安設施種類繁多，簡單的分類實難概括。Soh 的分類從慰安所經營者的動機著眼，可說是一個新的嘗試。雖然她所歸納的最後一類，「犯罪性」慰安所的「經營動機」，在概念上令人頗為費解，將慰安所經營者的不同動機做為一種分類標準也未嘗不可。然而，當採用這一分類標準來分析慰安所的性質時，分析者必須掌握全面的調查數據，並回答下述的關鍵問題：所謂的「租界」慰安所在日軍慰安設施的總數中是否佔有很大比例？「準軍事」慰安所的經營者所鼓吹的建所目的是否與這些慰安所的實際所為性質相符？性犯罪是否僅僅發生在那些由個別小部隊臨時建立的前線慰安設施中？是否有足夠證據證明「犯罪性」慰安所主要出現在戰爭末年？要回答這些問題，不能不對中國「慰安婦」的受害事實進行深入的考察。

來自中國大陸的史料顯示，早在 1932 年，當日軍在中國的主要港口城市上海正式設立了第一家海軍慰安所，並在東北日佔區設立陸軍慰安所時，駐在中國東北的日軍已開始擄掠當地女子充當性奴隸。士兵們肆意綁架婦女，把她們抓進軍營或者關在強佔的民房內權作「慰安婦」。[35] 此類臨時慰安設施在南京大屠殺前後急劇增加，也在整個侵華戰爭中與日軍正式設立的慰安所並存。在侵華日軍中，不僅大部隊普遍在駐地附近設置慰安所，各個小隊或分隊也常有自己的慰安設施。本書採訪的 12 位原「慰安婦」中，有 8 位是被關在這種臨時慰安設施中受奴役的。這些臨時慰安設施常常設在炮樓、營房、窰洞、被霸佔的旅館、鐵皮搭建的棚屋，甚至是受害者自己的家中。這 12 位原「慰安婦」受害的時間跨度也很大，從南京大屠殺硝煙未散的 1938 年初，到 1944 年日本投降前夜，並非如 Soh 所說，「犯罪性」慰安所只出現在戰爭末

期。以倖存者朱巧妹為例，她一家有四位女性在1938年春日軍侵佔崇明島時被佔領軍囚為性奴隸。她們未被關在常規慰安所，而是被迫在自己家中遭受凌辱，並隨時被叫到日軍炮樓中去受蹂躪。這種形式的摧殘，在其他地區鮮有報導，但在日軍佔領下的中國大陸卻非常普遍。

中國「慰安婦」倖存者口述史所揭露的另外一個重要事實是，雖然最殘忍的性犯罪常常發生在臨時搭建的前線慰安所中，性暴力與各種摧殘也普遍發生在那些大部隊設立的所謂「規範性」慰安所及建在城鎮的私人經營的慰安所中。本書第二部分記載的雷桂英的遭遇就是一個典型例子。1937年，時年9歲的雷桂英在南京江寧區親眼目睹了日本佔領軍在首都南京一帶肆意強姦、綁架和殺戮中國婦女的暴行。雷桂英後來受僱於居住湯山的一對日本商人夫婦，幫他們看小孩。她萬萬沒想到，自己剛滿13歲就被強迫在僱主經營的軍人妓院充當「慰安婦」。日本軍人在這家私人經營的妓院裏對雷桂英施加的蹂躪無疑是殘暴的犯罪：她不僅遭到強姦與毒打，還在反抗時被刺刀戳傷，導致她的一條腿終身殘疾。

像雷桂英這樣的遭遇並不罕見。蘇智良、陳麗菲和他們的團隊自1993年以來在全國22個省市展開調查的結果顯示，慰安所的暴力殘害規模驚人。僅上海一個城市，現已核實的慰安所舊址就有166處，[36] 而這個數字還不包括那些已知曾經存在、但因戰後城市建設而無法查證地址的部分。[37] 在中國南端的海南島，調查者們在島上找到了62個原日軍慰安所。[38] 關押在這些慰安所中的中國婦女全部受到駭人聽聞的折磨。日軍只給這些性奴隸少量食物，以維持她們不死，好對她們反覆施加性暴力。反抗者遭到毒打殺害，試圖逃跑者連同家人都會被處以肉體折磨乃至斬首的酷刑。

在被奴役囚禁的條件下，絕大多數中國「慰安婦」非但得不到報酬，她們的家人為救她們脫離苦難還常常被迫付給日軍大筆贖金。在關於「慰安婦」的國際研究中，部分「慰安婦」得到報酬這一點曾導致對「慰安婦」性質的不同看法，甚至有人藉此認為慰安所是商業性妓院，而「慰安婦」是職業妓女。不能否認，少數「慰安婦」在慰安所裏或被徵召時得到過些許報酬，但是絕大多數「慰安婦」在被投入慰安所之後既被剝奪了自由並被強迫為日軍提供性服務。雖然「慰安婦」的徵召方式及其遭遇不盡相同，但就慰安制度整體而言，其強迫性不容置疑。事實上，日軍對不同國籍的「慰安婦」施以不同對待，尤其是對敵國的女性，常施以慘無人道的迫害。這一點恰恰證明了日軍慰安婦制度是一種戰爭犯罪：它為軍國主義戰爭而建立，也通過戰爭使它的存在成為可能。儘管日本帝國軍方首腦聲稱，設置軍用慰安所系統的動機是通過為士兵提供常規的、有規範的性服務，去防止強姦及性病的普遍發生，這一制度的直接結果卻與上述的所謂動機大相徑庭。慰安所作為一個官方認可的體

制，非但沒有防止強姦的發生和性病的傳播，反而將發生在慰安所內外的大規模性暴力合法化，並為其提供了保護傘。伴隨著日軍在佔領地區大批強徵「慰安婦」，擄掠婦女、拐賣人口，以及性奴役等罪行普遍發生。

本書記載的倖存者口述史還揭示出造成她們一生苦難的社會、政治和文化因素。如 Soh 指出：「男權統治的社會體制對女兒、妻子的虐待，長期以來的男權主義性文化，以及殖民主義的政治、經濟，都使女性很容易成為性壓迫的犧牲品。」[39] 為了對中國「慰安婦」的受害狀況有比較全面客觀的描述，本書收載的倖存者口述史既包括她們戰前的經歷（如被走投無路的父母賣給人家作童養媳，或是從婆家逃走以反抗虐待），也記錄了她們戰後因為曾被姦污和「為敵國服務」而受到歧視迫害的心酸故事。的確，「慰安婦」一生的苦難並非只定格於她們在慰安所的歲月。她們戰前的苦難、戰後的煎熬，以及當前追索正義的艱難路程，同樣引起我們心靈的震撼，讓我們思考人性原則的根本。然而，在揭示鑄成「慰安婦」苦難一生的多種因素的同時，中國受害者的敘事共同證明了一個鐵的事實，那就是日軍「慰安婦」制度是徹頭徹尾的性奴役，它給無數女性的人生帶來了極其深重的苦難。

本書結構

本書主要由三個部分組成。第一部分簡述日軍侵華史，為倖存者的個人敘述鋪陳歷史背景。「慰安婦」制度始於日本侵華戰爭之初，最早的慰安所於1932年前後建在中國東北和上海，至1937年底南京大屠殺期間開始迅速擴展，一直延續到1945年日本戰敗。這一過程顯示出，慰安所的大規模建立與日本侵略戰爭的進程密切相關。通過記述大陸人民對那場反侵略戰爭及日軍慰安所的歷史調查與記憶，第一部分介紹了許多西方讀者迄今未知的史料，譬如前面談到的日本帝國武裝侵佔中國大陸後大規模綁架婦女，利用漢奸協助建立慰安所，由小股部隊在佔領區甚至前線遍設各種簡易慰安設施，及迫使受害者的家人為解救被綁架的妻女交納巨額贖金。

第二部分以12位慰安所倖存者的口述材料為主體。開篇介紹調查方法，進而將12位原「慰安婦」的口述史按照地域劃分為三章，各章的故事按戰爭進展時間順序排列。為幫助讀者理解口述史的內容，筆者在每篇口述材料前面提供了戰時當地歷史背景簡介，並對讀者不熟悉的事件、名詞等加以說明。本書所收口述史在地域（受害者家庭及慰安所所在地）、經歷、被害年齡、被害時間等方面都具有廣泛的代表性。這一部分及本書第一部分所記錄的性奴役暴行相當殘忍，讀者在閱讀時應有心理準備。

　　本書第三部分主要記述倖存者戰後的生活狀況，以及1990年代以來在中國興起的支持「慰安婦」追索正義的大眾運動。倖存者戰後的生活實況暴露出一個可悲的事實：由於社會偏見和政治情勢，飽經日軍蹂躪倖存下來的中國「慰安婦」，戰後大多面對歧視和排斥，始終生活在貧困之中。筆者在這一部分介紹了中國「慰安婦」索賠運動的概況，包括倖存者的法律訴訟及相關的法律爭議和國際援助，尤其是來自日本人民的援助。這場跨越國界的聲援運動清楚地表明，對「慰安婦」悲慘遭遇的關切不分國界，她們的苦難深深地牽動著全世界人的心。

引用資料

　　本書第二部分收錄的倖存者口述資料，是由上海師範大學中國「慰安婦」研究中心創建人蘇智良和陳麗菲在長達十年的過程中調查記錄下來的，由筆者丘培培根據中文記錄編輯整理。從1990年代初開始，蘇智良和陳麗菲在中國大陸「慰安婦」研究中起著重要的推動作用。多年來，他們在各地研究者的幫助下，確認並記錄了100多位原「慰安婦」的經歷。本書從中選取了12位倖存者的故事，分別代表不同受害地點、時間及被囚方式。受害者講述的經歷，距今已逾半個多世紀。鑑於倖存者曾遭受嚴重的身心創傷，高齡體衰，她們中的大多數又沒有受教育的機會，為避免記述的誤差，蘇智良與陳麗菲多次前往受害者被抓捕、關押的地點，查找當地歷史記錄，並尋找目擊者取證。儘管個人的記憶有限，並可能存在某些誤差，本書記載的倖存者受害經過均經過核實，因而可以說，她們的口述史提供了關於日軍慰安所實況的真實寫照。

　　筆者丘培培在撰寫第一部分和第三部分時，調查了大量中、日文的第一手資料，並廣泛參考了當代學者的研究成果。關於日本侵華戰爭歷史（1931–1945）的概述參閱了中、日、英文相關史料，特別是近年來出版的、綜合各國學者研究成果的論著，譬如《戰火中的中國：中國各地區，1937–1945》（*China at War: Regions of China, 1937–1945*, Stanford University Press, 2007）、《中國之戰：1937–1945年中日戰爭史論文集》（*The Battle for China: Essays on the Military History of the Sino-Japanese War of 1937–1945*, Stanford University Press, 2011）。第一部分中關於日軍慰安所建立與擴張的論述參考了中日雙方的戰時文獻，及戰後出版的歷史資料。吉見義明編輯的《隨軍慰安婦資料集》（『從軍慰安婦資料集』，大月書店，1992），以及亞洲婦女基金會編輯的《政府調查「隨軍慰安婦」相關資料集》（『政府調查「從軍慰安婦」関係資料集成』，

龍溪書舍，5卷，1997–1998）中收錄的戰時日本官方軍事文件，提供了關於
日軍戰時體制及其在建立慰安所過程中所起作用的關鍵信息。近二十年來
中國研究者找到的實物、文檔及證言等多方面資料，也為搞清日軍有組織的
性犯罪提供了有力證據。為了盡量客觀、全面地記述日軍「慰安婦制度」，本
書的第一部分不僅引用了中國民眾和軍人的目擊證詞，也援引了日本軍人的
相關日記與文書。戰時駐華外國公民的目擊者記錄、回憶，也為本書關於日
軍性犯罪的撰寫提供了重要細節與多重視點。本書的調查和撰寫，從各國學
者對日軍性暴力及「慰安婦」制度的研究成果中獲益匪淺。

　　本書第一、三部分中關於中國「慰安婦」受害群體的記述參考了近二十年
來中國研究者的調查結果。伴隨著1980年代末興起的國際性「慰安婦」索賠
運動，日軍侵華暴行錄的出版在中國大陸勢如洩洪，以電視記錄片、電影、
媒體報導、網絡文章、口述史、小說、回憶錄和歷史書籍等多種形式大量湧
現。日軍暴行錄在這一時期的湧現有多方面的因素。一是當時在日本出現的
否認日軍戰爭暴行的現象，在中國各界引起了強烈的憤慨；二是隨著歷史見
證人年事增高，保存抗戰史回憶材料的呼聲高漲；三是長期被壓抑的受害者
在文化大革命結束後開始發聲；四是地方史誌的編寫在文革後得以恢復。還
有一個很重要的因素，是來自國際「慰安婦」索賠運動的激勵。隨著抗日戰爭
回憶錄的大量發表，關於日軍戰爭暴行的調查在全國範圍內普遍展開，出版
了大批叢書、合集、專著和論文。在這一大背景下，一度在日本戰犯審判中
被忽略的日軍性奴役罪行，在中國大陸重新進入公眾視野，並引起了廣泛的
關注。

　　筆者關於侵華日軍性奴役的論述參閱了大量的中文資料，並引用了近年
來解密、出版的檔案文件，包括被俘日本軍人和漢奸的供詞。本書的第一
部分亦援引眾多中國學者發表的實地調查、研究報告和證言材料，特別是由
中國人民政治協商會議全國委員會文史資料委員會、[40] 地方政協文史資料委
員會、中國社會科學院及地方社科院、大學研究人員，和各地史學工作者
主持的調查結果。其中《侵華日軍暴行總錄》就是由全國政協文史資料委員
會主編，在被日軍佔領過的26個省市自治區進行調查的成果。這項調查從
1991年5月開始到1994年11月結束，歷時三年半，彙集了2,272篇調查報告
和83張歷史圖片。總錄清楚地顯示出，日軍在各地犯下的野蠻罪行普遍包含
性暴力和性奴役。本書第一部分所介紹的另一個重要資料性書刊《日本侵略
華北罪行檔案9：性暴力》，是一部長達十卷的日軍暴行錄叢書中關於性犯罪
的專集。此書由中央檔案館、中國第二歷史檔案館和河北省社科院共同編集
出版，收載了保存在中央檔案館、河北省檔案館、北京市檔案館、天津市檔

案館、青島市檔案館和山西省檔案館的相關資料。書中也收有「慰安婦」倖存者的證詞和其他調查材料。

　　1990年代興起的這場席捲中國大陸的、就侵華日軍暴行所展開的調查，是一場以地方、民間研究者為主體的草根運動。本書所引用的三卷本《鐵蹄下的腥風血雨——日軍侵瓊暴行實錄》（上、下、續集）就是地方學者和志願者共同努力的結晶。從1993年到1995年間，海南島地區6市13縣的歷史工作者和研究人員對日軍佔領海南島六年期間所犯的罪行進行了全面調查。這個位於中國南海的島嶼，戰時被日軍據為主要軍事基地並駐有大量部隊。調查表明，駐島日軍燒、殺、搶、虐之餘，還強迫島上居民到日軍工地上服勞役，並在全島建立了為數眾多的慰安所，其中62所的遺址已經被確認。調查人員並在島上找到了不少日軍慰安所倖存者，本書第二部分所介紹的黃友良、陳亞扁和林亞金，就是在海南調查者的幫助下站出來作證的倖存者。《鐵蹄下的腥風血雨》三卷總計收載了242份調查報告，這其中既有慰安所倖存者的回憶，也有被強迫做勞工的受害者所提供的第一手口述資料。

　　除上述研究者集體協力完成的大規模調查以外，近年來中國各地大學教師和獨立研究者，也就日軍「慰安婦」制度展開了深入的專題研究，本書援引的由蘇智良、榮維木、陳麗菲主編的論文集《滔天罪孽：二戰時期的日軍「慰安婦」制度》，僅彙集了其中的部分成果。

　　綜上所述，本書關於中國「慰安婦」戰時經歷的記述，得益於諸多研究者長期調查的成果，而筆者撰寫本書的目的之一，也是將中國學者的研究結果介紹給廣大的國際讀者。為此，筆者就所引書刊為讀者提供了詳盡的註釋和書目，並對本書記載的所有中國「慰安婦」註明了身份、受害時間、地點及信息來源。

　　除中文資料之外，本書的寫作亦廣泛借鑑此前發表的日文文獻。吉見義明、林博史、千田夏光、笠原十九司、洞富雄、石田米子、內田知行、田中利幸、內海愛子、西田瑠美子、金一勉、川田文子、鈴木裕子、上野千鶴子、池田惠理子、山下明子、平林久枝、松岡環，及日本戰爭責任資料中心諸學者的研究，為筆者提供了重要的參考資料。這些學者及日本律師戶塚悅朗、大森典子、小野寺利孝、高木健一，及由日本律師組成的中國戰爭受害者索賠事件辯護團的長期調查，不僅提供了關於中國「慰安婦」的重要資料，也激勵了筆者投入「慰安婦」問題的研究，並完成此書的寫作。

　　本書第三部分主要概述中國原「慰安婦」戰後的生活狀況，以及她們近年來為追索正義所進行的鬥爭。在這一部分的寫作中，各國學者關於日本戰犯審判和盟軍對日佔領的研究為本書提供了重要的參考資料。韓國、日本及西

方學者對日本戰爭責任和「慰安婦」索賠運動的探討，亦為筆者分析中國「慰安婦」索賠運動的歷史、政治及法律沿革提供了極大的幫助。

除特別標示外，本書中來自英、日文書刊的引文，均由丘培培翻譯。正文中外國人名及固有名詞的翻譯，於第一次出現時加括號註明原文，其後不予重複。無慣用譯名的外文名稱直接使用原文。本書書目按中文、日文和英文分別排列。中文書目按作者姓氏讀音依漢語拼音排序。日文書目按作者姓氏讀音依日文字典順序排列。英文書目按作者姓氏依英文字母順序排列。

* * *

多年來，幫助中國戰爭受害者要求賠償的日本律師團團長尾山宏為支持中國受害者與日本政府打官司，無償付出了大量時間和自己的積蓄。當中國記者問他為什麼要這樣做時，他回答說：「我要對歷史負責，不管是中國人還是日本人，都要對過去的歷史負責。」[41] 尾山宏簡短的回答擲地有聲。日本帝國在亞太地區發動的那場侵略戰爭已經過去了七十年。七十年後的今天，戰爭的創傷仍然折磨著每位受害者的身心，炙烙著每一個捲入那場戰爭的國家和人民的記憶。撫平創傷、走向和解，始於對歷史負起責任。只要「慰安婦」的悲慘遭遇尚未被正確地寫進歷史，我們留給後代的戰爭記憶就是不完整的、不負責任的。為此，筆者希望藉此書為保存人類共有的歷史記憶略盡綿薄之力。謹將此書獻給那些曾在戰爭中飽經苦難的人、那些至今仍然在苦難中煎熬的人，以及那些把他人的苦難遭遇放在心上的人。

第一部分

戰爭記憶

第一章

日本侵華戰爭與「慰安婦」制度

在世界上大多數國家的歷史記述中，第二次世界大戰始於 1939 年，至 1945 年結束。但對中國人來說，那是一場遠為長久的戰爭。早在 1931 年，當日本帝國佔領了中國東北的滿洲地區時，一場最終遍及中國大陸的侵略戰火已被點燃。

日本帝國向亞洲大陸的勢力擴張始於 1880 年代。[1] 至 1930 年代初，日本已通過半官方的南滿洲鐵道株式會社，完成了對中國東北地區的政治經濟侵噬。[2] 1931 年 9 月 18 日夜裏，一組日本軍官在奉天（今瀋陽）附近的南滿鐵路上，導演了一起爆炸事件，並稱爆炸乃是中國反日分子所為。以此為由，日本關東軍對南滿鐵路沿線城市展開了襲擊。此前兩年的精心策劃，使關東軍得以迅速推進，很快控制了整個東北地區。[3] 史學家普遍認為，「九一八事變」（又稱為盛京事變或滿洲事變）拉開了第二次世界大戰亞洲戰場的序幕。幾個月之內，日軍佔據了該地區的主要城市，迫使張學良率領的中國部隊撤至長城以南。[4]

時隔不久，日軍於 1932 年 1 月在上海向中國駐防部隊挑起了另一場武裝衝突。這一事件的始作俑者也是關東軍，目的在於增強日軍在中國東南部的影響力，並轉移外界對日本建立滿洲國傀儡政府的注意。[5] 為了將國際社會的注意力從滿洲地區引開，日本情報機關在上海策劃了一場反日示威。趁騷亂加劇之際，日本海軍將海軍陸戰隊調赴上海，與日本人自警團共同「維持秩序」。[6] 此舉遭到中國方面的激烈反擊，於是日方又增調兩支陸軍部隊前來增援。雙方激戰持續了兩個月。中國第 19 路軍和第 5 軍在缺乏後援的情況下堅持反擊，但最終被迫撤離。[7] 國際聯盟出面呼籲雙方停火，並要求日本與中方談判。停火協議劃定了一個非軍事區，禁止中國在本國領土上海、蘇州和崑山一帶駐軍，卻允許部分日本海軍陸戰隊留駐上海。[8]

日軍對中國婦女的性暴力和性奴役，在日本對華侵略升級之初就已經開始。在關於「慰安婦」問題的國際研究中，第一家日軍慰安所在 1932 年建於

上海已廣為人知。但國外讀者大多不知道，同一時期日軍在中國東北地區也已經開始擄掠當地婦女充當性奴隸。隨著戰事的發展，慰安所的數量迅速增多，幾乎是哪裏有日本軍隊，哪裏就有慰安設施。中國人民政治協商會議文史資料委員會 1995 年出版的《侵華日軍暴行總錄》彙集了在全國範圍內調查的結果。調查顯示，1932 年冬，關東軍第 8 師團第 16 旅團屬下的一支部隊佔領了中國東北北票縣朝陽寺地區。士兵們隨即四處搜尋美貌女子，挾持到軍營充當性奴隸。成群結隊的日軍衝進各家各戶蹂躪婦女。據報導，數以千計的當地婦女在家中遭到強姦，連孕婦、少女和老婦也難逃厄運。[9] 在同一個縣，100 多名日本士兵於 1935 年秋突襲了當時抗日力量活躍的大黑山地區。日軍用機關槍向村民掃射，把他們趕進一個大院，將婦女一個個拽出人群，當著她們家人的面強姦。士兵們抓住一個懷有六個月身孕的婦女，撕開她的衣服，把她綁在院中的桌子上，一邊當眾侮辱她一邊照相，最後用刺刀切開她的肚子，挑出了裏面的胎兒。[10]

　　日軍犯下的種種暴行如此殘忍，幾乎令人難以置信。然而，同類事件在日本侵華戰爭中曾普遍發生。[11] 關於日本軍人這種令人髮指的殘暴行為，學者們曾試圖從戰時心理因素、性飢渴、軍隊紀律鬆懈等各方面尋求解釋。這些因素的確可能起了一定的作用，但如果我們相信絕大多數日本軍人並非生來性惡，上述因素則無法完全解釋為什麼如此殘酷的性暴力會普遍發生。加拿大學者卜正民（Timothy Brook）在分析日軍對中國女性所實施的肉體摧殘時指出：

> 有戰鬥力的男人均被槍殺或被拉去做勞工，因為他們是，或被看作
> 是，中國的士兵。有生育力的女人則被強姦或被徵為軍妓，因為她
> 們是，或被看作是，中國國體的象徵。強姦之所以普遍地發生，不
> 僅僅是士兵性慾的發洩；這更是一種意在凌辱的暴行。日本士兵在
> 中國女人身上施加這種暴行，其目的在於羞辱中國男人，以證明他
> 們徹底的無能。[12]

　　卜正民的分析有助於我們了解日軍殘忍暴行普遍發生的政治根源，也從一個側面解釋了為什麼中國「慰安婦」的遭遇會在戰後被完全排除於本國的英雄主義抗戰史敘事之外。如卜正民所言，日軍對中國婦女非常殘酷的蹂躪，本質上是一種戰爭行為，以戰爭為目的，並通過戰爭得以實行。這種「炫耀征服」的暴力行為，從日本帝國軍隊佔領中國東北就開始上演，貫穿了整個侵華戰爭。

　　當盤踞在中國東北的日本軍隊大肆騷擾當地婦女，並把她們挾持到軍營中充當性奴隸時，所謂「正規的」日軍慰安所也開始出現在大城市中。[13] 有資料表明，最早的日軍慰安所是由日本海軍於1932年上海戰役期間設立的。[14] 上海自清朝末年就成了日本的常設海軍基地，而日本人開設的妓院早於1880年代就已在這裏出現。到1882年時，住在上海的日本妓女已達到800人左右。[15] 1884年到1885年期間，日本外務省為維護本國國際形象，曾配合中國政府禁止賣淫活動，遣返了近600名日本妓女。[16] 但是這些措施未能真正取締日本妓女在華賣淫。時隔不久，在滬日本妓女的數量便重新攀升。到1907年夏，獲得執照的日本「貸座敷」（實際上是一種妓院）開始在上海營業。[17] 這種「貸座敷」日後成了日本海軍1932年建立軍用慰安所的基礎。日本國駐上海領事館所發的一份文件〈一九三八年在華日本特種婦女之狀況及其管理以及租界當局對私娼的處理狀況〉，詳細描述了軍用「慰安婦」制度是如何產生的。文件表明，1907年7月，日本人經營的「貸座敷」開始在上海營業，並從持有執照的日本妓院僱用了「乙種藝妓」（即妓女）。1929年6月，上海市公安局下令取締其管轄範圍內所有持有營業執照的中國妓院，並要求其管轄範圍內所有的日本妓院停止營業。當時日本婦女矯風協會上海分會（婦人矯風会上海支部）亦強烈反對執照賣淫制度，並要求日本外務省解決這一社會問題。為應付這些要求，日本總領館於當年推行了「飯店陪酒女」（料亭酌婦）制度，以求盡快取代被取締的有執照營業妓院系統。然而，隨著1932年上海戰事的發生，駐滬日軍人數急劇增加，日本海軍遂以「貸座敷」的形式為部隊開設了慰安設施，並一直沿用到1937年戰爭全面爆發。全面戰爭爆發時，部分經營者一度返回日本。但自1937年11月開始，在華「貸座敷」的數量與駐華日本人數量同時攀升。到當年12月為止，計有11家「貸座敷」，其中7家是海軍慰安所。「陪酒女」總數達191人，包括171個日本人和20個朝鮮人，比前一年增加了73人。那7家海軍「貸座敷」專為海軍官兵服務，其餘的4家主要面向日僑。醫務人員每週一次在一名海軍陸戰隊軍官和一名日本領館派出的警官監督下，檢查慰安婦的身體。此外，在日本總領館管轄區域內還有300名臨時「慰安婦」在陸軍慰安所服務。[18]

　　上述文件清楚地表明，儘管日本海軍首批慰安所是以戰前的日本妓院為基礎建立的，它們其實是在日本加速侵略步伐時，為實現軍事目的而設。有一種觀點認為，由於日軍在1918年至1922年間遠征西伯利亞時軍人感染性病的機率極高，日軍首腦認為必須提供性服務設施以增強士氣，防止性病傳播。[19] 然而事實恰恰相反，日軍「慰安婦」制度不僅沒有起到預防性病的作用，反而成為性病傳播和性暴力的可怕溫床。

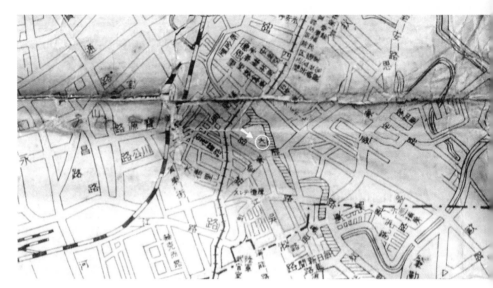

圖1：「大一沙龍」是日本海軍在上海建立的首批慰安所之一。這張照片是1937年出版的日本地圖，上面清楚地標示著「大一沙龍」的位置。地圖由方毓強先生提供（蘇智良攝）。

　　戰爭初期，日軍建在大城市的慰安所已經具有相當的規模。「大一沙龍」是日本海軍在上海最早設立的慰安所之一，由幾棟兩層小樓組成。從上面這張1937年印行的日本地圖上可以看到，大一沙龍位於東寶興路，與四川北路日本海軍陸戰隊駐地毗鄰。家住東寶興路的上海居民陸明昌曾在大一沙龍做過十四年雜工。他回憶道，「大一沙龍」最初徵召的主要是日本「慰安婦」，當時向日本海軍軍官和在華日本人開放。其後來自朝鮮半島的婦女也被送進大一沙龍。1937年全面戰爭爆發後，這裏就成了日本海軍的專用慰安所。[20]

　　從1932年開始，日本陸軍仿照海軍的先例，也在上海建立了慰安所。當時上海駐有約三萬日軍，士兵強姦婦女的事件經常發生，引起了公憤。[21]1932年3月14日，時任上海派遣軍高級參謀的岡部直三郎在日記裏寫道：

> 最近常聽說我軍士兵四處找女人尋歡。部隊處於非戰鬥狀態時，此類問題難免發生。固此應採取積極措施建立相應設施。我們應考慮制定能解決士兵性問題的各種決策並予以實施。此事宜由永見中佐主要負責。[22]

　　史料顯示，岡部提出的這一決策的具體實施者中，也包括時任上海派遣軍副參謀長的岡村寧次。岡村不僅指示部下按照海軍的範例建設慰安所，還讓長崎縣知事從日本徵集「慰安婦」送往中國。[23] 很明顯，徵召「慰安婦」

從一開始，就得到了日本軍方和政府的認可與幫助。侵華戰爭全面爆發後，日本政府加強了對從日本及其殖民地到中國大陸旅行的限制，旅行者必須持有警察當局簽發的身份證明。[24] 也就是說，沒有軍方和政府高層官員的批准，這種大規模的跨境販運人口活動在戰時是不可能進行的。

雖然早期的日軍慰安所與日本戰前的賣春制度密切相關，但是它們完全不同於普通的妓院，也不同於在其他國家出現過的建在兵營左近的妓院。它們之間的主要區別在於，日軍慰安所是由軍方為發動戰爭而建立的；它們大多直接由日軍管控，並只供軍人使用。此外，絕大部分日軍「慰安婦」是被迫進入慰安所的，她們在慰安所中失去了人身自由，長時間遭受反覆的性暴力侵犯。徵召「慰安婦」的強迫性質，在日軍戰時發布的文件中也暴露得十分清楚。陸軍省兵務局兵務科於1938年3月4日發出的〈副官致駐華北地區部隊和華中派遣部隊參謀長通告〉稱，「近乎綁架」的「慰安婦」徵召方式即使在日本國內也很常見，並因此造成了「社會問題」。[25] 為防止本國公眾產生更大的不滿情緒，該通告要求參戰部隊嚴控「招募」過程並慎選徵召人。[26] 必須指出的是，日本軍方試圖在日本本土對徵召方式進行規制，不過是為了維護軍隊在日本國民眼中的形象。而在日軍佔領地區，性暴力和擄掠婦女的現象始終普遍存在。前述日軍在中國東北北票縣犯下的暴行僅是其中一例。隨著日本的軍事擴張從東北地區延伸到整個華北，日軍強擄中國婦女以應前線慰安所之需的暴行也越演越烈。

關東軍1931年入侵中國東北之後，於1932年底推進至長城以北。到1933年時，北平（現北京）以北地區已落入日軍手中。雙方軍隊在對峙中時有交火，這種相持狀態一直持續到1937年夏全面戰爭爆發。1937年7月7日，駐紮在距北平約15公里處盧溝橋附近的日軍進行了一場夜間演習，期間一名士兵迷路失蹤。日軍指揮官藉此要求進入盧溝橋旁邊的宛平鎮搜索失蹤士兵，但遭到拒絕。[27] 盧溝橋是連接北平和中國國民黨部隊控制下的南方的要塞，平漢鐵路線上的交通樞紐，中方自然不敢大意。失蹤的日本士兵最終回到了部隊，日軍卻以此事件為借口襲擊宛平。在炮兵轟擊的配合下，日軍步兵和坦克部隊對宛平鎮和平漢鐵路大橋展開攻擊。中國軍隊猛烈回擊，於次日奪回了對這些戰略要塞的控制權。看到中國軍隊人數眾多，日本方面宣布失蹤的士兵已被找回，要求停火談判。但是談判期間，日軍調集兵力再次炮擊宛平。談判剛一結束，日軍便對北平展開了全面攻擊，一個月內攻佔了北平和附近的天津。[28]

佔領了這兩個主要城市之後，日軍地面部隊渡黃河向南部推進。1937年8月9日，日本海軍陸戰隊中尉大山勇夫衝闖上海虹橋機場，與中國保安部隊交火時被擊斃。日本軍方以此事件為由，派軍艦至上海，日陸軍軍部亦調

遣30萬兵力赴上海和青島。[29] 1937年8月13日，武裝衝突爆發並迅速升級，日本戰艦炮轟了上海市的中方管轄要地。[30] 中國軍隊奮起反抗，與入侵日軍浴血奮戰三個月之久，最終不敵而退。

日軍佔領上海及其周邊之後，立即向當時中國的首都南京方向進逼，至12月10日，兵臨南京城下。[31] 國民黨政府領導人蔣介石（1887–1975）命令中國軍隊誓死保衛國都。但由於組織指揮失當，中央軍分階段撤離上海支援南京的計劃崩潰，南京防守大部分落在原地方軍閥部隊和新兵肩上。[32] 守城的激戰持續了三天，至1937年12月13日，南京城失陷，日本軍隊開始對手無寸鐵的平民和已經繳械的中國軍人展開大規模屠殺。[33] 南京淪陷時，究竟有多少平民與解除了武裝的中國士兵被殺害，始終是一個有爭議的話題，[34] 但遠東國際軍事法庭對這場大屠殺有如下記述：

> 根據事後統計，日本佔領南京最初的六週內，在南京市區及周邊殺害的中國平民和戰俘超過20萬。[35] 這個數字並無誇張，因為殯葬業者及其他組織總共掩埋了15萬5千多具屍體。據掩埋者報告稱，大部分屍體的雙手都被反綁在身後。這個統計數字還沒有包括那些被日軍焚燒、拋入揚子江中、或被隨便處理掉的屍體。[36]

遠東國際軍事法庭的判決書也描述了南京大屠殺期間日軍性暴力的殘忍程度。判決書中說，性暴力受害者的任何一點反抗，或者她家人試圖保護她的任何行動，都會招徠殺身之禍。殘暴的強姦遍及全城，從少女到老婦，都未能幸免。眾多婦女在遭受強姦後被殺害，她們的屍體被殘忍地摧殘。根據遠東國際軍事法庭的估計，在日軍佔領後的一個月裏，南京城內大約有兩萬起強姦事件發生。[37] 廣東路難民營裏的難民曾向南京安全區國際委員會發出如下呼救：

> 廣東路83號和85號聚集著大約540名難民。從13日到17日，三五成群的日本士兵每天多次來這裏搜查搶掠。今天日本兵又來搶奪財物，把錢、首飾、手錶和衣服等等全部搶走了。現在這裏每天晚上都有年輕婦女被日本兵用摩托車強行帶走，到第二天早上才放回來。已經有30多個婦女和少女遭到日軍強姦，她們整夜地哭泣。這裏的狀況比我們所能描述的還要糟糕。請救救我們。
>
> 　　敬上，
>
> 　　　　　　　　　　　　　　　　　　　　　　　　　全體難民
>
> 1937年12月18日，於南京 [38]

　　日軍南京大屠殺的行徑，引起了中國民眾和國際社會的強烈義憤。日軍上層擔心大規模強姦激起的民憤會影響戰事的進展，於是在戰爭全面爆發後，便著手在前線和佔領區加快設立慰安所。時任駐華北方面軍參謀長的岡部直三郎在1938年6月27日發出的備忘錄中，向屬下軍官明確指示：「根據各種消息來源，目前各地普遍發生的士兵強姦事件，已激起強烈的反日情緒……屢屢發生的強姦事件，不是簡單的刑事犯罪問題，它是擾亂佔領區秩序，妨礙全軍作戰行動，危害我們國家的大逆行為。」他進而強調：「因此，必須對軍人的個人行為嚴加管理，同時立刻建立健全性慰安設施，以防止因缺乏此類設施而出現的違紀行為。」[39] 岡部的指令表明，日軍建立慰安所的初衷，其實與他們口頭聲稱的防止強姦和保護當地婦女無關，其主要目的，是要確保侵華戰爭得以順利進行。

　　雖然日軍當局聲稱要解決大規模性暴力問題，並有法規規定士兵強姦婦女要受到懲罰，[40] 但即使從日軍自己的報告記錄來看，這些法紀措施根本沒有認真執行。根據日本學者的調查，在原日本陸軍法務局長大山文雄提交給東京戰犯審判法庭的犯罪數字中，只有28個軍人被認定違犯軍規（搶劫、強姦及殺人），另有495人被認定違犯日本國內刑法（強姦、傷害）。[41] 這些數字與已知的日軍大規模犯罪的記錄相比，簡直是九牛一毛。不僅如此，由於「強姦」只列為軍紀法規下面的一條，真正因為性犯罪被送上軍事法庭的人少之又少。毫不誇張地說，日軍上層事實上縱容了部隊的強姦、搶劫、殺人和其他犯罪行為。正如戶谷由麻所指出，日本士兵普遍認為他們的長官默許這些行為，並把為所欲為的犯罪行為看做是戰爭的特權，是對他們辛苦作戰的犒賞。[42]

　　日軍首腦不但不採取嚴厲措施懲治性犯罪，反而大力擴展軍用慰安所系統。佔領南京兩天前，日軍華中方面軍明令建立慰安所。[43] 1937年12月18日，華中方面軍第十軍參謀、陸軍少佐山崎正男在日記裏寫道，當他到達南京附近的湖州時，先行抵達的陸軍中佐寺田已經在那裏設立了一所「娛樂設施」，並指揮憲兵徵集當地婦女。當時那所「娛樂設施」裏有7個「慰安婦」，但憲兵計劃徵集100名。[44] 現存的中方戰時記錄也顯示，在南京大屠殺發生前後，日本軍隊已經開始大規模抓捕中國婦女投入慰安所中。駐守南京的中國軍隊軍醫蔣公轂在南京失陷時曾留在南京城內，親眼目睹了日軍的暴行。他寫道，南京失陷後，日本軍隊在光天化日下群姦婦女，甚至從設在金陵女子文理學院校園內的國際安全區綁架婦女做他們的性奴隸。[45] 遠東國際軍事法庭的證詞中也有同樣的記錄。金陵女子文理學院宿舍管理負責人程瑞芳（音）女士的證詞說，日本士兵經常以搜索中國軍人為由，進入國際安全區來抓女人。她列舉的案例之一，是發生在1937年12月17日夜，一群

日本士兵強行進入學校，抓走 11 名年輕女子。其中 9 人在慘遭蹂躪和摧殘之後被放回學校，另外兩人從此下落不明。[46]

日軍除了直接抓擄中國婦女，也利用佔領地漢奸強徵「慰安婦」。漢奸喬鴻年就在南京幫助日本人建立了不止一家慰安所。[47] 南京檔案館館藏資料顯示，1937 年 12 月中旬，上海派遣軍參謀、特務機關長大西命令當地漢奸徵集 100 個女人以建立慰安所。喬鴻年協同漢奸，從設在女校的避難營內抓了 300 名婦女，再從中選出 100 名送交大西。喬還幫助籌建了兩處慰安設施，一處在傅厚崗，另一處位於鐵管巷。這些慰安所在 12 月 22 日正式開業，由大西擔任主任、喬鴻年為副主任。慰安所一共有 200 餘人，包括 3 個售票員（其中兩人是日本人），4 個記帳員，老媽子、雜役，及眾多「慰安婦」。30 個年輕貌美的女性被送進傅厚崗慰安所專供軍官享用。那裏的收費為每小時軍用手票 3 日元，過夜 10 日元。其餘的婦女被送往鐵管巷慰安所供士兵蹂躪。收費標準是每小時軍用手票 2 日元，不提供過夜服務。[48] 日本軍方支付了這些慰安所營業初期的開銷。其後慰安所收費經營的利潤則進了大西的腰包。[49]

1937 年 12 月至 1938 年 4 月期間，喬鴻年遵從日軍的指令，設立了另外三個慰安所。[50] 這種由日軍軍官直接管理、利用漢奸強徵「慰安婦」的做法，在南京大屠殺之後日軍在中國戰場迅速擴展慰安所系統的過程中比較常見。類似做法也被用來在小城鎮中設置慰安所。據日軍慰安所開設委員杉野茂回憶，1937 年 12 月 18 日，日軍第 3 師團衛生隊進駐位於南京東北的揚州市，隨即在當地建立了一個軍用慰安所。杉野和其他開設委員與當地治安維持會一起，為慰安所徵集了 47 名中國婦女。[51] 大致同一時期，日軍也在南京以東的常州建立了兩個慰安所。時任獨立攻城重炮兵第 2 大隊司令官的万波蔀在一份報告中說：「其中一個慰安所由兵站管理，另外一個由軍直轄部隊經營。每個部隊在固定日期由幹部率領，按每隊一小時的時間配額使用慰安所。軍醫會預先做好衛生檢查。」[52] 很明顯，早在日本侵華戰爭全面爆發之初，日軍擄掠中國婦女並把她們投入慰安所充當性奴隸的暴行已經非常普遍。

在佔領區大量強徵中國婦女的同時，日軍自 1938 年初也加緊從朝鮮半島、日本和臺灣運送婦女到中國大陸充當「慰安婦」。研究者們認為，日本加緊從本土及其殖民地徵集「慰安婦」，多半出於安全方面的考慮。軍隊上層擔心在佔領區擄掠當地婦女會激起民眾反抗，更重要的是怕中國「慰安婦」可能會將軍事情報傳遞給抗日武裝。當時由海外運送到中國大陸的「慰安婦」主要來自朝鮮半島，但也有不少從日本和臺灣徵召的婦女。[53] 隨著日本在亞洲太平洋戰場戰事的擴大，眾多其他國家的婦女也被迫成為日軍「慰安婦」。[54]

曾在上海派遣軍兵站醫院供職的日本軍醫麻生徹男在回憶錄裏描述了當時的情況。1938年1月2日，麻生對上海楊家宅慰安所的約一百名「慰安婦」進行了性病檢查。他回憶道，其中約80%的婦女來自朝鮮半島，其餘的是日本人。[55] 與在中國戰區或佔領地區被抓的中國婦女不同，這些來自日本和日本殖民地的婦女被視為大日本帝國的海外臣民，所以日本外務省相關機構有時會登記她們的數量，而對於中國「慰安婦」，則幾乎沒有任何記錄。現存的日本駐華東、華中領事館的資料顯示，1938年到1939年間在上海、九江、杭州、鎮江、漢口、廈門、蕪湖和南昌有逾千名朝鮮和日本人「慰安婦」。[56] 在華北地區，日本領館的記錄未將慰安所單獨歸類，所以無法得知華北地區「慰安婦」的數量。但是，從華北地區日本警務部1939年7月1日編製的〈按職業分類日本在華人口統計表〉中可以看出，當時在那個地區共有8,931名「藝妓、妓女和酒吧陪酒女」，這個數字據吉田義明分析必定含有大量的「慰安婦」。[57] 在華南地區，「慰安婦」的數量隨著戰火的蔓延而不斷增加。1939年4月，駐紮廣州的第21軍司令部《戰時旬報》稱，該軍有約850名由軍部直接管理的「慰安婦」，另有約150名是由下屬部隊從各自故鄉招徠的「慰安婦」。[58] 這份報告同時表明，這些統計數字只涵蓋駐有憲兵管轄的地區，並未包括憲兵沒有掌握情況的各部隊的數字，雖然當時在三水、九江、官窯、增城、石龍等地都建有慰安所。事實上，根據第21軍軍醫部長1939年4月15日在陸軍省醫務局會議上的彙報，他所在部隊當時已經按照每100個士兵一名「慰安婦」的比例引進了「慰安婦」，總數在1,400到1,600人之間。[59]

以上統計數字雖然並不完整，還是能夠大概反映當時來自朝鮮半島、日本和臺灣的「慰安婦」在中國大陸快速增加的狀況。然而，這些有文件記載的數字，既沒有包括日軍在佔領地強徵的中國「慰安婦」，也沒有算入那些由小部隊直接控制的臨時慰安設施。近二十餘年在中國大陸展開的實地調查證明，日軍慰安所和「慰安婦」的數量，遠遠大於以前根據日本戰時文件所做的估計。僅以上海一地為例，就有166處已被確認的慰安所遺址，而且有證據顯示，這個數字遠遠低於實際數字。譬如，上海的虹口區和閘北區，已知曾建有大量日軍慰安所。1940年，這裏曾設立「慰安所組合會」並訂立了《管理慰安所臨時規約》，以加強對慰安所的管理。[60] 但由於戰後多年來城市的發展建設，很多慰安所遺址已經難以確認，因而這些慰安所沒有包括在上述已確認的慰安所遺址數目中。[61] 日軍佔領期間，在上海特別市警察局管轄下的「虹口區慰安所組合會」對區內慰安所數量做了記錄。表1是根據該會1940年的報告製作的。[62]

表1：1940年設在上海虹口區的日軍慰安所

日期	慰安所數量	被囚中國婦女人數
5月	16	77
7月	20	91
8月	23	105
9月	22	114
10月	20	117
11月	22	119
12月	22	115

　　除了已知的慰安所之外，有報導表明，日軍還設有不為外人所知的慰安所。《大公報》1938年2月27日刊登的一篇文章，報導了崑山一所教會的牧師陸先生偶然發現的一處軍用慰安所。1937年上海陷落後，陸先生去上海，與他認識的一個日本軍官同行。這個軍官帶他來到位於虹口區北四川路上的一個日軍「行樂所」。這是一棟三層樓房，從前是家銀行，門口有日本兵把守。陸先生進去後不禁毛髮悚然。只見到處都是赤身裸體的中國女人，年齡在十幾歲到三十幾歲之間。日本士兵在其間走來走去，挑選女人。如有不從者，便遭毒打。陸先生見狀，準備退出。此時有個女子突然站起來呼救。陸先生認出此人是自己的鄰居王某。他知道此時對她表示同情會帶來危險，但是作為虔誠的基督徒還是不忍看到她被士兵毆打，便哀求帶他來的日本軍官放了她，說這個女人是自己的熟人。那個日本軍官聽了陸先生的話，讓他帶走了王某。事後得知，王某和其她被囚婦女是在11月中旬日軍佔領崑山後被擄的。她們被裝上卡車運到上海虹口區，關進這個慰安所。在這裏關著幾百個女子，每天遭受多次蹂躪。許多女子絕食而死，而隔日即有新擄來者補充。[63]

　　這篇報導講述的情形，與在中國大陸其他地方查到的史料及倖存者口述的經歷十分相似。日軍早於1932年就在上海設立軍用慰安所的事實，今天已經廣為人知，但上述這家慰安所在任何日本文書中都沒有記載。假如陸先生沒有偶然看到裏面的情況並透露給《大公報》，那麼這個慰安所裏發生的一切將始終不為世人所知。這種慰安所的存在並不是一個孤立的現象。隨著日本侵華戰爭的全面爆發，日軍在佔領區的許多城市大規模擄掠中國婦女，實行性奴役，暴行遍及日軍屯駐的所有地區。南京市民譚先生是在1938年5月20日逃離南京的；據他回憶，他逃離南京時大屠殺發生還不到半年，日軍已在城裏建立了17個軍用慰安所。[64] 在同一時期，南京周邊的南通、蘇州、無錫、鎮江、揚州、常州、如皋、徐州和杭州等地，也有大量中國婦女被日軍捉走，而慰安所則在佔領區廣泛設立。[65]

第二章

日軍大規模暴力強徵「慰安婦」

　　佔領南京之後，日本駐華北方面軍於1938年3月在山東一帶發起大規模進攻。中國軍隊奮起反抗，在台兒莊戰役中與日軍短兵相接，激戰兩週，日軍死傷慘重。時至4月，日軍對中國主力部隊發動了另一場圍剿。經過兩個月的圍攻，佔領了江蘇省徐州市，卻並未能將中國軍隊圍殲。日軍原打算通過攻佔中國首都並圍殲國民黨主力部隊迫使中國政府投降，結果如意算盤沒有實現。日軍隨即把進攻的矛頭轉向其他戰略要地，包括華中的武漢和華南的廣州。1938年夏，日軍由武漢東部同時沿長江兩岸和北部山區發起了軍事行動。這場大戰最終捲入了30萬日軍和100萬中國部隊。幾乎在同一時期，日本第21軍對廣州發起了進攻。[1] 到1938年10月末，武漢和廣州分別落入日軍手中，戰火蔓延至中國大部分地區。

　　面對日本的侵略戰爭，政治上分裂的中國很快形成了抗日統一戰線。國民黨政府將首都遷至重慶繼續抗戰。在被日軍分割佔領的華北、華中及沿海一帶，共產黨領導的游擊隊及其他抗日武裝堅持抗擊日軍。與此同時，國民黨部隊頑強作戰，阻止日軍向西南推進。至1940年，戰爭進入膠著狀態。受挫的日軍在交戰區對抗日武裝力量及平民百姓採取了瘋狂的「燼滅作戰」，即通常所稱的三光戰略（燒光、殺光、擄光）。在日軍實施「燼滅作戰」的過程中，千百萬中國平民被殘殺，[2] 遭受勞工酷役者成千上萬，[3] 擄掠中國婦女充當性奴隸則成了日軍軍事行動的常態。

　　到1939年前後，慰安所的設置在日軍中已經非常常規化，陸軍經理學校甚至開設了教授慰安所設置綱要的課程。曾任陸軍主計官的鹿內信隆於1939年4月到9月期間在陸軍經理學校學習。戰後他在一次訪談中回憶說：

> 當時我們必須學會估算從佔領地調弁來的女人的耐久度和消耗度。
> 我們還得判斷哪裏的女人好，哪裏的不好，每個男人鑽進房間後該
> 給多長時間——將校幾分鐘、士官幾分鐘、士兵幾分鐘，等等。

（笑）收費也按級別決定。這類規定叫作「Pi 所設置綱要」，陸軍經理
學校也教這些東西。[4]

「Pi」是日本士兵對「慰安婦」的蔑稱。[5] 很顯然，鹿內所説的課程是專
為籌劃和管理慰安所而設立的。值得注意的是，當講到徵用「慰安婦」時，
鹿內使用了一個日文詞「調弁」，該詞在軍事語境中意為「在戰場就地徵集軍
需品」。這一用詞暴露出當時日軍在中國戰場大量強徵當地女子，並把她們送
進軍用慰安所的實況。這一用詞也顯示出，日軍根本不把中國「慰安婦」當人
看待，而是把她們當作一種軍需品。據日本陸軍第11軍兵站部經理將校官記
述，在日本軍人眼中，「慰安婦」無異於「公共廁所」。[6] 他還回憶説，早在戰
爭全面爆發之初，日本帝國軍隊的「中堅」幹部就將「從敵國奪取補給」作為
一個重要策略。[7] 從1938年開始，派遣到中國的日本軍人逾一百萬。[8] 這些部
隊在掠奪中國資源作為軍隊補給時，也把擄掠中國婦女當做軍事補給的必要
部分。在這一歷史背景下，「調弁」一詞顯然不是指從日本本土及其殖民地調
運婦女，而是指日軍在中國大陸強徵婦女充填慰安所的普遍做法。事實上，
中國慰安婦研究中心的調查表明，超過60%的日軍慰安所設立在中國大陸的
農村地區，而這些慰安所裏囚禁了大量從當地擄獲的中國婦女。[9] 這些從農
村抓擄的婦女有時候也被送到一些大城市去。比如第一章提到的設在上海的
日軍行樂所，就拘禁了幾百個來自蘇北地區和上海郊區農村的中國女子。[10]
另一方面，從中國城市地區擄走的女子也被日軍送往一些偏遠省份。江浩
發表的調查顯示，日軍佔領南京後捉走大批婦女，運往前線各地充當軍用
「慰安婦」。[11]

此前由於缺乏關於中國「慰安婦」的資料，國際上就「慰安婦」問題的研
究多認為，日軍慰安所受害者主要來自日本和朝鮮半島。然而近年來在中國
大陸開展的調查顯示，日軍從侵華初期直至戰爭結束，曾強迫大量中國女子
充當性奴隸。歷史學家估計，戰爭中日本帝國共投入約320萬兵力，其中大
部分被派駐中國；日本偷襲珍珠港時，約70%到80%的日本軍隊駐紮在中國
戰場。[12] 為了安撫數目龐大的軍隊，日軍建立慰安所在很大程度上依賴強徵
佔領區的中國婦女。日本在1941年12月轟炸珍珠港之後，將戰線延伸至東南
亞和太平洋諸島，當地婦女也隨之被強迫充當「慰安婦」。在日軍佔領地區被
抓的「慰安婦」，通常遭到特別殘暴的蹂躪。

雖然日軍「慰安婦」制度殘害了為數眾多的中國婦女，此前外界卻對此
知之甚少。1990年代初，日韓學者根據當時掌握的資料，曾對「慰安婦」受
害群體的總數作出各種推斷，估計約在5萬到20萬之間，其中80%到90%來

自朝鮮半島。[13] 千田夏光在 1984 年出版的調查專著中估計，亞太戰爭期間，「慰安婦」的人數逾 10 萬。他的推測以 1941 年 7 月關東軍在蘇聯和中國北部邊界舉行特別演習時士兵與「慰安婦」的比率作為參照。千田指出，當時負責部隊補給的關東軍後勤參謀原善四郎少佐曾對部隊的性服務需求作出估算，並根據估算要求，從朝鮮半島徵 2 萬「慰安婦」供 70 萬日軍所用。[14] 這個關東軍後勤參謀原的要求表明，當時估算所依據的士兵與「慰安婦」的比率約為 35 比 1。不過後來有些研究者認為，當時日軍所普遍採用的計算比率是 29 比 1（源自日文「ニクイチ」）。[15] 金一勉認為，如果日本士兵的總人數是 300 萬，按 29 比 1 這個比率估算，「慰安婦」的總數應在 103,500 人左右。[16] 秦郁彥則給出了兩種估計。一是按士兵與「慰安婦」50 比 1 計算，得出「慰安婦」總數為 6 萬；二是按同一比率再加上 1.5 的「慰安婦」更換率，得出總數 9 萬。[17] 吉見義明的估算與前者不同。他認為，如果更換率是 1.5，那麼計算方法應當是：$3,000,000/29 \times 1.5$，總數達到 155,172；如果更換率是 2.0，總數則是 $3,000,000/29 \times 2.0$，即 206,897。[18] 礙於當時找到的資料所限，這幾種估算都未能將中國「慰安婦」的人數充分估算在內。

各種估算數字的不同，無論 2 萬還是 20 萬，都不影響性奴役是滔天罪孽這一重要事實。但既然數字有助於分析受害規模，中國研究者也對「慰安婦」的總數做出了估計。蘇智良根據 1990 年代初以來調查的結果提出，從 1937 年到 1945 年期間，「慰安婦」的更換率約在 3.5 到 4 之間，遠遠高於先前的估計。若按 3.5 的更換率推算，那麼「慰安婦」的總數超過 36 萬（$3,000,000/29 \times 3.5 = 362,068$）；若按 4 的更換率推算，總數則超過 40 萬（$3,000,000/29 \times 4 = 413,793$）。按國家地域推算，蘇智良估計來自朝鮮半島的受害者約有 14 萬到 16 萬，來自日本的約 2 萬，來自臺灣和東南亞的有數千，歐洲的有幾百人。其餘 20 萬左右均擄自中國。[19]

這裏需要提及的是，蘇智良以上的估算，並未包括那些受到日軍性暴力侵犯但沒有被囚禁為性奴隸的女性。很多中國調查者認為，在中國大陸遭到日軍性侵犯的受害者數量還要大於「慰安婦」的數量。新聞工作者李秀平說，她 1990 年代初在山西省盂縣調查日軍慰安所狀況時，當地受訪者經常問她：「你是只了解抓進炮樓的女人們的情況呢？還是也了解被強姦過（但沒被帶走）的女人的情況呢？」當李秀平回答兩者都想了解時，他們總是說：「後一種情況太多了，一下子說不清。你多住一段時間就知道了。」李秀平在當地住過一段時間後，確實了解到關於後者的很多情況。她報導了諸多案例，其中發生在盂縣的一例，僅在一次大掃蕩中，日軍就強姦了杏花村的幾百名婦女。全村只有兩名婦女逃出包圍幸免於難。[20]

　　蘇智良關於「慰安婦」的更換率高於以往估計的看法，是在對中國「慰安婦」受害經歷廣泛調查的基礎上提出的。近年來，隨著「慰安婦」問題研究的深入及受害人紛紛站出來作證，當年中國婦女被日軍擄入慰安所慘遭折磨的駭人真相開始浮出水面。日軍擄掠中國「慰安婦」的手段可謂五花八門。雖然無法統計確切數字，目前掌握的資料已清楚地證明其規模之巨大。僅南京大屠殺前後，日軍就從南京及周邊地區抓走成千上萬的婦女，包括蘇州2,000多人，無錫3,000人；在杭州一地被抓走的竟達2萬名之多。[21] 這種光天化日之下擄掠婦女的暴行，貫穿整個日本侵華戰爭，已知的最年輕的受害者只有9歲。[22] 據海南島調查者報告，1941年6月24日，海南樂會縣發生了一起大規模日軍擄掠婦女事件。當時400來名日本士兵燒毀了北岸、大洋兩個村莊，殺害499位村民，並強行將阿娘等數十名年輕婦女帶往設在博鰲的日軍慰安所。[23] 日軍在中國大陸擄掠婦女手段之殘暴，與在菲律賓等其他佔領地採取的方式非常相似。[24] 這種公然的暴力擄掠並非只發生在靠近前線的偏遠地區或抗日武裝活躍的地區。曾任英國志願救護隊隊員的 Andrew Levinge 夫人為遠東國際軍事法庭作證時說，日軍佔據香港期間，她在設於香港聖士提反學院的醫院裏服務。日本佔領軍將她和其他三名志願救護隊員抓走，多次強姦，並且公然在醫院內關押四名中國婦女施行性奴役。[25]

　　日軍「慰安婦」制度驚人的加害規模，也表現在佔領軍頻繁更換中國「慰安婦」以滿足士兵對童貞少女和新來女性的淫慾上。曾於1942年到1943年間在海南趙家園慰安所做雜役的吳連生說，趙家園慰安所於1942年2月開業，經常配有20到45名「慰安婦」，但實際那裏的受害女性卻遠遠超過這個數字，因為日軍經常把那裏的「慰安婦」運往其他地方，並將那些病得太重或虛弱得不能工作的「慰安婦」殺死。由於被殺害女性的遺體都被日軍當場銷毀了，加上日軍就地擄掠婦女根本不留記錄，沒有人知道直至1945年戰爭結束時，究竟有多少中國婦女曾在趙家園慰安所遭受奴役。[26] 同樣的高更換率也出現在大城市中。據偽天津市警察局特務科1944年7月3日的文件記載，駐津日軍防衛司令部慰安所「徵集妓女」定期輪換，「每批二、三十名，以三星期為期」。[27] 這份文件沒有寫明這一輪換制度持續的時間，也未註明有多少慰安所實施了這種輪換制，但根據已知的輪換率可以估算出，僅這一個慰安所每年就殘害了350名到520名中國女性。[28]

　　日軍對中國婦女的肆意擄掠和性暴力，在大陸抗日力量活躍的地區表現得尤為殘酷。反侵略戰爭期間，中國共產黨在晉冀魯豫邊區建立了抗日根據地。根據1946年1月的《晉冀魯豫邊區抗日戰爭中人民遭受損失調查統計表》，在歷時八年的日軍侵華戰爭期間，這一地區有363,000名婦女遭日軍強姦，其中122,000名感染性病。[29] 保存在中國中央檔案館的一份調查報告顯

示，在1940年底的一次大掃蕩中，日本軍隊在河北省萊州強姦了4,274名當地婦女。[30] 存於河北省檔案館的一份《八年來日本法西斯摧毀太行區人民的概述》(1946) 提到，日軍頻繁地在當地強姦和擄掠婦女，並在駐地囚禁大量中國婦女作為性奴隸。[31] 以贊皇縣王小峪日軍炮樓為例，日軍從附近民家抓來20多個青年婦女，其中有個女孩僅13歲。周圍村民常常聽到女孩日夜慘叫哭泣。[32] 河北省社會科學院研究員何天義的調查表明，到1943年底，日軍僅在河北省南部地區就建立了1,103個據點。按這種密度推算，日軍建在整個華北地區的據點至少超過一萬。這個數字雖然只是不完全的估計，卻表明光是被囚禁在華北日軍據點裏的中國婦女，就可能達到10萬至20萬人。[33]

圖2：照片為山西省盂縣的一處窯洞，戰時被日軍霸佔，用來做慰安所。倖存者萬愛花1943年就被囚禁在這裏（陳麗菲攝）。

日韓學者的大量研究結果顯示，日軍大部隊在佔領區強徵「慰安婦」是有組織地進行的，通常由派遣軍指示軍、師團、旅團或連隊的後勤參謀或副官負責徵集婦女並建立慰安所。接到命令後，兵站部、經理部及憲兵具體執行。[34] 曾任河北寶慶憲兵隊長的憲兵准尉山田定在日記中記載，1944年秋日軍侵入寶慶後，116師團後勤參謀要求他徵集中國婦女。山田定將此任務交給了一名軍曹，該軍曹隨即徵集了十幾名婦女，並把她們交給了副官。[35]

中國檔案館保存的原日本軍官的供詞也提供了日軍直接參與設立慰安所的鐵證。中央檔案館所保存的一份1954年的審訊記錄顯示，1942年至1945年

間，時任日軍59師團高級副官的廣瀨三郎指揮部隊在山東省新泰、泰安、臨清、吐絲口鎮、萊蕪、濟南、張店、博山、周村、德縣、東河等地，設立了127個慰安所。從1944年到1945年，廣瀨三郎直接負責管理位於濟南市的一個叫做「星俱樂部」的慰安所。這個慰安所裏囚禁了50多名中國婦女，年齡從16歲到23歲不等。[36] 原日軍117師團長鈴木啓久承認，1941年到1942年間，他在擔任第27步兵團長時，下令駐紮在河北的各部隊就地建立慰安所，並抓了60名當地婦女充當「慰安婦」。1945年，他所屬部隊駐紮在河南時，鈴木又命令在營房附近建立慰安所，囚禁60名中國「慰安婦」供日軍姦淫。[37]

日軍在佔領區也經常利用漢奸強徵婦女，並靠扶植當地傀儡政權及治安維持會來達到目的。每佔領一個地區，日軍便強迫當地居民登記領取「良民證」。乘登記之機，挑選青年婦女送入慰安所，或指使傀儡政權將她們送入慰安所。據報導，南京淪陷後，數千名中國婦女在日軍發放「良民證」的過程中被帶走並淪為「慰安婦」，其中有些被送到遙遠的東北，成為關東軍的性奴隸。[38]

小股日軍部隊也常常脅迫駐地偽政權徵抓「慰安婦」。據河北省社會科學院何天義調查報告，駐陘雨江據點的日軍命令附近村莊的偽村長每晚送兩名婦女到炮樓「陪宿」。村民寧死不從，偽村長迫於壓力，只好要求先從村官自己的家屬開始。村長的老婆聽到這消息，當夜上吊自盡。[39] 諸如此類的威逼脅迫在日佔區相當普遍。1939年，山西省文水縣公署也在日軍脅迫下發布了類似訓令。其文如下：

> 文水縣公署訓令，差字第一號令：南賢村長副，為訓令事。查城內賀家巷妓院，原為維持全縣良民而設，自成立以來，城鄉善良之家，全體安全。惟查該院現有妓女，除有病者外，僅留四名，實不敷應付。項奉皇軍諭令，三日內務必增加人數。事非得已，茲規定除由城關選送外，凡三百戶以上村莊，每村選送妓女一名，以年在二十歲左右確無病症、頗有姿色者為標準，務於最短期內送縣，以憑驗收。所有待遇，每名每月由維持會供給白麵五十斤，小米五升，煤油二斤，墨[40] 一百餘斤，並一人一次給洋一元，此外遊客贈與，均歸妓女獨享，並無限制，事關緊要。[41]

從上述文件可以看出，賀家巷妓院實際上是一個專供日軍使用的軍用慰安所。文水縣當局受命於日本「皇軍」，發文強徵「慰安婦」。為說明強迫本地婦女賣淫事在必行，縣公署文件著重強調妓院對整個文水縣居民生命安全的重要性。這份文件暗示，倘若縣民不遵從佔領軍的命令，駐紮當地的日軍就會對他們採取暴力行動。文件的內容同時表明，賀家巷妓院並非商業性機

構，其經營費用由當地治安維持會承擔。類似的日軍強迫地方政權設立並支付慰安所開支的例證，在天津、山東和華北等其他地區也有記錄。[42]

地方偽政權受命於日軍強徵「慰安婦」時，通常使用的理由是為了保護當地居民的安全。日軍獨立山炮兵第2連的一位軍醫記錄了下述發生在湖北董市附近長江邊上一個村莊裏的事。1940年8月11日這天，他負責給從當地民家拉來的中國女子檢查身體。他在日記裏寫道：

> 輪到這個年輕女子接受內檢時，她越加害羞，不肯脫褲子。翻譯官和維持會長斥責了她一頓，她才脫下褲子。我讓她在床上躺下，開始盆腔檢查時，她突然慌亂地抓我的手。我看到她哭了。之後聽說，她離開房間後哭了很長時間。
>
> 　接下來的另一個女子也是這樣，搞得我也要掉淚。這可能是她們第一次接受這種讓人尷尬的體檢，再想到這個檢查是為了那樣一種目的，她們當然感到羞辱。雖然保長和維持會長告訴她們這是為了全村的安全，她們定是一路哭著來的。[43]

很明顯，這些接受檢查的青年女子是被當地傀儡政權逼迫去充當日軍「慰安婦」的。這位軍醫在他的日記裏說，大隊長「跟當地保長和維持會長商量過，要求他們在本地徵募慰安婦」，並說這「完全沒有強迫，由他們自己決定」。[44] 然而在日軍佔領下，手無寸鐵的平民顯然無法違抗來自佔領軍的要求和指令。

事實上，佔領軍暴力脅迫地方政權合作的暴行不勝枚舉。居住在海南島撫黎鄉的胡家仁曾目睹此類暴行。據他回憶，1943年3月，日軍佔領了胡家仁的家鄉撫黎村。佔領軍建了兩個據點，一個據點的兵力有25人。佔領部隊命令附近村莊交出兩名青年婦女做長期「慰安婦」，專為日軍的一曹、二曹服務；另外要每天交出5到6名婦女作為短期「慰安婦」供士兵使用。佔領軍聲稱，如果哪個村膽敢違抗，就殺死全村老幼並燒光全村房屋。就這樣，兩名當地婦女鄭阿丁和卓阿娘被送去給軍曹當長期「慰安婦」，同時全鄉各村每天輪流送5至6名婦女到日軍據點供士兵蹂躪。[45]

在《廣西婦女》1941年刊登的一篇報導中，王璧珍記錄了駐湖北通城的日軍強迫當地居民送女子進慰安所的暴行。報導說，通城慰安所裏既關有當地婦女，也有來自日本、朝鮮半島和臺灣的婦女。來自日本及其殖民地的「慰安婦」的服務對象是軍官，而當地的中國婦女則供士兵使用。

> 這些「慰安品」的供給者，大半是維持會向四鄉強迫來的。在慰安所裏踐踏若干時日後，可以釋放回家，但雖經五人以上的保證人勒令

交出，[46] 延限三日，則保證人及家屬都全數活埋，維持會人員，亦
會被懲。

在值班的那一天，是要承受六十名戰兵踐踏的，而在踐踏時，
尚須強作笑容，不能有不願意的表現，否則，會赤裸裸的遭受鞭
撻，三星期內不准回家。[47]

這篇報導寫於中國國民黨部隊剛從日本人手裏奪回通城之時，該地區仍
有激戰發生。文章清楚地描述了日本帝國軍隊如何明目張膽地逼迫佔領區居
民為日軍的強姦設施提供女性；如此的猖狂施虐，只有在日軍作為佔領者掌
有一切生殺大權的條件下才可能進行。值得注意的是，這篇報導記錄的慰安
所位於湖北省，與本章前面提到的日軍軍醫在日記裏記錄中國「慰安婦」接受
體檢的事，發生在同一個省份。

上述中國人參與強徵「慰安婦」的事例反映出，在日軍佔領下，地方偽政
權在「慰安婦」制度的實施過程中扮演了助紂為虐的角色。但從這些事例中
也可以看出，日佔區居民對佔領軍的配合不能一概而論。[48] 雖然有些漢奸像
喬鴻年那樣，積極協助日軍設立慰安所並長期參與其經營，但在很多情況
下，地方政權和鄉紳顯然是被日軍逼迫參與徵集「慰安婦」的。佔領軍當局所
施加的壓力固然不能為他們參與強迫婦女充當日軍性奴隸開脫罪責，但是也
應當看到，日軍在佔領地區普遍實施的大規模屠殺和性暴力使他們有理由認
為，違抗佔領軍的命令會使所有居民的生命安全陷於危險之中。換句話說，
助紂為虐者當然應該對自己的罪行承擔責任，但「慰安婦」制度這一殘害女性
的滔天罪孽，歸根結底是由日本帝國軍隊造成的。

除武力擄掠和利用漢奸徵集婦女外，日軍在中國大陸也使用欺騙伎倆將
女子騙進慰安所。日軍時常直接派人或通過掮客，以招聘女傭、護士、保姆
等為名，誘騙年輕女子。一旦不明真相的女子應聘，就把她們強行送進慰安
所。本書採訪的原「慰安婦」中，袁竹林就是被騙進慰安所的。1940年春天，
她在武漢找工作，碰到一個女人對她說某地正在招清潔女工，袁竹林便和其
他應聘者跟著這個女人來到長江下游的一個城市。沒想到一上岸就被全副武
裝的日本士兵關進一個慰安所，成了「慰安婦」。另一位倖存者雷桂英，曾受
僱於一對日本夫婦作女傭。可是當她剛滿13歲月經來潮時，就被僱主關進他
們經營的慰安所，遭到強姦。臺灣戰時是日本的殖民地，那裏徵集「慰安婦」
的方式，經常是欺騙與強迫並用。臺灣婦女組織對48名臺灣籍原「慰安婦」
所做的調查顯示，大多數受害者被徵召時並不知情，以為是加入「青年團」或
者當護士，結果卻被強迫當了「慰安婦」。[49]

　　日軍在中國大陸以欺騙的方式招募「慰安婦」往往規模驚人，並常常伴隨著殘暴的綁架。據海南調查者報告，1942年春天，日軍以香港「合計公司」為名，在香港、廣州等被佔領的城市中大批招募青年女工。先後招了300多名青年女子，其中大部分是大、中學生，年紀最小的只有17歲。這些女子隨即被日軍送到位於海南島昌江的石碌慰安所。在不到四年的時間裏，有200多人被毒打折磨致死。[50] 在海南，日軍還下令成立「戰地後勤服務隊」，以需要女人洗衣、打掃、照顧傷員為名，誘騙、強虜婦女。戰地後勤服務隊不僅從當地強徵婦女，還從中國其他城市和朝鮮半島、菲律賓等國招募。被騙應招的婦女最後大都落入慰安所中，有的白天給日軍做苦役，晚上被當作「慰安婦」蹂躪。[51]

　　事實上，日軍在佔領區的欺騙式徵用常常無異於暴力綁架。《申報》1938年3月6日的一篇報導說，駐上海的日本軍人時常駕車巡行各馬路讓女子搭車，上車後便拉往軍營，強迫她們充當性奴隸。文章中還報導了有三個女學生在電影散場時因下雨，遂搭乘日軍的「野雞車」回家。「不料這部汽車恰是敵兵的陷阱，被駛過蘇州河以後，這三位女生從此便沒有消息。」[52]

　　在一些較大的城市，如上海、南京、武漢、廣州和天津，日軍也脅迫相當數量的妓女充當「慰安婦」。一份由天津地方法院1946年5月填報的《敵人罪行調查表》，記載了天津日本防衛司令部強徵80名中國妓女充當「慰安婦」的經過。調查記錄稱，1944年4月到5月期間，日本防衛司令部命令天津市偽警察局徵集150名妓女赴河南慰勞日軍。警察局保安科長隨即命令天津市「樂戶同業公會」徵召妓女。時任樂戶公會文書的周謙央求警察科長體恤免徵，言妓女須養家糊口，一經被徵，全家生計無著。但警察科長對他嚴詞訓斥，並下令於次日上午繳納妓女，送至警察醫院集中檢驗。當周將此令傳出時，「妓女聞耗避匿，樂戶只得閉門，全城樂戶頓成罷業狀態」。日本防衛司令部和警察局隨後派出警力強擄妓女，抓了52名妓女。但因人數不到半數，為了滿足日軍所需，警察又抓來28名私娼。這些妓女先被送到日本防衛司令部，後用火車運往河南，在那裏被關押兩個月後才得以返還。[53]

　　據原日本軍人回憶，當戰火遍及全中國時，中國女戰俘也成為日軍慰安所的受害者。日軍第14師團老兵田口新吉1942年至1944年間在華北戰場。他說：

　　當時沒有任何女戰俘監獄。那麼她們都被送到哪裏去了呢？我聽說
　　她們都被送去做慰安婦了。不過把這些有間諜嫌疑或曾經在八路軍
　　中受過訓練的女戰犯送到普通的慰安所去不行，因為一旦她們逃走

或者跟八路軍取得聯繫，[54] 就會給日軍帶來危險。把她們送到哪裏
了呢？聽說她們全被送到華東、華中前線分遣隊駐紮的兩三千個據
點去了。這些地區環境極其惡劣，所以沒有日本和朝鮮慰安婦。這
些據點四周有圍牆和炮樓。每個炮樓有一個小隊守著。女戰犯就被
關押在這些據點中。因為怕她們住在炮樓裏造成危險，就在土坯蓋
的倉庫裏隔出一間當慰安室……

　　前線部隊的避孕套供給不足，所以士兵們強姦這些女戰犯都不
戴避孕套，不少人懷了孕。懷孕的女戰俘繼續遭到強姦，直到不能
使用為止。不能再使用的女人就被帶到據點外，綁在木樁上當新兵
練刺殺的道具。她們與腹中的胎兒一起被刺死、埋掉。沒人知道到
底哪個士兵是孩子父親。

　　在長達十五年的戰爭期間，不知有多少中國女性就這樣被秘密
地埋葬在那兩三千個據點裏。我看不少於幾萬幾十萬，真是不計
其數。[55]

田口的證言是基於傳聞，難以查證。然而這種傳聞在士兵中廣為流傳的
事實本身顯示出日軍對中國「慰安婦」和女戰犯的普遍看法和態度。事實上，
田口所描述的懷了孕的中國「慰安婦」和女戰犯的遭遇與其他許多調查報告相
符。[56] 日本士兵殺害懷了孕的中國「慰安婦」的事例在其他地區也有報導。[57]
而本書第二部分記載的萬愛花就是女戰俘遭性奴役的一例。萬愛花因參加抗
日活動，被日軍抓住後因為性奴隸，飽受折磨。

日軍在中國戰場的無數慰安所裏對「慰安婦」的殘酷蹂躪，直接導致大
批婦女死亡。有報導稱，戰爭期間日軍軍官公然縱容士兵強姦並殺害中國婦
女。原日本軍官岡本健三是南京大屠殺的當事人。他回憶道，上級軍官指示
他們，強姦之後殺人滅口不要用刺刀或槍擊，而是要把受害者打死，以避免
留下罪證。[58] 在上層的這種認可和縱容下，殘虐、殺戮女性成了日軍的家常
便飯，尤其是對日本敵國的國民。據海南省文史資料委員會研究員符和積的
調查報告，1941 年農曆六月十六日那天，日軍在海南博鰲的塔洋橋附近，一
次就殺害了 50 名中國「慰安婦」，只因她們反抗強姦。[59] 另據在華北的調查，
1941 年初冬，日軍在河北省平山縣冷泉村姦污了 40 名婦女，然後全部破膛殺
死。[60] 日軍首腦曾聲稱，慰安系統的目的是為了防止強姦和性病傳播，然而
它的實質與上述日本軍官教士兵殺人滅跡的罪惡毫無二致——兩者都是通過
精心策劃的手段來掩蓋大規模殘害女性的性暴力罪行。

第三章

建在中國大陸的日軍慰安所實況

　　自1930年代初到第二次世界大戰末，日軍建立的慰安所覆蓋了亞洲廣大的地區，包括中國大陸、臺灣、香港、澳門、菲律賓、英屬馬來亞、荷屬東印度、新加坡、泰國、法屬印度支那、緬甸、新不列顛島、新幾內亞、薩哈林島、特魯克群島和日本。[1]日軍大部隊駐地幾乎都附設正式或半正式的慰安所，小部隊也大多建有臨時慰安設施。前者一般運作時間較長，有的長達十餘年；後者常常只存在數週或幾天。這些慰安所大部分建在中國大陸，因為這裏是日本侵略戰爭的主戰場，受日軍侵佔近十五年之久。各類日軍慰安所中都有中國受害者，尤其是那些臨時搭建的慰安設施，關押的幾乎都是就地擄來的中國女子。這些設在前線附近的臨時慰安所，環境極為惡劣，且沒有任何管制。它們的大量存在，極大地增加了「慰安婦」制度的加害範圍和「慰安婦」受害的程度。

　　近二十年來，研究者們已經在中國大陸找到了數千慰安所遺址。從東北邊疆黑龍江，到大陸南端的雲南、海南島，它們幾乎無處不在（見圖3）。如果算上設在日軍據點、炮樓裏的臨時慰安設施，設在中國大陸的慰安所的總數可高達數萬。[2]僅在偏遠省份黑龍江，調查人員已在十七個城市縣鎮查到了慰安所遺址，其中包括哈爾濱、齊齊哈爾、牡丹江、佳木斯、東寧、虎頭、東安、溫春、富錦、孫吳、阿城、富子溝、勃利、綏芬河、滿洲里、雞西、密山等地。單在東寧縣，日軍就設立了四十多個慰安所，配有逾千名「慰安婦」。[3]

　　毫無疑問，「慰安婦」制度的大規模實施，只有在日本軍方和政府的直接參與下才可能達成。然而，日本方面至今仍未完全公開相關文件資料，致使調查慰安所的組建和運作機制困難重重。[4]但日本研究者已根據現有的日本官方文件認定：「日本政府和軍方全面、系統地參與了慰安婦制度的籌劃、建立和運營。參與者中有內務省官員，包括縣長和各級警察官長，外交部官員，及朝鮮、臺灣總督」。[5]田中利幸對軍方的參與做出如下概述：建立慰安所通

圖3：倖存者黃有良（右）帶來訪者參觀海南島藤橋日軍慰安所遺址。她1941年曾在這個慰安所裏遭受性奴役（陳麗菲攝）。

常由日本帝國軍隊高層的參謀、副官發出指令，下屬部隊的參謀、副官制定具體計劃，予以實施。在一般情況下，各部隊參謀及後勤部門直接負責慰安所的相關事宜。[6]

日軍建在中國大陸的慰安設施名目五花八門。除了通常使用的名稱「慰安所」外，還有「皇軍招待所」（山東省濟南）、「芙蓉隊」（河南省朱仙）、「行樂所」（上海市虹口）、「慰安營」（山西省）、「軍中樂園」（海南島黃流機場）、「關東武妓館」（江蘇省鎮江）、「軍之友社」（上海）、「快樂房」（海南省保亭縣）、「日支親善館」（南京市孔夫子廟）、「慰安麗」（海南島）、「日支館」（安徽省安慶）、「軍人俱樂部」（廣東省中山）、「慰安團」（河南省鄧縣）等等。[7]這些名稱與「慰安所」這個稱謂一樣，清楚地暴露出慰安所建立者的心態：他們想的只是日軍官兵的享樂，全然不顧受害女性的死活。

慰安所通常建在日軍霸佔的民房中。1938年10月，駐漢口日軍兵站司令部下令找一處可容納300名「慰安婦」的場所建慰安所。兵站負責籌建慰安所的人員四出尋找，最後選中吉慶里一個有68棟雙層小樓的地區。此地四周有圍牆且交通便利，於是就在這裏設了一個大型慰安所。[8]日軍如此大規模強佔民房設立慰安所的現象並不罕見。1942年2月20日，日軍佔領香港後建立了軍政府，由磯谷廉介中將任總督。軍政府派副總督平野茂負責籌建慰安所，

最終選定位於灣仔北部的一塊長達800米的地方，限令那裏的居民在三天之內全部遷出。很多居民找不到去處，無法搬遷，軍政府便派荷槍實彈的士兵來驅趕居民。許多人連行李都來不及搬就被趕走。很快，一個龐大的慰安所在灣仔建成，幾百個房間鱗次櫛比，供日軍日夜淫樂。[9]

　　除了強佔民房，有些慰安所是由日軍建造的。前面提到過的楊家宅慰安所就是其中之一。這個慰安所曾在日本陸軍衛生部見習士官、兵站醫院婦產科醫生麻生徹男的書中提到，從而廣為人知。麻生當時還拍下了楊家宅慰安所的照片。[10]雖然這個慰安所常被稱作「楊家宅娛樂所」，它的實際地點卻不在楊家宅。根據蘇智良1994年的實地考察，楊家宅慰安所的確切位置是楊家宅北100米左右的東沈家宅村。[11]據當地居民史留留、顧張福、沈福根、沈月仙、徐小妹和沈小妹的回憶，東沈家宅於1937年8月上海抗戰爆發後被日軍佔領。佔領之前，村裏的很多房子已被日軍空襲炸毀，村民能逃的都逃走了。日軍把無法逃走的村民趕到了西邊，在村北建了個規模很大的兵營。同年冬，日本兵又把村東邊的殘屋全部拆除，建了十來棟木屋。每棟有十個房間，每個房間有十來平米大小。不久，日軍就用這些房子開辦了慰安所，當地人則稱之為「東洋堂子」。當史留留和其他目擊者看到麻生拍攝的楊家宅娛樂所照片時，他們確認照片裏的房屋，就是當年建在東沈家宅的木屋。當時日軍修築了一條從楊家宅到東沈家宅的道路。他們很可能將東沈家宅誤認為楊家宅了。[12]

圖4：這座舊廟戰時曾被日軍用來做慰安所。照片中的袁竹林1941年就被日軍關押在這裏做「慰安婦」（陳麗菲攝）。

就這樣，日本帝國軍隊在中國大陸肆意強佔民房樓舍，把慰安所設在學校、民宅、公共浴室、旅館、倉庫、銀行、村屋、窰洞，甚至廟宇和教堂裏（見圖4）。日軍也常常在炮樓、兵營中闢出一間房來做慰安室。本書採訪的倖存者中，有好幾位曾被關在此類慰安設施中。日軍在中國大陸為數眾多的慰安所，可以按其設立者和管理者，大致分為以下四類。[13]

第一類慰安所由日軍直接設立經營。此類慰安所又有不同的規模和樣式，可以進一步分為：（1）大部隊經管的正式慰安所；（2）為大戰役或軍事行動而設立的流動（或臨時）慰安所；（3）小部隊在駐地臨時搭建的慰安所。那些由軍或師團等大部隊設立的正式慰安所通常設在城鎮，附屬於部隊的供給基地，配有幾十上百個慰安婦，其中既有從當地強徵的中國婦女，也有從日本、朝鮮半島和臺灣運來的「慰安婦」。楊家宅慰安所即是此類慰安所之一。該所1938年1月2日開業前夕，日本軍醫麻生徹男曾在那裏給80名朝鮮婦女和20名日本婦女檢查身體。[14]

有些由軍隊經管的慰安所利用火車、汽車，甚至馬車等交通工具來運作，在不同的駐軍地點之間流動。這些流動慰安所主要用於「慰安婦」供應不足或難以設置固定慰安所的地區。有調查顯示，關東軍於1933年至1940年間曾定期開設慰安列車。[15] 一些有固定地址的慰安所也會定期將「慰安婦」運往靠近前線的據點和炮樓去。譬如設在海南島那大市的日軍慰安所，每個月把十幾個「慰安婦」送到邊遠地區「慰問」部隊。這些「慰安婦」每天遭到50多個士兵蹂躪，月經期間也不例外。很多婦女染上性病，或被折磨而死。[16]

在日軍直接管理的慰安所中，由小部隊設立的臨時慰安所佔大多數。日軍把這些臨時慰安所設在軍營、據點、佔領地民居、寺廟，或任何駐守日軍認為方便的地方。此類慰安所內的狀況常常不堪入目，關的大多是士兵從當地擄掠來的婦女。日軍有時候甚至用帳篷或臨時搭起的棚屋當慰安設施。如本書第二部分所示，有些簡易慰安所的房間甚至沒有門或牆壁間隔，士兵施暴時就掛個簾子隔出一塊地方來。有的連床都沒有，「慰安婦」就被按在泥土地上強姦。在這種慰安所裏，很多婦女被折磨而死，有的自殺抗暴，還有許多人遭受百般蹂躪後被殺害。據在浙江省的調查，1937年12月24日，日軍佔領浙江省富陽縣城後，在城中心的城隍廟設立了慰安所，抓來眾多婦女供日軍淫樂。不久，其中九人就被強姦致死。在日軍佔領期間，縣城裏90%的房屋被燒毀，1,200多個縣民被殺害。[17] 江蘇省溧陽市公安局局長1939年撰寫的報告記載，日軍佔領溧陽後，不時四處擄掠當地婦女。1938年2月25日，日本兵將姜吳氏和趙姓女子等抓到軍營，裸體禁閉在一間空房內做性奴隸。不到一個月，軍營裏囚禁的女性增至50餘名。她們慘遭輪姦，稍一反抗，則遭殘殺。沒有被殺的婦女後來被日軍趕進一個水塘，大多溺水而死。[18]

　　第二類慰安所一般由來自日本、朝鮮半島和臺灣的妓院老闆在日軍監管下經營，專供日軍人員使用。日本軍方對此類妓院的開業、設備供給、衛生監督、管理規定等各個方面，握有重要的決定權。妓院老闆與軍官們關係密切，通過經營軍用妓院獲利。此類慰安所通常設在軍營附近。據旅日韓國人金一勉的研究記載，1940 年秋日軍佔領宜昌後，駐地附近很快開設了三家妓院，分別由日本和朝鮮業主經營，專為駐軍服務。[19] 從本書收載的雷桂英和袁竹林的口述史中也可以看到，私人業主經營的慰安所都在軍方嚴格的管控之下，與普通的妓院有著明顯的區別。

　　第三類慰安所是利用戰前的妓院和娛樂設施建立的，經軍方認可後供軍人使用。這些設施一經指定為軍用慰安所，軍方便派軍官或憲兵來檢查監督妓院的管理。軍方還供應避孕套，派人對「慰安婦」進行體檢。雖然此類慰安所也對非軍人開放，但軍隊擁有絕對的優先使用權。此類慰安所大部分建立在大城市，如上海、武漢和北平等地。上海的「大一沙龍」就屬於此類慰安所。大一沙龍原是一對日本夫婦為在華日本人開的妓院，1931 年以後這裏被指定為日本海軍軍用慰安所。這個慰安所在巔峰時期曾據有三棟樓房。今天在東寶興路 125 弄還可以看到這些建築（見圖 5）。

圖 5：「大一沙龍」慰安所的樓房還存留在上海東寶興路上（蘇智良攝）。

第四類慰安所是由地方傀儡政權或漢奸遵照日本佔領軍的命令設立的，多見於城鎮。如前所述，日本侵華戰爭全面爆發後，日軍常利用在佔領區建立的偽政權來設立慰安所。以安徽省為例，日軍於1938年2月佔領蚌埠後，立刻命令偽政權和維持會在當地設立慰安所，抓了120多名婦女，關在強佔的旅館酒店中開設慰安所。[20] 同年，駐紮在鳳陽縣的日軍成立了警備司令部，強制當地維持會修建慰安所，抓去30餘名當地婦女充當「慰安婦」，連修道院中的一位中國修女也被抓進慰安所；三名被擄女子自殺以死抗爭。[21] 雖然有些地方有漢奸死心塌地協助日軍，但在很多情況下，所謂「協助」設立慰安所是佔領軍威逼使然，因為如果不按照命令交出女人供士兵奴役，日軍就會殘忍地大規模屠殺當地居民。

在日軍大部隊總部所在的城市裏，慰安所常按使用者的軍階分級。軍官專用慰安所的內部設施及所配「慰安婦」的國籍與士兵用慰安所有所不同。前者內部陳設考究，特選來自日本或朝鮮半島的「慰安婦」。有些軍官專用的慰安所甚至裝修豪華。[22] 士兵用慰安所則很簡陋，通常房間裏只有一張床和一張小桌子。

無論是軍隊直轄還是私人經營的慰安所，都在日軍的嚴格控制之下。在不同地區，主管慰安所的軍官和部門有所不同，但一般是由各大部隊司令部的管理部、後勤參謀、兵站慰安設施部部長、各師團連隊的主計官和副官、或憲兵隊負責。[23] 舉例來說，駐紮在廣東省中山的獨立步兵第13旅團中山警備部隊，建立了一整套「軍人俱樂部」(慰安所) 使用規定，相關責任規定如下。

第三條：部隊副官統轄監督指導「軍人俱樂部」之業務，確保正常、順利運營。

第四條：部隊軍醫官對軍人俱樂部的衛生設施及衛生措施的實施狀況負責，並負責俱樂部使用者、家屬及工作人員的醫療保健、膳食等與衛生相關的工作。

第五條：部隊主計官負責軍人俱樂部的經營管理。[24]

很明顯，除了安排房屋設施和徵集「慰安婦」，軍方人員也直接參與了慰安所的經營管理、安全監督、規章制定和衛生調控。日軍採取的安全措施之一是對「慰安婦」進行登記。根據日軍駐華派遣軍慰安設施部部長山田清吉的手記，每當一個日本「慰安婦」到達漢口，必須到慰安設施部由一名軍官檢查她的照片、戶籍謄本、誓約書、父母同意書、警方許可證明、家鄉市町村長

開具的身份證明，及其他相關文件。檢查結果填入一份記錄「慰安婦」個人經歷和家庭狀況的身份查驗表，並將查驗表的抄件送交憲兵隊。[25] 但日軍只對來自日本本土及其殖民地的婦女實行這種登記，對從佔領地抓來的中國婦女則不做什麼登記。從本書12名倖存者的口述中可以看到，中國婦女一被抓進慰安所，就被剝奪了身份人格。她們的名字被改掉或換成編號，甚至根本就沒有任何稱號，像監獄裏的囚犯一樣受到嚴格的軍事管制。軍用慰安所一般都有哨兵站崗，而中國「慰安婦」則受到更為嚴格的看守，因為日軍把她們視為日本國的敵人，同時也怕她們與當地人有聯繫可能逃跑。海南島的石錄慰安所由日本士兵晝夜把守，試圖逃跑的「慰安婦」或被開槍打死，或在抓到後慘遭酷刑。[26] 目擊者宋福海戰時在海南島新盈鎮慰安所做雜役。據他回憶，當時負責管理慰安所的是一個名叫川岡的日軍派遣隊長。他所制定的慰安所制度大意如下：

> 慰安婦不得隨便走出慰安所，不准逃跑，否則連同家屬立斬；
> 必須無條件聽從日軍的使喚與擺布，對日軍不得無禮；
> 必須絕對服從兩個管理員的管制，否則處以重罰；
> 派遣隊員無論何時需要，都須無條件服從。[27]

在這種嚴格監控下，逃跑幾乎是不可能的。

從現存資料來看，日軍為慰安所的使用和經營所制定的條例十分詳細。以「華月樓」軍用慰安所為例，它是日軍佔領南京期間建立的，設在商埠街惠安巷13號一幢三層木結構的樓房裏。根據當地居民回憶，這裏經常配備25名「慰安婦」，大多數來自揚州。每個「慰安婦」都被編上號碼，慰安所入口處掛著她們的照片，供士兵們選擇。[28] 曾居惠安巷14號的居民顧翔存有一張該慰安所所規的照片。從照片看到，規定的條文刻在一塊木板上，一共12條，標註日期為1939年3月6日。其內容如下：

1. 每個兵站慰安所內的特殊婦女每隔五日必須接受憲兵分隊兵站支部醫官的檢查。

2. 檢查結果不合格者需到特殊治療所接收診治，未經許可嚴禁接客。

3. 每名慰安婦的檢查結果均應有記錄，全部檢查結果應彙編成冊以便隨時檢閱。

4. 慰安所開放時間規定如左：
   兵：上午10時到下午6時
   官：上午10時到下午9時

5. 慰安所使用價格規定如左：

兵：1元（1次 30 分鐘）（每延長 30 分鐘追加 50 錢）

校：3元（1次 1 小時）（每延長 1 小時追加 2 元）

高等官：3元（1次 1 小時）

官：判任官以下，1日元 50 錢（每次 30 分鐘）（每延長 30 分鐘再追加價錢）

6. 使用指定慰安所的人員必須付費，領取和使用避孕套，而且事後必須到洗滌室清洗。

7. 除軍人和輔助軍人外任何人不得進入特定慰安所。

8. 嚴禁攜帶酒類進入指定慰安所。

9. 嚴禁酗酒者入內。

10. 不得進入所認定購買號碼以外的慰安室。

11. 不按規定使用避孕套者嚴禁與慰安婦接觸。

12. 不遵守本規定及違反軍紀者勒令退出。

昭和 14 年 3 月 6 日 [29]

這個規定的內容和麻生徹男所記錄的楊家宅慰安所規定（1938）[30] 大致相同，也與《獨立步兵第 13 旅團中山警備部隊軍人俱樂部使用規定》（1944）[31] 相似。這些規定都對衛生措施、慰安所使用時間與收費，以及軍隊的專用權等做出了說明。

雖然上述慰安所規定中寫明要使用避孕套，[32] 但大多數情況下，這些規定沒有得到貫徹執行，尤其是在前線的臨時慰安所，那裏沒有嚴格監管且缺乏避孕套供應。避孕套不夠用時，有些慰安所便讓「慰安婦」或清潔工清洗用過的避孕套來重複使用。有些日軍作戰部隊公開拒絕使用避孕套，認為不舒服。[33] 於是性病在士兵與「慰安婦」中間廣泛傳播，「慰安婦」懷孕的案例也十分常見。日本「慰安婦」產下孩子可以被帶回日本撫養。據報導，在楊家宅慰安所有一名日本「慰安婦」生下一個男嬰，她在當地僱了一個中國農婦代為餵奶，後來將孩子送回了日本。[34] 可是對於中國慰安婦來說，懷孕常常帶來殺身之禍。1944 年在日軍慰安所「快樂房」做過清潔工的林帕公回憶說，保亭縣的黎族姑娘李亞茜被駐紮在南林的日軍抓去做「慰安婦」之後，因為長得年輕漂亮，每天遭到很多士兵強暴，很快懷了孕。士兵們發現她懷孕後，將她綁到慶訓村的山坡上，剖開她的肚子，將她連同未出世的胎兒一同殺死。[35] 即使士兵能夠得到並使用避孕套，這並不意味著「慰安婦」遭受的苦難會有所減輕。事實上，粗糙的避孕套加重了她們遭受反覆蹂躪時的痛苦，並造成永久性的身體損傷。

　　儘管慰安所規章明文規定要對「慰安婦」進行體檢，並禁止患上性病的「慰安婦」繼續工作，但前線往往缺乏醫務人員，再加上「慰安婦」人數不足，許多慰安所為滿足士兵的性慾，強迫已經染上性病的「慰安婦」繼續工作。有些慰安所，如海南島趙家園慰安所，不但不給病重的「慰安婦」醫療救助，反而殘忍地將她們殺害。[36] 設在大城市的慰安所有的設有洗浴間或洗滌處，提供高錳酸鉀一類的消毒劑，讓「慰安婦」事後清洗。但設在小鎮和農村的慰安所，衛生狀況不堪入目。那裏既無自來水，也無下水道。「慰安婦」不准出門，只能用小盆盛水清洗身體，大小便也只能在屋內使用便盆。這些慰安所的房間裏常常彌漫著惡臭。即使像蕪湖那樣的中等城市，慰安所的衛生條件也相當惡劣。據調查，蕪湖的鳳儀樓慰安所於 1938 年 1 月開張，規定「慰安婦」每月只能洗三次澡。每次她們到公共澡堂去洗澡的時候，都有日軍士兵荷槍押解，猶如犯人。[37] 在這種衛生條件下，許多健康女子感染了性病。在很多地方，包括上海這樣的大城市，日軍為了預防梅毒，強迫給「慰安婦」注射砷凡納明（別名 606）。砷凡納明是一種毒性極大的含砷物質，注射時非常疼痛，且有嚴重的副作用，甚至可以致命。許多被注射了砷凡納明的婦女證實，該藥物嚴重的副作用給她們造成極大的痛苦，有的甚至患上不孕症。[38]

　　慰安所規章中禁止酗酒的條文也同樣沒有得到執行，以至日軍官兵酒後施暴的事件屢見不鮮。前面提到的華月樓慰安所雖有禁止酗酒者入內的規定，還是常有醉酒的軍人強行闖入樓中。當地居民樊桂英曾為華月樓做裁縫活。她回憶說，經常有吃醉酒的士兵來華月樓。一次一個醉酒日本兵衝到樓上的一個房間，裏面的姑娘怕他進入趕緊關門，掙扎中日本兵抽出刀往門縫中砍去，結果把姑娘的胳膊砍斷了。[39] 酗酒軍人的暴力事件，在侵華日軍華中派遣軍憲兵司令總部的報告中也多有記載。其中一例發生在 1941 年 11 月，一個軍曹不購票闖進慰安所，還毆打了一名拒絕接待他的「慰安婦」。另一例事件發生在 1942 年 2 月，醉酒的日軍伍長衝入配有中國「慰安婦」的慰安所，執刀亂砍。[40] 這些事件被記錄在案，是因為它們過於顯眼，遭到了報檢，而那些每天發生在慰安所內不為人知的性暴力，卻很少被報檢。即使是報了檢，違紀者受到的處罰也極其輕微，一般僅受嚴重警告，最多也只是短期禁閉。[41]

　　從前面摘引的慰安所規定可以看出，正式的大型慰安所通常收費，金額因使用者的軍階不同而異。不同地區的慰安所收費也不盡相同，各慰安所還按「慰安婦」的國籍（日本、朝鮮、中國，等等）定出不同的收費價格。表 2 例舉了設在中國大陸的一些慰安所的收費標準。[42]

表2：日軍慰安所收費舉例（價格單位：日元）

地名	慰安婦			備註
	日本人	朝鮮人	中國人	
上海租界	2	1.5	1	俄、德、法女子2元
安徽安慶	1.7	1.7	1.5	
廣東省海南島	免費	免費	免費	
河北易縣	5–8	2.5	2	
內蒙古	–	2	1.5	
湖北漢口	–	1.6	0.6	
中蘇邊境阿爾山	5	1	0.5	
廣東	1	0.8	0.5–0.6	

慰安所對不同國籍「慰安婦」定價的差異，也見於馬尼拉南區軍用妓院的收費標準。這家軍用妓院為不同級別的軍人設定了不同的記時收費額，而每個軍階的收費價格裏面，中國「慰安婦」都比日本或朝鮮「慰安婦」低0.5日元。[43] 慰安所對不同國籍的「慰安婦」實行的這種差別收費，實際上是日本戰時嚴格區分敵國國民與本國臣民的帝國主義政策的具體表現。

一些較大的慰安所向使用者收費造成了一種假象，讓人容易誤將「慰安婦」與妓女混為一談。但事實上，軍人付給慰安所的費用與妓女得到的報酬，性質完全不同。其區別首先在於，絕大部分「慰安婦」是被迫進入慰安所的，而且一旦進去就喪失了人身自由。其次，慰安所的收費大部分歸經營者所有，絕大多數「慰安婦」得不到任何報酬，少數有薪酬的也只得到收費中的一小部分。馬來軍政監頒布的〈慰安設施及旅館營業遵守規則〉，透露了該軍用慰安所營業收入的分配詳情。根據這一規定，每個「慰安婦」應按本人入所前領到的預付金額度，分得收費的40%到60%。[44] 但該規則又規定，「慰安婦」每得到100日元收入，必須將3日元存入指定的儲蓄帳戶，並將三分之二以上的收入用來償還受僱時領取的預付金。「規則」還明文規定，如果「慰安婦」因「工作」懷孕或生病，本人須支付醫療費用的一半。患其他疾病者則須自行負擔全部醫療費用。[45]

發放預付金是慰安所在日本本土及其殖民地徵集婦女時常用的手段。許多貧困家庭的女子為養家糊口，便接受了一筆額度為幾百至1,500日元的預付款，之後被帶到軍用慰安所。她們進去後才發現，還清債務實在難之又難，因為衣物、化妝品和其他日常開銷不斷地加在她們的欠債額上，越滾越高。上述馬來軍政監為來自日本及其殖民地的「慰安婦」制定的規則所描述的應

屬「慰安婦」當中最好的境況。但即使這些規定的條件能夠兌現，使一些「慰安婦」能夠還清欠款，她們所得收入中相當大的一部分還要被強制儲蓄或捐出作為「國防獻金」。[46] 而她們好不容易存下的幾個錢，在戰後的通貨膨脹和幣制轉換中也都損失殆盡。[47] 據報導，有的朝鮮「慰安婦」把積蓄存入指定的郵政帳戶中，戰後卻無法取出。此外，由於慰安所一般使用軍隊發行的軍票付費，日本敗戰後，軍票變得一錢不值，原「慰安婦」手裏的軍票變成了廢紙。[48] 即使有一小部分「慰安婦」得到過些許經濟報酬，她們在慰安所中的處境也是被迫賣淫。[49] 這一點甚至在日本右翼網站發表的老兵證詞中也可以得到證實。日本「自由主義史觀研究會」的網站曾經登過一名原日本帝國陸軍第6師團工兵的戰時見聞。據他回憶，1938年他在中國漢口遇到一個朝鮮「慰安婦」。她說她的父母以380日元的價格把她賣給了一個人販子，隨後她被帶到設在中國大陸的一個朝鮮人經營的慰安所。「她說在那些慰安所裏，每個女人每天必須不停歇地接25至30個士兵，吃的也很差。很多慰安婦得了性病，時有自殺事件發生。」[50] 這個網站把原日軍工兵的見聞刊登出來，似乎是要證明「慰安婦」如這個朝鮮女子一樣，是戰時在私人慰安所裏賺錢的妓女。然而具有諷刺意味的是，這個工兵的話恰恰暴露出在「慰安婦」制度下被迫賣淫的婦女奴隸般的悲慘生活。

「慰安婦」制度的強迫性與剝削性在考察中國「慰安婦」的處境時可以看得尤為清晰。如前所述，中國「慰安婦」絕大多數被拘押在前線或農村地區的簡易慰安所裏；那裏沒有任何規章，軍人在使用臨時慰安設施時也不支付任何費用。本書記載的12名「慰安婦」的經歷顯示，她們當中不僅沒有一個人從日軍那裏得到過薪酬，有的還必須額外做工以換取日用所需。即使在那些有購票規定的慰安所，中國「慰安婦」也很少能得到報酬。王璧珍1941年寫的關於湖北通城慰安所的報導說：

> 那些來洩慾的戰兵，事先須到購票的地方納一定的代價（分三種：上等一元四角，中等八角，下等四角。）換取一條紙片，然後於照號碼找到「慰安品」不得任意選擇，也不得超過規定的時間，超過五分鐘就得加倍納價，而且停止其一次慰安權利。
>
> 在值班之先和退班的事後，都得受衛生隊人員的檢查和洗滌，若當月事或感染到花柳時，由醫生發給停止值班證明書，而有病的則駐在衛生隊的特設病院裏，聽候療治，在痊癒後仍得照常值班。
>
> 戰兵們所購買的慰安券的代價，雖然是全數發給充任「慰安品」的女同胞們，而層層剝削，「慰安品」所得已寥寥無幾，而且遇著疾病，則醫藥費全由「慰安品」自己負擔，因是女同胞們忍受踐踏的收

入，尚不夠一次疾病的支出，我們的女同胞，就這樣慘痛的呻吟於
鐵蹄下。[51]

　　這篇報導頗為詳細地記載了來自不同國家的「慰安婦」，在一個所謂「正
式」的日軍慰安所裏遭受的殘酷剝削。這家慰安所收費標準的等級劃分與
馬尼拉南區軍用妓院的收費等級以及馬來軍政監所頒布的規則非常相似。值
得注意的是，這份寫於日軍慰安所系統還在運營期間的報導，在記述慰安所
收費標準時，用「慰安品」一詞來形容那些關在慰安所裏的婦女，可見當時已
將軍用慰安所與商業性妓院清楚地區分開來了。

　　必須指出的是，在那些數量驚人的臨時慰安所中受奴役的中國「慰安婦」
不僅連微乎其微的薪酬都得不到，她們的家屬為解救自己的親人還常常被迫
向日軍交付大筆贖金。本書前言中提到的山西省盂縣受害者劉面換的父母，
就曾被迫傾家蕩產交付贖金。實際上，如果不是劉面換病得嚴重，日軍認為
無法繼續「使用」，她的父母即使是交了贖金也不可能把她從慰安所贖出來。
與劉面換同縣有一位李姓倖存者，她的父母雖然花了大筆贖金，還是沒能把
她救出來。李被日本兵抓走時只有15歲。她每天遭到日軍強姦毒打，逾五個
月之久。為了救她出來，她的父母借貸典當湊夠了600銀元贖金，但贖金交
完之後，還是沒有放人。李的母親在絕望中上吊自盡。她的父親在妻子死亡
和女兒被抓的打擊下，精神失常。[52] 類似的案例，在盂縣和中國其他地區還
有許多。

　　日軍對中國「慰安婦」明目張膽的敲詐、奴役和摧殘，是在戰爭中佔領軍
極權統治的條件下才得以進行的。中國「慰安婦」的悲慘遭遇，清楚地證明了
「慰安婦」制度是無可抵賴的戰爭罪行。C. Sarah Soh 曾在她研究「慰安婦」問
題的專著中強調，針對女性的性暴力植根於父權社會結構與「男權至上的性
文化」，而這種社會文化不僅存在於日本，也存在於受害者自己的國度。[53] 這
種分析固然不錯，但一個必須指出的重要事實是，日軍「慰安婦」制度是戰爭
的直接產物，是直接為日本帝國的侵略戰爭服務的。下一章我們會看到更多
中國「慰安婦」的受害事實，而這些事實進一步展示了日軍「慰安婦」制度的
罪惡本質。

第四章

「慰安婦」制度下的性犯罪

　　如前所述，慰安所的大量建立非但沒有防止性犯罪，反而給日軍的性暴行提供了方便和保護傘。在整個侵華戰爭期間，發生在日軍慰安所內的系統性性奴役與士兵在慰安所外肆無忌憚的姦淫暴虐始終並存，構成了一系列駭人聽聞的以性侵犯為特徵的戰爭罪行。生活在日本侵略戰爭主戰場的中國女性成為日軍性暴力首當其衝的受害者。

　　日軍性暴力的殘忍程度令人髮指。唐華元的調查顯示，日軍第11軍於1939年10月在湖南省岳陽縣建立了軍用慰安所，但士兵們並未就此停止在慰安所外姦淫殘害當地婦女。1941年9月，14名婦女在金沙鎮被日軍擄獲，因反抗強姦而慘遭殺害。[1] 1941年9月20日，五個日本兵在金沙鎮輪姦了一名少女，然後又強迫她的60歲鄰居吳葵清當著士兵的面與她性交。吳葵清憤然揮拳猛擊日軍士兵，遭日本兵棍棒群毆打死。日軍隨即將吳的屍體倒插入糞坑。[2] 一個月之後，日軍部隊開到歐陽廟（今新牆鄉河沿村市場），將躲避在裏面的數十名婦女兒童趕出來，強迫兩名年過60的老婆婆脫光衣服繞天井爬行，又用皮鞭把她們的陰部抽腫，插入刺刀；並將其他所有青壯年婦女姦污，還逼迫父與女、母與子性交，違抗者皆被處死。[3]

　　日軍此類大規模的性犯罪，在中國大陸並不罕見。據安徽省鳳陽縣的調查報告，日軍於1938年2月1日佔領鳳陽縣城時，城內居民已逃遁一空，但是2月2號日軍當局貼出了「安民」告示，使很多人以為安全有保障，便陸續回城。誰知日軍在2月5日突然關閉城門，開始瘋狂屠殺城內居民。僅五天時間就殺害無辜平民5,000多人，燒毀房屋4,000多間。許多婦女，少至十來歲，老至六七十歲，遭到日軍姦污蹂躪，連孕婦也不能幸免。有個懷孕婦女遭強姦後被殺害，作惡者還用刺刀挑出她腹中的胎兒尋歡作樂。日軍強姦大批婦女後，扣留了一批受害者在慰安所繼續蹂躪。[4] 大屠殺之後的5月3日夜裏，抗日的新四軍戰士潛入城內，收繳日軍部分槍支彈藥，並抓了兩個漢奸，救出被關押的慰安婦。次日，日軍瘋狂報復，將未及逃離鳳陽的124名

居民全部殺光。5月8日，日軍又藉口城裏居民在5月3日的營救事件中「勾結山賊造反」，血洗了四眼井和三眼井地區，殺死無辜群眾80多人，並用機槍在西城門內牆下掃射，打死50多人。日本兵發現有中國人逃進一座天主教堂避難，便點火燒毀教堂，將避難平民閉門屠殺。士兵們在大屠殺中找到婦女便強姦，還逼迫受害者的家人跪在一旁觀看，如若露出一絲憎恨或怒容，就將被強姦的女子和她的家人全部殺死。很多女子為避免侮辱，跳溝或投井自殺。在四眼井，一口十餘丈深的大井被女人的屍體填滿。[5] 這些大規模的強姦和屠殺，都發生在設有軍用慰安所的地區。這些案例十分清楚地表明，「慰安婦」制度並非如日軍宣稱的那樣防止性暴力，而是將性暴力合法化，進一步助長了犯罪行為的普遍發生。

同樣殘忍的暴行在日軍慰安設施內部也非常普遍。以湖南省岳陽縣吳胡驛慰安所為例，該所由日本陸軍第11軍屬下的一個大隊直接控制，其經費開銷向當地居民攤派。[6] 吳胡驛慰安所1939年10月開張時，裏面關有14名「慰安婦」。這家慰安所的存在不但沒有防止強姦發生，反而為性虐殺提供了場所。據調查，該所「慰安婦」中有一個李姓女子。一個日軍班長和一個中隊長來到吳胡驛慰安所，為了誰先使用李而發生爭執。日軍班長遷怒於李，於是剝掉她的衣服，將她按倒在地，把一桶冷水灌入她的口鼻，再用皮靴重重地踩踏，最後放出軍犬將她咬死。[7]

許多從日本殖民地強徵來的「慰安婦」，也同樣受到野蠻的摧殘。據海南島的目擊者回憶，建在那大的趙家園慰安所開業時有21名女子被押送到這裏，年齡在16到18歲之間。她們大部分是從附近抓來的本地人，但是也有幾個來自臺灣。在開張的頭十天內，趙家園慰安所接待日軍3,000多人次。16歲的臺灣妹阿嬌被接踵而至的日本兵連續摧殘，血流如注昏死過去。她被打了一針止血劑，蘇醒過來後僅過半小時，又被強迫去接待士兵。[8]

對絕大多數「慰安婦」來說，在慰安所裏度過的每一天，都要忍受極度的折磨——囚禁、飢寒、蹂躪、毒打、時刻受到監視，還要目睹其他「慰安婦」的死亡。這一切造成無法擺脫的絕望，迫使一些「慰安婦」靠吸毒或自殺來尋求解脫。本書第二部分收載的12篇倖存者口述史，提供了「慰安婦」受害狀況的如實寫照。為便於讀者了解慰安所的概況，這裏將廣泛調查的結果概述如下。

拘所

「慰安婦」通常被關在一個大小僅能容下一張床的狹小房間內。原日軍野戰炮兵第110連的一名勤務兵，曾這樣描述他於1941年2月在石家莊看到的

慰安所:「打開房門,我看到一個泥土地面的小房間。慰安婦就住在這種房間裏,她們的雜物都堆在裏頭。狹小的房間裏彌漫著一股難聞的氣味。」[9] 這個老兵所描述的慰安所狀況頗具代表性。一些設在前線的臨時慰安所條件更為惡劣,房間裏甚至沒有床,「慰安婦」被迫睡在泥土地上,每日被日軍按在地上蹂躪。

食 物

慰安所通常只提供極少量的食物,以維持「慰安婦」不死,方便為日軍服務。比如設在黑龍江省的石門子慰安所,冬天「慰安婦」吃的是高粱米飯和鹽水煮凍蘿蔔,夏天只有高粱米飯和鹽水加大蔥。[10] 在海南島石錄慰安所,每人每天只供給三兩米飯,有時只有幾塊蕃薯。[11] 本書收載的倖存者證言也談到,「慰安婦」經常餓著肚子遭受日軍蹂躪。在日軍人數較多的地方,「慰安婦」甚至經常連吃飯的時間都沒有。

衣 著

慰安所對「慰安婦」著裝的要求反映出明顯的國別歧視。倖存者的證言顯示,日本「慰安婦」通常穿和服,並可以購買衣物和化妝品,當然這些購物的開銷常常使她們的欠債越積越高。[12] 來自朝鮮半島的「慰安婦」被看作是日本帝國的臣民,所以日軍也經常要求朝鮮「慰安婦」穿和服或軍隊發放的衣服。遇到重大的日本節日,她們必須穿著這些衣服打扮起來,供士兵娛樂。中國「慰安婦」只有極少數被要求穿和服,絕大部分沒有從慰安所得到過任何衣物。她們中的大多數在慰安所裏始終只有被擄掠時穿在身上的衣服,穿到破爛不堪也無法更換。更慘的是那些日軍來往人數眾多的慰安所,那裏的「慰安婦」因為連續不斷地遭到日軍強暴,整日整夜不許穿衣服。

傷 病

非人的性虐待摧殘了「慰安婦」的身體,性病更是在慰安所中大肆流行。據中國倖存者回憶,她們被抓進慰安所後不需多久,縱使沒有染上性病,也被接連不斷的強姦折磨得下體紅腫,疼痛難忍,卻得不到醫療救治。雖然日軍上層要求「慰安婦」定期接受體檢以預防性病,這個規定的目的完全是為了保護日本軍人。前線的日軍慰安設施一般不具備醫療體檢的條件,很多病重的「慰安婦」得不到治療,患病者被丟棄不管或被殺害的不在少數。在海南

趙家園慰安所，1942年開業後不到一個月的時間裏，就有三個染上性病的中國「慰安婦」被活活埋掉。[13]

奴役與酷刑

　　剝奪了人身自由的「慰安婦」被迫對日本軍人無條件地服從。「慰安婦」如不能滿足日軍人員的欲求，便會遭到嚴厲懲罰。據倖存者阿燕婆控訴，她不願忍受連續強姦而進行了反抗，一名日本兵便殘忍地將她的大腿扎穿，她痛得昏了過去。[14] 有一名被抓進趙家園慰安所的新盈女子，因不堪淫辱而拒絕了一個士兵的無理要求，就被慰安所的管理人綁在磚柱子上，用辣椒粉和鹽往她的陰部狠狠地抹擦。[15] 此外，日軍還無緣無故地以折磨「慰安婦」取樂。據倖存者回憶，在雲南省龍陵慰安所，幾個日本兵把一根蘿蔔插入一名叫王換弟的「慰安婦」的陰道中，當天她就被折磨死了。[16]

監禁與逃跑

　　為了防止「慰安婦」逃跑，日軍慰安所對她們施以嚴格的軍事監控。從佔領區抓來的中國婦女是監視的重點，因為日軍害怕她們與抗日武裝或當地群眾有聯繫，可能對日軍的安全造成威脅。日軍監管之嚴酷，從前面提到的海南島新盈慰安所所規可見一斑：「慰安婦」不許離開慰安所一步，如果膽敢逃跑，逃跑者及其全家都處以斬首。[17] 日軍通常在慰安所周圍布哨崗，而中國「慰安婦」常常連上廁所都不許出門。當她們從一個地方轉移到另一個地方時，總有全副武裝的日本士兵押送。儘管有嚴格的監控和酷刑威脅，還是有中國婦女決意冒死逃出魔掌。「慰安婦」在逃跑的過程中被抓並被殘忍殺害者眾多，但也有少數人在家人和當地鄉親的幫助下，得以成功逃脫。本書第二部分介紹的李連春和黃有良兩位，就是成功逃離慰安所的倖存者。她們的逃跑展現出驚人的意志力和勇氣，其成功也體現了當地民眾對受害者的深切同情與無私幫助。無法逃脫的「慰安婦」不堪忍受日復一日的身心折磨，有的借助鴉片或嗎啡來暫時擺脫痛苦。在管控嚴格的慰安所中，「慰安婦」不可能輕易得到任何藥品，鴉片或嗎啡只能是由軍方人員或慰安所管理者提供，而這一點已為現存的戰時日軍文件材料證實。[18]

死亡與自殺

　　如上所述，日軍殘酷的虐待和肆意殺戮，導致中國「慰安婦」極高的死亡率。以海南石錄鐵礦慰安所為例，從 1942 年到 1945 年不滿四年的時間裏，被抓到這個慰安所的 300 多名中國「慰安婦」中已有 200 多人被摧殘而死。[19] 如此高的死亡率在關押中國「慰安婦」的慰安所中相當普遍。黃慧榮等 21 名婦女，是被日軍從廣州擄至海南黃流軍用機場慰安所的。到 1945 年冬日軍繳械投降時，她們當中只剩 4 人還活著。[20] 除了被殘害而死者，許多「慰安婦」不堪忍受非人的折磨而自殺身亡。受害人黃玉霞新婚後不到一週就被日軍押入慰安所。她的丈夫梁信去慰安所找自己的妻子，被日本人毒打至死。悲憤絕望的黃玉霞上吊自盡。[21] 據海南島的調查報導，一名關押在海南島藤橋市日軍營地的黎族少女，不堪忍受多名日軍同時淫辱，咬斷自己的舌頭自盡身亡。[22]

　　日本軍隊對中國婦女肆無忌憚的摧殘，在戰時日軍的文件中也有記載。日軍國府台陸軍醫院軍醫中尉早尾㐂雄 1939 年 6 月在〈戰地特殊現象及其對策〉中寫道：

> 官兵們普遍地認為他們可以對敵國婦女為所欲為，包括幹那些在日本本土不容許的事情。所以他們一見支那女子便異常瘋狂。可以說，被檢舉上報者屬運氣不好者，還不知道有多少案例發生過卻未被上報。
>
> 　　軍隊當局認為控制士兵的性慾是不可能的，便建立了慰安所以防軍人強姦支那婦女。但是強姦仍然到處發生，以至支那良民見到日本軍人就滿心恐懼。
>
> 　　於是將校軍官率先光顧慰安所，並且要求士兵們都去，慰安所成了軍方正式認可的官辦機構。一些有良知的士兵得知慰安所裏發生的一切之後，嘲笑當局的做法，但軍官們卻斥責那些不去慰安所的士兵，罵他們有毛病。[23]

　　很明顯，雖然日軍首腦一再宣稱慰安所的建立是為了防止強姦和性病在日本軍隊中大規模發生，「慰安婦」制度帶來的結果卻截然相反。連慰安所計劃的始作俑者日軍將領岡村寧次自己也承認：「雖然目前各部都與第 6 師團一樣，配有慰安婦團同行，強姦罪並未絕跡。」[24] 與強姦罪大肆氾濫的同時，日軍各部隊上報的性病案例數量也不斷上升：1942 年有 11,983 個新病例上報；1943 年有 12,557 例；1944 年則有 12,587 例。[25] 這些數字並不包括未上報的案例，所以實際數字要遠大於此。

「慰安婦」制度隨著日本於1945年戰敗而土崩瓦解，但是當戰爭接近尾聲時，窮兇極惡的侵略者將對「慰安婦」的殘害推向了極端。日本軍隊要求士兵寧可自決，也不能投降。窮途末路之際，有很多日本兵逼迫來自日本本土或殖民地的「慰安婦」與他們一起赴死。[26] 為了銷毀「慰安婦」制度的人證，日軍還殺害了大批「慰安婦」。一位名叫許國均的中國遠征軍老兵記述了發生在中緬邊界小城騰衝慰安所的大屠殺：

> 1944年9月14日早晨，我們攻進騰衝縣城時，只見到處是日軍的屍體，在日軍慰安所裏，我親眼看到有17個中國「慰安婦」和幾個嬰兒被日軍刺死在那裏，有一個「慰安婦」死了還緊緊地抱著一個血肉模糊的嬰兒，真是慘不忍睹！[27]

戰地記者潘世徵在另一篇報導中，記載了中國遠征軍於1944年9月14日在騰衝拿下最後一個日軍據點的情形。中國士兵們在一個防空洞中找到了一個10歲左右的小女孩。她說她是被日軍抓來給關在這裏的十幾名「慰安婦」送水的。這些「慰安婦」都躲在一個大防空洞內。一天黎明時分，突然進來了一個日本軍官，用槍逐一結束了「慰安婦」的性命。小女孩嚇得昏了過去，日本人誤以為她已經死了，她才逃過殺戮。[28] 潘世徵在這篇文章中還報導，遠征軍也在另外一處發現了十幾具女屍，死者都被蒙住眼睛，擺在城牆邊。

日本侵華戰爭期間，究竟有多少中國「慰安婦」被殘酷殺害？至今無法確切統計。從本書記述的資料可以看出，倖存者是極少數。存活下來的人，大部分是被家人贖出、被當地鄉親解救，或在戰爭結束前冒死逃出慰安所的。此前有調查報告，來自朝鮮半島的「慰安婦」有75%到90%死於那場戰爭。[29] 中國「慰安婦」的死亡率據估計更高。以海南島為例，日軍佔領海南的六年裏，修建了360多個據點，並設立了至少300個慰安所。[30] 每個慰安所一般配有10至20名「慰安婦」，但一些規模較大的慰安所，如八所港慰安所和石錄鐵礦慰安所，則關押著200至300名「慰安婦」。[31] 研究者據此推斷，整個日本佔領期間，僅海南島一地就有一萬多女性慘遭日軍性奴役；[32] 她們當中有一部分來自朝鮮半島、臺灣、日本、菲律賓群島和新加坡，但主要是從海南島當地及中國大陸南部省份抓來的婦女。然而調查者迄今在海南島只找到42位倖存者。從已接受採訪的20名倖存者的證言來看，[33] 其中的11人因逃離慰安所得以存活，2人被家人救出，3人得到當地鄉紳保釋，只有4人是在日軍戰敗遺棄了慰安所時一息尚存，重獲自由的。[34] 由此可見，未能逃離慰安所者，只有極少數倖存。

綜上所述，日軍「慰安婦」制度在1930年代初日本入侵中國東北並攻襲上海時已經開始建立，在1937年南京大屠殺發生前後迅速擴展，一直延續

到 1945 年日本投降。這一過程顯示出,慰安所系統的擴展與日本侵華戰爭的進程是緊密地連繫在一起的。上述各章關於慰安所受害者悲慘遭遇的概述,僅僅是幾十萬「慰安婦」深重苦難的一瞥。正如戴安娜・拉里和斯蒂芬・麥金農在研究戰爭對中國社會所造成的傷害時指出,日本侵華戰爭給中國及中國人民帶來的苦難是如此巨大,以致於對它的任何分析與描述都顯得蒼白無力。[35] 要真正了解「慰安婦」的深重苦難和日軍慰安所的殘暴罪惡,最好的途徑是直接傾聽倖存者講述她們的親身經歷。本書第二部分為讀者提供了12 位原「慰安婦」的親口敘事。她們的口述史活生生地再現了中國婦女在日軍慰安所中的悲慘遭遇,以及日軍性奴役給她們帶來的終生痛苦。

第二部分

倖存者證言

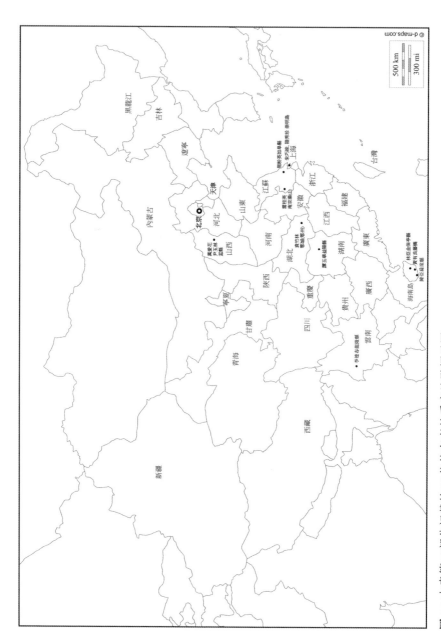

圖 6：本書第二部分記載的 12 位倖存者的受害地點標示圖。

　　本書第二部分記載了12位日軍慰安所倖存者的親身遭遇，她們是雷桂英、周粉英、朱巧妹、陸秀珍、袁竹林、譚玉華、尹玉林、萬愛花、黃有良、陳亞扁、林亞金和李連春。[1]中國「慰安婦」研究中心主任蘇智良及該中心研究員陳麗菲於1998年至2008年間在長達十年的時間裏對她們進行了調查採訪；這裏記載的故事，是根據她們的口述記錄整理而成。本書中文版完稿時，12位中的10位已經去世。

　　記敘那段歷史，對倖存者和調查人都是非常艱苦的過程。對倖存者而言，戰時慰安所的非人折磨以及戰後社會政治環境的壓抑，使她們在回憶過去時極其痛苦。加之中國大陸已知的倖存者大都生活在農村，那裏傳統的貞操觀根深蒂固，更加深了她們講述過程中的羞恥感與痛苦。以雲南省為例，雖然那裏戰時設有大量慰安所，卻鮮有倖存者願意站出來講述自己的經歷，連知情人也因為害怕影響自己與倖存者家庭之間的關係而對此諱莫如深。第11章中記載的李連春，是雲南省極少數講出自己經歷的倖存者之一，但倘若沒有子女的支持，她也不會向我們傾訴埋藏心底的往事。即使在打破沉默之後，心理創傷和對社會歧視的恐懼仍然困擾著每一位倖存者。袁竹林站出來作證就經歷了這樣痛苦的過程。由於她被迫充當日軍「慰安婦」的經歷在戰後不慎暴露，袁竹林曾被迫從武漢流落到遠在黑龍江省的偏遠農場勞動，長達十幾年之久。多年以後，當她應邀作為中國原告代表之一，出席2000年12月在東京舉行的「女性審判日軍性奴役戰爭罪行國際法庭」[2]時，開庭前夜她又陷入極度痛苦，感到無法在次日當庭控訴日軍的殘忍暴行。在陳麗菲陪伴下，經過數小時傾訴交談和安慰，她才克服了內心的痛苦和恐懼，勇敢地站上講台，並發表了強而有力的證詞。可是，當法律專家和學者2001年到她家，對她戰時的遭遇進行法律公證時，她再度被恐懼與痛苦所籠罩。經過專業人員心理疏導，才完成了口述的公證過程。為了減少受害者回憶慰安所的經歷所引起的恐懼感，蘇智良和陳麗菲在調查中，盡量選擇便利倖存者且能使她們放鬆的場所進行訪談。為此他們經常奔走於全國各地，穿山越嶺到位於偏遠村莊的倖存者家中探訪。

　　本書對倖存者的調查訪談，不僅限於她們在日軍侵華戰爭中的經歷，也包括她們戰前及戰後的生活狀況。所有訪談圍繞下述三組問題進行：

1.　戰前：受害人的身份及家庭背景。
2.　戰時：受害人淪為「慰安婦」始末；有無目擊者；慰安所實況；受害人在慰安所中的境遇及最終解脫方式。
3.　戰後：受害人的婚姻狀況；有無子女；與親屬鄰里之間的關係；有無因慰安所經歷而遭受歧視或政治迫害；有無心理後遺症；本人生活現狀。

　　考慮到倖存者的身體及心理狀態，調查根據每位倖存者的不同情況，盡量在時間和提問的次序上靈活調整，避免恪守死板的訪談模式和採訪時間。對有些倖存者，譬如朱巧妹，調查歷時數年。在朱去世前的五年中，蘇智良和陳麗菲曾先後七次到她家中訪問探望。但由於倖存者大多年邁多病，這樣的多次訪談並不適用於每位倖存者。蘇智良表示，「只要可以通過一次採訪確認受害事實，我就不會去反覆打擾她們，因為她們每次講述這段經歷，就好像又進了一次地獄。」回憶那段歷史，確實非常痛苦。調查者自己每次採訪之後，常常多日難以入眠。由於上述原因，本章倖存者的口述材料在長短與格式上不盡相同，但所有訪談都是以上述三組問題為綱進行的，從而保證了調查方法的一致性。

　　從這些年邁倖存者的身體狀況出發，調查者在訪談中對她們記不清楚的地方盡量不去反覆追問，而是通過其他方法核實口述材料，譬如實地確認倖存者被關押的慰安所位置，從當地目擊者處收集證言，將倖存者的口述材料與當地歷史記錄對比考證等。

圖7：調查人將李連春1943年逃離松山日軍慰安所後的藏身之地拍照取證（蘇智良攝）。

　　以萬愛花為例，她由於被囚期間慘遭拷打，頭部受傷，無法記起被綁架時的某些細節。在對她的採訪中，調查者根據她提供的信息，比如她當時看到的植物和人們的食物，來推斷她被綁架並受日軍折磨的月份。在記錄下她口述的經歷後，調查者又長途驅車趕到羊泉村，找到了她受害過程的知情

人侯大兔。侯家的棉被曾被日軍掠去，放在萬愛花被囚禁的慰安所中使用。侯大兔提供了萬愛花受害經歷的有力證詞。調查者還通過當地志願者張雙兵的幫助，確定了萬愛花被囚禁的窰洞的位置，以及她第一次在村邊河畔被捕的地點。本書12個口述材料，都經過這樣的實地調查認證。

丘培培對訪談記錄的整理以忠實於倖存者的口述為準則。為保證行文流暢和可讀性，筆者對訪談記錄進行翻譯、編輯時省去了調查者的提問。事實上，倖存者樸實無華的語言本身具有極大的震撼力。以下各章將12位倖存者的口述根據她們受害的地理位置分為三組，再按歷史時間順序排列。第一組記載了全面戰爭的始發地東部沿海地區四位受害者的口述。第二組收錄了日本侵略戰爭於1939年至1944年間在華中、華北戰區陷入僵局時期的四位受害者的口述。第三組為戰爭末期（1941年－1945年）華南沿海前線四位受害者的口述。為將倖存者的個人遭遇置於戰爭歷史的大背景之中來考察，筆者在每段口述之前提供了簡要的戰史介紹，並在必要處加入說明及目擊者證言，作為對倖存者回憶的補充。

第五章

中國東部沿海地區

雷桂英

　　1937年12月，南京淪陷。9歲的雷桂英在家鄉南京江寧區親眼目睹了日軍的大屠殺。幾年後，13歲的她剛開始月經來潮就被強迫當了「慰安婦」，在日軍慰安所中飽受摧殘。

圖8：雷桂英於2006年在上海為來自加拿大的教師與學生作報告（蘇智良攝）。

　　我出生的地方叫關塘堰。在我7歲的那年，我老子（指「父親」）死了，所以我已經不記得我爸爸的名字了。我媽媽姓李，她娘家在尚鶴村（音）。旁邊是我們湯山那條河，關塘堰在那條河的上邊。

　　那年冬天，媽媽給人做活，在路上被李崗頭村裏的人搶走了。那時窮啊，沒有錢就搶親。我有個5歲的弟弟，叫個小灶生（音）。因為他是男孩，李崗頭的人就讓媽媽帶走了。我是個女的，他們不要，只好留下。爺爺奶奶早已去世。我還有個叔叔，也就是爸爸的弟弟，但不住在一起。他也很小，不能帶我。家沒有了，我就成一個人了。

　　媽媽臨走時把我托給了一個同村的老奶奶，給了她一些錢，希望她養活我。可是那個老奶奶對我講：「丫頭啊，我家小孩多，吃飯要搶的。你搶不過他們的。我養不活你，把你給人家做童養媳吧。」[1] 我那時也不懂什麼叫童養媳，就被送到了土橋的王家邊，給了一家人家。那個「丈夫」比我大。

　　在我大概9歲的時候（1937年），日本人過來了。我記得那是作山芋（指入冬時節將收過的山芋地再翻一遍，將漏收的山芋撿回來）的時候，塘裏結了冰。我老婆婆給我一把鋤頭叫我去搗山芋。搗完山芋回家的時候，看到有不得了的人往南邊跑。日本鬼子打過來了。人都往南邊跑，是因為南邊有水塘，以為日本鬼子不敢追過水。大家都躲到地洞裏。我婆婆帶著她的兩個女兒，一個大的20多歲，一個小的18、19歲。她們裹了腳，一扭一扭的走不動。我是裹過的，不過又放了，所以不像她們。家裏人在水塘邊挖了個套洞，上面一個小的，下面一個大的。兩個姐姐躲在下面，婆婆躲在上面。帶一大鍋飯在裏面吃。我婆婆不准我去，說：「你去了給日本人看到了，我們不得活，你也不得活。」她給了我點炒熟的葵花籽和黃豆，餓了就抓點吃。

　　我躲在家裏，看到日本人經常到村子裏來，「嘭、嘭」地開槍。主要是打雞吃，但他們雞翅膀、雞頭和雞腳什麼都不要。他們還打牛。第一槍牛不死，他們就「嘭嘭嘭嘭嘭」地一直打，打得牛最後睡下來，死了。他們只要牛的腿，肚子、內臟什麼都不要。日本人看到我們這些小孩子，會把糖拿出來往地上一扔。有個小娃子膽子大，拿起來就吃了，我們才敢吃。日本兵就搶歲數大點，14、15歲的姑娘，那些來不及躲的大姑娘，便遭了殃。他們抓到女孩子，就把她們帶到空的房子裏「睡覺」。

　　離王家邊五里路的地方是一個鎮子，叫土橋。土橋有賣布的店啊什麼的，都因為打仗逃難，許多商店和房子都沒得人了。我的老婆婆就叫我跟一些姑娘一起去鎮裏空的店裏拿東西回來。我很害怕，那些店要爬高，跌下來要跌斷腿哎，東西也拿不動。不去，婆婆要打。我們前前後後去了大概有十幾次吧，看到日本鬼子駐紮在土橋，住在那些好的民房裏。有幾次在土橋看

到日本鬼子騎著馬，「咔唧咔唧」地來了，都嚇死了。大姑娘都是逃也來不及的。我們一起去拿東西的姑娘們，有高有矮，有大有小。在土橋會碰到日本兵，他們拍拍我們的頭，問我們年齡。我那時9歲，有的就說15歲。那些14、15歲的姑娘，就被他們帶走了，後來也不知到哪裏去了。這樣的事總有五、六次吧。我年紀小，一開始我也不懂是幹什麼。可是後來看到有一個姑娘死掉了。就是被日本兵搞死掉了！那是我們以後去找空店鋪、空房間拿東西的時候。不知道怎麼樣就看見這些姑娘了，有的死了，有的沒有死，走不動路了。她們也不是跟我們一起去的姑娘，我不認識的。有一次，看到一個姑娘肚子脹得老大，小姑娘的老子，穿著草鞋，給她在肚子上慢慢摩，就是按摩，她下身血糊瀝拉的，直淌血和水。我們再也不敢去了。

大概在我做童養媳三年不到的時候，我的那個「丈夫」忽然死了。我那時才10歲，也不知道他是被日本人打死了還是病死了。他的名字好像叫陳魚（音）。我那個婆婆很厲害，快把我打死了。老婆婆家養蠶，我怕那個蟲蟲樣的蠶。把葉子給它吃就會爬到手上，我嚇得甩手，可是蟲蟲甩掉在地上，婆婆就會打我。

那一次，我家媽媽來看我。她做了一雙用被單面做的花鞋給我穿。我就求她把我帶走。可是，媽媽對我說：「我不能帶你走，你是人家的人了，我在那邊也養了娃娃。」沒得辦法。後來我害病了，老婆婆就叫我弄點草，在草上曬曬太陽。有一個老爺爺，他和李崗頭村有一點關係，心很好。他看了我不吃不喝的可憐，就弄點湯給我喝喝，勸我老公公給我看病。我老公公就叫老婆婆帶我看病，弄點藥吃吃。慢慢的也就好了。我就求好心的老爺爺帶我去找我媽媽，老爺爺悄悄地帶我去了李崗頭，住到媽媽家裏了。媽媽生了個小弟弟，蠻好玩的，我就抱著他玩。一天因為抱不動，一舉一舉地，不小心用力過猛把他從肩上給摔過去了。媽媽那個婆婆抓住我的頭髮往死裏打我啊！媽媽哭著對我講：「我不能養你了。我再給你找另一家人家去做童養媳吧？」就這樣，在媽媽家住了大概不到十天，我沒得辦法，只好從媽媽家出來了，又去做童養媳。這一年我12歲（1941年）。

這家的老公公開一個染布作坊，住在離李崗頭村不遠的寺後村。「丈夫」染布，我給他燒小鍋。布要放到鍋裏染，再拿出來曬乾。他跑到街上收布，還要放牛、割草。我幫家裏做各種活，可是老婆婆還是經常打罵我。

這段日子過了沒多久，實在不行，我就跑了出來，是逃出來的。我夾著一個碗，一雙筷子，一個一個村莊地討飯。天很冷。遇到一對老夫婦，人很好，問我餓不餓，炕鍋巴給我吃。我聽見老爺爺對人說：「走啊，到湯山去！」我就求他也把我帶去。這樣，我就到了湯山街上。

　　我在湯山討飯，沒有活做。一個老奶奶告訴我：「丫頭，我告訴你一個地方，有飯吃，你給他做事就行。」她告訴我那裏有個地方叫高台坡，有一個日本人叫山本的，夫妻兩個開一個店。那個時候我並不知道它是日軍妓院，是「慰安所」，也不知道什麼是「慰安所」。

　　（雷桂英講到這裏停了下來，告訴我們除了那個叫做「高臺坡」的慰安所，湯山還有另一個慰安所叫「戴笠樓」，也叫「大樓」。高臺坡慰安所的建築現在已被拆除，它的舊址處建了一座新樓。）

　　到了山本家，要我幫著帶小孩，也做做家務。有兩個小娃子是我帶的，一個大的男孩大概6歲的樣子，叫「Hatsuro」，還有個小女孩子，叫「Nobu-chan」。（雷桂英不知道這兩個孩子的名字怎麼寫，此處按她的發音記錄。）這個媽媽蠻好的，給我些錢，要我帶他們出去，去看戲啊什麼的，就叫「katsudô」。那個日本話啊，我一開始什麼都不懂。一次他媽媽把錢給我說要買「nankinmame」，我不知道她說的是什麼。她就回去從袋子裏拿給我看，我一看，啊吆，就是花生米嘛！[2]

　　那個山本是做生意的。那個女的，山本夫人，我也不知道是做什麼的，平時總是不在家，好像是在「天福鬼子」那裏做事，賣菜。（這是當地的另一個慰安所。該所名稱中有「天福」兩字，因專供日軍使用，被當地百姓叫做「天福鬼子」。雷桂英有一個遠房姐姐是那裏的「慰安婦」。）隔一段時間山本就會乘軍隊的車到上海，買回糖、醬油等生活用品，再來賣出去，主要供給日本軍隊。要去軍隊的話，他有個牌牌掛著的，就可以進去。

　　山本家房子前面是公路，後來才知道這裏是日軍的妓院。進去是大門，有伙房間，東邊的一間放東西，做大倉庫。伙房再進去是個小庫房，我就住在這裏。他們從上海運回來的東西就放在這裏。還有中堂，還有廂房。旁邊一個大房間裏有個大通鋪，住著13個姑娘。都是中國人，不過平時都穿日本人的衣服。大的應該有17、18歲，15、16歲的也有。我經常看到日本人來，帶一個兩個的，就進去了。她們穿的衣服袖子很寬，背後有一個小包。頭髮梳起來，上面還戴花。不過她們都不會說日本話。日本人來的時候，就「姑娘！」「姑娘！」那樣地叫。

　　大概是到了1942年，我13歲了，初次來了月經。山本夫人笑著對我說：「恭喜，你是大姑娘了。」我記得那是夏天，穿著單衣。那天很多日本鬼子來了。我看到他們要挑，挑好看的姑娘，那個樣子，咕嚕咕嚕，也不知道說什麼。山本夫人要我出去，還要穿那個有包包的日本衣服。我也是糊里糊塗的就被拉過去了。後來看到日本兵了，那個樣子嚇人啊。一個日本兵把我拖出去，把我的褲子脫掉後扔在大通鋪上，我反抗，和他打，把手腕磕傷了，現

在還能看得到這個傷口。可是日本兵用兩個膝蓋頂在我的肚子上，把我壓在下面，同時還用軍刀的刀把猛砸我的腦袋，就這樣把我強姦了。

我記得，日本人週一到週五是不太來的，我還是幫著帶小孩。到了週末晚上，日本人就來得多了。多的時候，一下來五、六個。不過，有的時候，他們白天也來。但好像都不在高臺坡過夜。我記得剛進高臺坡的時候，姑娘多，日本兵也多，每次來十幾個。後來少了，每次一般來就來五、六個了。來的人中有軍官，因為我看到門口站崗的給這些人敬禮，而且他們都是穿著皮靴，挎著長刀，很威風的樣子。也有普通的兵，這些人有拿著長槍來的，上面還有刺刀。

大通鋪的房間大約有25平米差不多大，地面是用水泥鋪的。大通鋪是沿著牆根砌出床來，高度大概到人的小腿這裏高，是鋪著燈草編的大通鋪。日本兵進入房間也不用脫鞋，上大通鋪再脫。平時就一個大通鋪，但是上面拉著一條一條的鐵絲，上面都掛布簾，日本人來了，就把那個繩子一拉，布簾就拉開來把姑娘隔開，每個姑娘就等於睡在一個個小房間一樣。在房間的另一邊，放著一排洗臉架。還有吃飯的小桌子。吃飯也是送進來，不能隨便走的。

日本人是用那個橡皮避孕套子的。以前我打掃衛生時就看到過，那個時候我不懂是什麼東西。每次日本人來後是要洗下身的。那個水裏頭要放東西，有點綠綠的顏色。毛巾、草紙這些，是山本發的。日本人的衣服也是給的。背後有一個小包包的。除了這些外，沒有其他的了。

在高臺坡裏，這些姑娘一天三頓飯，有飯，用醬油泡的，有時有魚，用罐頭裝。但吃飯有時候也吃不飽哎。我因為以前是帶孩子的，還能上廚房。他們有時看我可憐，給我吃一點東西，我就悄悄地拿來給她們吃。她們就是在房間大通鋪上坐著躺著，也不能出去，有時候就打牌。大點的姑娘，有日本人喜歡的，就給點首飾啊什麼的，給錢好像是沒有的，我也沒有聽說過。大的姑娘有時會把首飾拿出來玩，我也看到的。我小，沒有人給。

慰安所裏面的姑娘基本上都學會了抽煙，有些姑娘還偷偷抽起了鴉片，也不知道哪裏來的。反正她們都是偷偷的，躲在廁所裏。我後來也會抽大煙了，是很久之後才戒掉的。

我記得，在我進到大通鋪的時候，連我姑娘就只有四個人了。那些姑娘苦嘔。我看到的，有一次，日本兵一個接一個對一個姑娘弄，把肚子弄得脹得不得了。他們走後，年齡大點的姑娘就幫她揉，血還有水一塊流了出來，淌了一地。我還看到過他們把死掉的姑娘放在柴堆上燒；這姑娘被折磨死了。後來聽我丈夫講，他在看護山林的時候，也看到的，日本人把煤油，那個時候叫洋油，澆在死掉的女孩子身上燒。那火燒得高高的。

我到了裏面，也是吃了不知道多少苦。有一次，那是在下午，我被日本鬼子拿刺刀刺了。他拿兩個腿，擱在你小肚子上頭，痛啊，把你搞的出血了，我不肯，跟他兩個磨，我掀他，他就打我，刺刀狠戳我的腿。我拼命爬，爬到門口，有人看到了，有一個人，他是我本家，當時是他救了我。（他與雷桂英同姓，有點親戚關係。）我的腳就因為這件事成了殘疾。

被日本鬼子這樣打，我想在高臺坡早晚會被折磨死，不如想辦法逃出去。我是這家的保姆，知道裏面的路。我等著腿好一點，可以走路了，就打定了主意。

那是1943年底的一個凌晨，天氣已經很冷了。趁人還在熟睡的時候，我悄悄地從高臺坡的後門逃了出來。一路著急著逃，不敢回頭。直奔到李崗頭，那裏是我媽媽的家。我躲在那裏，慢慢在那裏安頓下來。

解放以後，我努力勞動，做過婦女隊長。我17歲跟姓唐的男人結了婚，但是我不能生孩子了，就抱養了我現在的孩子唐家國。他那個時候生重病，被人丟了。我抱在手裏，看了可憐，就從派出所的人手裏接下來了。

我以後就再也沒有回到高臺坡那個地方。我在那裏前後有一年半的樣子，被日本鬼子欺負，大概有半年。我再也不想看到這個地方了。我逃跑時，曾帶出來幾樣東西，一個日本人用的飯盒，和一些當時的衣物。但是看到它們心裏就不好過，就來氣，後來都丟掉了。現在只剩下一瓶東西了。我在慰安所裏的時候，看到過姑娘們用過這個。我覺得它肯定有用，所以我把它拿了出來，但是我不知道它叫什麼，派什麼用場。（雷桂英給調查者看了一個盛著暗黑色結晶粒的小瓶。經測驗這是高錳酸鉀。估計當時慰安所是用它洗滌消毒的。）

現在我兒子大了，重孫也有了。我也活不了幾年了。那些苦憋在心裏難受啊！我兒子經常勸我說出來。他說：「你沒有做壞事，你也是被迫成了『慰安婦』。不能讓這段歷史就這麼過去。」我覺得他說得對，我要把真相說出來，討個公道。

* * *

2007年春，雷桂英突發中風，被送到了江蘇省中醫院急診室搶救。隨著1990年代「慰安婦」追索正義運動的興起，中國大陸對慰安所倖存者的支持也日益增加，各行各業的人們來到醫院探望她，在她的病房擺滿了鮮花和水果。一些從未謀面的年輕人也從北方趕來探望，並捐款資助她的醫療費用。但不幸的是，雷桂英當晚陷入了休克狀態，再也沒有醒來。2007年4月26日，這位飽受折磨的老人與世長辭，享年79歲。她的遺體被安葬在湯山教堂公墓。

（根據蘇智良、陳麗菲2006年訪談調查，陳克濤協助記錄稿整理。）

周粉英

　　南京淪陷後，日軍向南京城周邊地域推進。1938年3月，日軍佔領了南京東面280公里的如皋縣。當地婦女不分老幼，下至8、9歲的少女，上至70多歲的老婦，皆慘遭日軍強姦。與此同時，日軍在縣城內外設立了慰安所。周粉英就是在此期間被日軍擄走關進當地一個慰安所的。

圖9：周粉英於2007年向調查者講述她戰時的遭遇（蘇智良攝）。

　　我娘家是汶池村人，在楊家園村對面。父親名叫周福生，母親沒有自己的名字，人家叫她「六姑娘」。我父母沒有自己的土地，給人打短工。我農曆五月出生（1917年）。父母生活窮困，卻接連生了四個男孩，經常吃了上頓沒有下頓。父母覺得實在沒有糧食來餵養這第五個女孩子了，想把我送人，這也是一條活路，可是找不到人家要我。在農村男孩有人要，長大了能幹農活。女孩被當作「賠錢貨」，長大嫁到別人家，出嫁還要為她準備嫁妝。他們沒有辦法，在一個早晨悄悄地把我放到了遠離村莊的大路上，希望有人能看到，把我擄走。沒有想到，本村一個鄰居大媽看到認了出來，又把我抱回了家。我父母抱著我抱頭大哭。

這種難堪的境況又捱了幾年，到了5歲我被送到對面楊家園村一家姓倪的人家當了「童養媳」。我那時還小，離家時只記得四個哥哥的小名，其他不記得了。

我公公叫倪二，婆婆結婚後村裏人叫她「倪二家的」。倪家有兩個兒子。大兒子叫倪金城，小兒子叫倪貴。我做了大兒子倪金城的童養媳，當時他10歲，比我大5歲。我婆婆是個能幹又潑辣的人。我公公不太回家，他和另外的女子相好了，在外面有了孩子。兩個兒子靠她一人養活，自然也是非常困難。金城和我結婚並不早，直到1936年，金城24歲，我19歲，才成了家。人家說我長的好，皮膚白，腰身細。（當地老鄉告訴我們，周粉英的美貌當時在周圍村莊是有名的。在我們調查訪談時她已經92歲的高齡，雙目失明，但仍然可以感覺到她周正細緻的眉眼，輪廓分明的面部曲線。她的穿著平整乾淨，非常合身。儘管已經什麼都看不見了，出去還是細心地戴上一頂草帽遮陽。）金城和我從小在一起長大，感情很好。他對我很愛護，像兄妹一樣。我們結婚後就與婆婆分了家單過。說是「分家」，並沒有自己的房子。其實就是在原來的茅草屋邊再搭出一個斜斜的披頂，泥牆糊了，另外砌一個鍋竈。那個房間啊就算新房。

我們結婚兩年後日本兵就打進了如皋。（如皋位於長江三角洲。周粉英婆家楊家園村在如皋白蒲鎮。）那天我記得非常清楚。那是1938年春天。我娘家一個妹妹，名叫吳群，正好在我家，那天過生日。她和我年齡差不多大，也長得好看。我丈夫金城在地裏幹活不在家。當時聽得漢奸帶鬼子來抓女孩子，村裏女孩都逃，我們兩個人也趕緊從家裏往外拼命地逃，一直逃過了小河，躲在一戶人家的大磨盤下面。可是，鬼子跟在後面追，我們倆被搜出來了。原來日本兵抓捕女人入慰安所主要就是要漂亮的，我倆早就在他們的抓捕計劃之內了。日本兵把我們的腳用繩子先綁起來，防止逃走，再讓農民把我們抬上獨輪車上，一邊一個，再用繩子橫七豎八地捆住，推到白蒲鎮。渾身被捆綁、顛簸得生疼。

我們被送到了白蒲鎮上的中興旅社。那個時候旅社的老闆早已逃難走了，旅社被日本鬼子改為慰安所。進去以後嚇得哭也哭不出來了。這座旅社的房間已經住了有20來個女孩子。後來才知道，當時軍營裏大概有50多個日本官兵，他們從附近村子抓來幾十個女孩作「慰安婦」。這個慰安所的女孩都被編了號，每個人的胸前給別上一個布做的牌子，白布底，紅色的數字，有個3寸長、2寸寬的樣子。這個數字是按照長相來定，我被定為一號。

我們不能走出這個大院子。慰安所裏有兩三個白蒲鎮的年長女人負責打掃，送飯、送水。還有一個是管我們的、也管收費的媽媽，也是中國人，她每個月給我們一塊兩塊錢的，讓我們自己根據需要買點東西，但是常常錢不

夠用。因為我們一天吃兩頓飯，常常挨餓，實在餓的時候，就把買日用品的錢請人買東西送來吃。吃飯時大家到一個大房間去，有六張或者八張桌子，一桌可以坐八個人。一個人一個小房間，一張床，有小凳子和小櫃子，還有一個洗臉洗腳的盆子。洗澡都是幾個人用一個大盆子合起來洗，洗臉布、洗腳布也是大家通用。衣服穿的就是我們自己的，後來是讓家裏送過去的。

我被迫接待日本兵的時候實在害怕。當時在中國人眼裏，日本兵都是逮著男人就一刺刀，逮著女人就強姦的。第一次被迫接待日本兵的時候，我不停地哭，而且心裏恍恍惚惚，人都是木木的，是負責送水的媽媽一直陪我到日本人進來。那個日本兵看到我哭就生了氣，把一把刺刀抵在我的胸口，低聲吼，好像要殺人的樣子，我幾乎被嚇昏了。日本兵就這樣強姦了我。

日本兵是七天來一次，不來的時候我們就做活。我記得好像來的很多都是當官的樣子，因為那些人肩頭都有杠杠，兩道三道的。日本人來了會先買票，五角軍票，交給媽媽，交了票來挑人。總有好幾個日本鬼子會點名挑我，也有一些是固定來的。我天天哭，想著自己的丈夫早一日能來救我。可是，院門緊閉，日本鬼子這樣兇悍，金城他怎麼進得來呢。

鬼子叫我要聽話。聽話了，鬼子就從口袋裏拿東西出來給我，可是我如果臉上露出不高興，鬼子就要兇起臉來吼。我戰戰兢兢，只有盡著鬼子的要求。我記得有穿白大褂的日本醫生來給我們檢查過身體，連小便的地方也檢查了。當時並不懂是為什麼，只害怕得瑟瑟發抖。我在慰安所生過幾次病，日本醫生也來看過。管我們的媽媽還發給我們那種皮套套（指避孕套），教我們在鬼子來的時候，給他們戴上去。

我在這個慰安所裏關了三個多月。挨到了七月份，當時白蒲鎮上有一個姓楊的人，在偽政府裏做書記員，幫了我出來。聽說他因為我長得漂亮，早就在心裏對我有意。楊書記疏通關係，又交了一筆贖金，終於把我保釋出來了。楊書記希望我做他的小妾，可是我拒絕了。我說我有自己丈夫，我要回家。

我被放回來了，可是我的婆婆卻受不了村裏鄰居的議論——他們說我是一個被日本鬼子弄髒的女人——所以她不讓我回家。金城接納了我。他說：「粉英是日本人把她抓去的，這怎麼能怪粉英呢？」金城不顧別人的眼色和家裏的壓力，把我帶回家。可是，周圍人看不起我，也讓他感到抬不起頭來。我看得出金城的心裏充滿了對日本鬼子的憤怒和仇恨。那時，中國軍隊在當地補充兵源與日本人打仗，他就想去當兵，可是我不讓他走。我說：「你實在要走，就帶我一起去。你到哪裏，我到哪裏。」我就跟著他。鎮裏曾經有幾次徵兵，因了我的請求，金城沒有應徵參軍。可是他決心要參軍。一天早上，我醒來一看，金城不見了。那是1940年年底，我記得是陰曆十一月。

我明白，他是去打日本鬼子報仇去了。金城一去，從此再也沒有回來。幾年後得到政府通知我才知道，金城加入了新四軍老一團，1941年在太興縣古溪戰鬥中犧牲了。

我丈夫不在了，村裏有一個姜姓男人，心腸很好，常幫助我。他比我大13歲，因為窮，沒有結過婚。1943年他提出和我結婚。一年以後我們有了一個兒子，取名姜偉勳。

中華人民共和國成立後，我的第一個丈夫被授予烈士稱號。我第二個丈夫過世時，我把兒孫們叫到一起，把我過去的苦從頭到尾説了一遍。我告訴他們我有兩個丈夫，也告訴他們第一個丈夫為什麼去當兵打鬼子戰死的原因。我要讓孩子們知道，究竟是誰對我、對中國人做了對不起天地良心的事情。

我現在隨兒子、孫子、孫媳、曾孫女一起生活。2007年，我兒子在報上看到雷桂英去世的消息。（即前文所記載的慰安所倖存者雷桂英。）他又聽説日本高等法院駁回了中國勞工和「慰安婦」兩個訴訟。聽到這些我流淚了。我敬佩雷桂英，敢站出來控訴，為自己的姐妹洗清不白之冤，對全世界公開自己的經歷。日本不承認強迫中國婦女做「慰安婦」的事實，我不就是個事實嗎？我就讓我兒子寫信，公開了我被迫做「慰安婦」的經歷。（周粉英的兒子姜偉勳分別給如皋市婦聯、南京大屠殺史研究會、江蘇省社會科學院等部門寫了信。）我兒子告訴我日本右翼想掩蓋日本兵犯的罪，他們是永遠做不到的！雷媽媽雖然走了，還有我們接著她的遺願來做！

＊＊＊

繼雷桂英之後，周粉英勇敢地公開了她在日軍慰安所中的經歷。一年之後，2008年7月6日，周粉英在如皋縣楊家園村的家中去世。

（根據蘇智良、陳麗菲2007年10月訪談記錄整理。）

朱巧妹

　　1938年3月18日，南京大屠殺發生後約三個月，日軍在上海附近的長江入海口處崇明島登陸。崇明島地處軍事戰略要地，日軍派兩艘軍艦和五架戰鬥機掩護登陸，並在島上四個主要城鎮駐軍。一個月後，又從上海、寧波增調300名士兵匯集崇明。1943年後汪精衛傀儡政府也從上海派來保安部隊。1942年太平洋戰爭爆發，日軍部分駐島部隊被派往緬甸、新加坡及其他戰區，但直至1945年日本投降，崇明島上仍有大量日軍駐守。日軍佔領期間，當地眾多婦女遭到肆意蹂躪或被擄入慰安所。朱巧妹和下節記載的陸秀珍都是在崇明島遭日軍強迫淪為「慰安婦」的。[3]

圖10：2001年朱巧妹在家裏接受對她戰時受害事實的公證（蘇智良攝）。

　　我叫朱巧妹。丈夫姓周，因此也曾被叫作周巧妹，或周阿巧。我出生於上海市松江縣小昆山西門，屬狗，今年91歲。

　　我年輕時曾在上海的商務印書館裏做裝訂工。1928年我與周守文結婚，住在上海城裏。1932年日本人炸了商務印書館，我沒有了工作，我們就逃難

來到了崇明，從此以後沒有離開過。我們在廟鎮安家並開了一間名為「永興館」的小飯店來維持生計。「永興館」規模不大，主要是做點心，但當時生意蠻好。我們夫妻感情非常好，過著安靜和睦的小康生活。1933年7月我生了第二個兒子周變。

1938年春天，日本人佔領了崇明。日軍在崇明廟鎮建造了炮樓，駐紮有一個中隊的鬼子兵。那些房子前些年都拆掉了。日本兵經常出來騷擾村民。我們也沒有地方可逃，就在小飯店裏。有一天，幾個穿黃軍裝的日本兵手拿長槍衝了進來。他們把客人全部趕走，把我關進房間強姦了。我當時已懷孕兩三個月，懷著第三個兒子周鑫。

日軍的中隊好像名叫「松井中隊」（據當地史料，這個中隊大約有60、70人），住在一個二、三層的樓房裏（這間樓房位於今廟鎮鎮政府，已拆除）。我還記得中隊長叫「森格」（音），小隊長叫「黑聯」（音）（這兩個名字根據朱巧妹口述記錄，不是日文發音，可能是當時村民對這兩個軍官的訛稱），還有一名專職翻譯。他們到各處來搜尋，強令有姿容的女子為日軍軍官「慰安」。為滿足日本軍官的獸慾，日軍和翻譯威逼鎮上七名女子組成「慰安組」。這「七個姐」是周海梅（梅姐）、陸鳳郎（鳳姐）、楊七姐（七姐）、周大郎（大姐）、金玉（玉姐）、郭亞英（英姐）和我（人家叫我巧姐）。我們都成為鬼子的性奴隸。我們都是被日本軍官凌辱。一般的日本兵不能強暴我們，他們便糟蹋鎮上其他的女小孩。

我們七位女子平時住家，由翻譯官臨時指派，或被叫去據點，或由日本軍官闖入家中施暴。如果我們有不從，日本兵立即砸家砸店，拔出刺刀威脅：「死啦！」「死啦！」。我們真是苦透了。

剛被抓去時我已懷孕，日本軍官根本就不管你肚子裏有小囡。生孩子僅兩個月後，又經常被日本兵拉去。當時，我奶水很足，森格和黑聯每次都要先吸乾我的奶水，然後再強姦。我怕死，都一直忍受日軍的暴行。日軍炮樓裏有間房屋，不大，是專門為強姦我們而設立的，裏面有一個浴缸，一張床。我們進去後要先洗澡，洗了澡日本兵就在浴缸邊的小床上強姦我們。除此之外，日本軍隊的官兵從未採取過任何衛生措施。我們連命也差一點丟掉，哪裏還有什麼報酬。

這種情況持續到1939年底。每週至少有五次，有時更多。現在已過去這麼多年了，具體我已記不清楚了。記得有時被抓進去後要關上一天一夜，才被放回來。我告訴你一個秘密，我上面講的「七個姐」裏，梅姐是我的婆婆，那時已經50歲了，日本鬼子真是罪孽啊！鳳姐是我婆婆的妹妹，也有40來歲了，而大姐周大郎也是我的親戚，是我的遠房姐姐。我們一家四個人遭難，真是苦啊！

　　我的丈夫周守文因看我遭受日軍的折磨，憤而參加了當地的抗日游擊隊，但後來不幸被日軍抓住，活活打死。因為解放後只找到一個證明人，不符合政府規定，所以沒有得到烈士稱號，這是非常遺憾的事情。

　　至1939年日軍撤出廟鎮，我才得解脫，但已患了嚴重的婦女病，至今遭受頭痛、腎病困擾，並在精神上留下深重創傷。我的精神壓力很大，雖然我一直是規規矩矩做人的。我最痛恨的是，我的丈夫被日本兵打死。丈夫死後，我守了一輩子寡。過去我從來不提起自己被日本兵糟蹋的事，太難為情了。現在我只有二兒子周變、三兒子周鑫。我與周變同住，他作為我的委托代理人，向日本政府提出控告。日本兵真壞，我要爭回名譽。郭亞英，我們叫她英姐，就住在我們小飯店的隔壁，也是開飯店的。我也能作為郭亞英受害的證人。我堅決要求日本政府謝罪賠償。

＊＊＊

　　朱巧妹的丈夫死後，他家的餐館被毀，全家陷入赤貧，多年來生活在一個破爛的泥屋中。2005年2月20日，朱巧妹不抵病痛折磨，在家中去世，享年95歲。中國「慰安婦」研究中心為紀念她的一生，出資修建了她的墓碑。

　　（根據蘇智良、陳麗菲2000年5月、2000年9月、2001年2月、2001年3月調查記錄整理。）

陸秀珍

　　日軍佔領崇明島期間在廟鎮設立了一個名叫「惠安所」的慰安所。這個佔據當地民居而建的慰安所如今已經蕩然無存。戰時廟鎮與陸秀珍居住的村莊之間不通公路，道路崎嶇難行。村民們以為日軍不會到村裏來，就沒有及時躲藏。陸秀珍和村裏其他婦女就這樣被日軍輕易擄走，投入慰安所中。[4]

圖 11：陸秀珍於 2000 年在上海師範大學中國「慰安婦」問題國際研討會上講話（蘇智良攝）。

　　我叫陸秀珍，屬馬，生在崇明島上廟鎮河北。小時候家裏太窮，被親生父母送給姓朱的一家人家做養女。但是後來養父母又要我配給他家大兒子當童養媳。我願意做朱家的女兒，不願做他們的童養媳。我一直不肯，還曾為此逃出過家門。所以一直到 21 歲時還沒有結婚。（按當時中國農村習俗，女孩一般在 18 歲前後出嫁，所以 21 歲被認為是很晚的。）那年（1938 年）日本人佔領了崇明島。日本軍人要放假，聽說當軍官的可以放假一個星期，士兵可以放三天假。每次到放假的時候，日本兵就從他們住的地方跑到鄉下來，見雞抓雞，見糧搶糧，別人的牲畜也要搶去吃，牛啊豬啊，拿槍打。「花姑

娘」更是見一個捉一個。小姑娘、女人都嚇死了啊，看到那些日本人都來不及地逃，逃不掉的就被捉去。我就是這樣被金翻譯和日本兵捉去的。後來我娘知道我被捉了，就去求日本兵不要捉我去。她拖住我跪下來求。日本兵拿支槍橫過來比畫，對我娘說：「不去就燒房子！」日本佔領那個時候中國人苦啊。碰到日本人，他們動不動就拿槍打死人的啊，我娘是一點辦法也沒有啊。那些日本兵，不像是人啊，就像是野獸一模一樣的。

我記得被捉那天大概是陰曆二月份，天很冷，剛過完年。我被日本人捉到崇明廟鎮的日本兵的房子裏。那房子是兩層樓房，關了大概一共有十幾個女的，都是本地的女小囡。名字我都不曉得的。這些人中，我只記得一個叫討飯XX，一個叫XXX。（此處名字隱去以保護受害者隱私。）

我住在下層。每人一個房間，但很小，裏面只有一張床，沒有其他東西。我們所住的房子離日軍部隊的營房很近。有小兵站崗，但是不嚴格，我們也可以出門，在附近看看走走，做洗洗衣服這樣的事。不過隊長命令小兵看著我們，不能走遠了，不能去兵營。

剛到慰安所我就被強姦了，一開始哪個兵都可以來壞我。下面痛得不能走路，有時坐都坐不住。那個隊長總是到我房間來壞我，身上帶著軍刀，有30多歲。他隔二、三天來一次，總是白天來，有時帶幾個罐頭來。日本兵在崇明島吃罐頭的很多，大概他們怕中國人下毒，現燒的菜，總是先要中國人嘗過之後才肯吃。日本人從來不給錢，有時帶點好吃的來，給點吃的東西。我從來沒有敢向這個隊長要過錢。

這個隊長後來好像規定其他日本兵不准來弄我，自己經常來。所以一般的日本兵不好進來，就非常恨我。隊長出去不在的時候，日本兵就把我的替換衣服都挑到房頂上去，叫我拿不到。我沒有辦法換洗衣服，只好晚上洗，白天穿。後來我沒有衣服穿的事情被這個隊長曉得了，就叫那些兵集合訓話。後來他們就不敢再這樣欺負我了。不過，這個隊長他照樣自己欺負我。也是兇得很的。

在這個大房子裏，吃飯專門有人燒的，吃米飯，盛一盆菜。有時是一隻大盒子裏面，放一碟碟小菜。在大房子裏做工的都是中國人，有一個叫徐其枸（音），是個漢奸，平時也管我們。他的娘子管為我們做飯，也要為日本兵洗衣、端飯。這個女人很壞，態度老兇，會得罵我們，有時給我只吃一點點飯。在裏面一直是吃不飽的，經常餓肚皮。

當時，日本兵來，就這樣壞我們，沒有戴什麼避孕套的。有時有醫生來檢查身體，這個醫生是中國人。都是檢查我們的下部，拿了個東西來伸進去檢查的，大概檢查過二、三次，記不太清楚了。吃沒吃過藥也記不清楚了。

就這樣到了大概是陰曆五月份（1938年）吧，一個白天，是上午，我偷偷地從大房子裏逃了出去。我記得是收麥子的季節了，田裏麥子都黃黃的一大片了。我想逃，念頭存了老長時間了。那天正好沒有小兵看我們，我悄悄地溜出來。看看沒有人叫，就一直逃了出去。當時房子邊有一條公路，我曉得廟鎮在公路的南邊方向。我不敢回廟鎮，我也不走大路，怕日本人順大路追我，我是從小路逃走的。先是亂逃，後來想，還是逃去上海吧，上海有我一個過房娘蠻喜歡我的。

我求人搭船，渡過了長江，千辛萬苦地逃到了上海，找到了我在上海的過房娘。過房娘可憐我，讓我躲在她那裏住了些日子。過房娘也托人把我在她那裏的消息悄悄地告訴我家裏了。後來家鄉來人說，這一支日本兵已經調防了，我才回去了。

我被日本兵壞掉以後，村子裏人說我是跟日本兵睡過覺的，閑話不斷。我在這種環境下無法再找對象，直到33歲，經人家介紹了一個在上海淮海中學做校工的姓王的男人。他死了妻子，還留了兩個孩子，要尋一個人幫著過日子。我跟他結了婚，但是結婚以後也一直沒有生養孩子。被我們鄉下人說起來，我這個人，因為被日本人壞了，沒有風水了，不要說生小人，是連種田地都種不好啊。是不是因為日本兵把我身體搞壞了，我不識字，也講不清。

本來這種事情，難為情的，不好講，不好講的啊。但是我的這個繼子、媳婦是很孝順的，是他們支持我講出來，向日本人討說法。現在老了，這口氣咽不下去的。我雙腿不太能走路了，頭暈，記性也不好。我恨日本人，因為他們壞了我的名譽，我這一生沒有過過好日子。這些事都是日本人的錯，這侵略我們的事情，不管他們承認還是不承認都是要承認的。有些日本人不承認日本兵做過這樣的壞事，我們現在還活著，可以跟他們辯。正義冤屈一天得不到伸張，官司就一天不能停！

* * *

2001年2月14日，上海市靜安區公證處、上海天宏律師事務所和中國「慰安婦」研究中心共同為陸秀珍、朱巧妹和郭亞英被迫充當日軍「慰安婦」的事實進行了公證。陸秀珍於次年11月24日去世。中國「慰安婦」研究中心派陳麗菲和張婷婷參加了她的葬禮，並資助修建了她的墓碑。

（根據蘇智良、陳麗菲2000年3月、5月，及2001年2月訪談記錄整理。）

第六章

華中與華北戰區

袁竹林

　　日軍攻襲南京時，國民黨領導人將指揮中心遷至當時華中地區人口最密集的交通樞紐城市湖北省武漢市。1938年4月，日軍空襲武漢，[1]並在同年夏季向武漢發起大規模攻擊。中國方面也投入大量軍隊保衛武漢。這場血戰共捲入30萬日軍和100萬中國軍隊，持續數月之久，交戰雙方傷亡慘重。1938年10月底，武漢淪陷。[2]日軍佔領武漢後，繼續向西、南方面推進，但始終無法完全控制湖北和周邊省份，戰爭陷入僵持狀態。在這個地區長達七年的戰爭中，日軍在湖北佔領區建立了一整套慰安所系統。眾多當地婦女被關進慰安所成為性奴隸，袁竹林就是其中之一。

圖 12：1998年袁竹林在多倫多控訴日軍在亞太戰爭中的罪行（蘇智良攝）。

我1922年農曆五月十六日生於湖北省武漢市。父親袁勝階，母親張香之，我家三個女兒。由於家中生活貧困，我的父母無法養活女兒，我幼時不但沒有上過學，還被送人做了童養媳，兩個妹妹也先後送人作了童養媳。從此天各一方，再也沒有見過面。我15歲結婚，丈夫是個汽車司機，叫汪國棟。生活雖談不上小康，但粗茶淡飯，還算過得去，特別是夫婦感情很好，恩愛生活。

不料，安定的生活沒有過多久。結婚第二年，1938年6月，日本侵略者就開始進攻武漢。這時我的丈夫到大後方去了，我無處可逃，只得留下。豈料我丈夫去四川沒有多少時間，婆婆就看我不順眼了。她認為我在家是吃白飯，反正兒子也不會回來，便強迫著我嫁出去。這樣我屈辱地與劉望海結了婚。次年我生下一個女兒，取名榮仙。這是我一生中唯一的親骨肉。(袁竹林在訪談中沒有多談她唯一的女兒。後來得知，這孩子因袁竹林被因為「慰安婦」，無人照管而夭折。)劉望海的工作也不穩定，為了活命，我也出去幫人做傭工。由於日軍侵略，兵荒馬亂，經濟蕭條，常常找不到工作。

1940年春，有個武漢當地的女子叫張秀英到處招工，說是到湖北其他地方的旅社去做清潔工。原來我並不認識這個張秀英，但找工作實在不易，聽張說有活做，我報了名。報名時，有好幾個小姑娘。我當時18歲，長得比較清秀，在同去的女青年中，我是最顯眼的。

後來才知道，這個張秀英不是個好東西。她的丈夫是個日本人，會說些中國話，當時正根據日軍的命令，準備弄些中國婦女組織慰安所。記得這個人中等的個頭，平時不穿軍服，著西裝，黑皮膚，眼睛鼓起，人稱「金魚眼」，當時的年紀約40歲。

我離開了第二個丈夫劉望海和女兒，從江邊坐輪船往長江的下游開。一開始，我的心情是很愉快的，想到終於找到了工作，吃點苦，將來總會好的。大約開了一天，船到了鄂州。一上岸，就有日軍士兵過來，將我們帶到一個廟裏。原來日軍把這個廟做了軍隊的慰安所。門口有日本兵站崗。我到了門前，看到兇神惡煞般的日本兵，嚇得不敢進去。這個時候，我和同來的小姐妹多少猜到有點不對頭，大家便要求回家，我邊哭邊叫道：「這裏不是旅社，我要回家。」但日本兵們端著刺刀不容分說就把我們趕了進去。

剛進了慰安所，老闆就命令立即將衣服脫光，以便檢查身體。我們當然不肯。張秀英的丈夫就帶人用皮鞭抽打。張秀英還指著我，兇狠狠地訓斥道：「你是游擊隊員的老婆，老實點。」(張大概是指袁竹林的第一個丈夫，他去了國民黨治下的抗日後方。)身體檢查很快，因為我們都是良家婦女，根本沒有什麼性病的。檢查後，老闆給每個人取了個日本名字，我被叫作

「Masako」（音）。我們每個人分到一間房間，大小大約七、八個平方，裏面只有一張床，一個痰盂。

第二天早晨，房門口掛上了一塊木牌，上面寫著我的日本名字。在慰安所的入門處也掛著很多這樣的牌子。這天上午，門外就來了大批的日本兵。每個房間門口都排起了長隊。我……（袁竹林哭了）。足足遭受了10名身強力壯的日本兵的蹂躪。一天下來，連坐也坐不穩，下身疼痛得像刀割一般。

此後，每天的生活就是做日本兵的性奴隸。我聽說日本兵要買票進入，但要多少錢，我從來沒有看到過，更不用說，也從來沒有得到過一元錢。每日三餐由老闆僱來的一個中國男人燒，但質量差，數量少。遭受蹂躪的婦女要洗澡，只能在廚房的木桶裏輪流洗。這個慰安所的中國「慰安婦」總有好幾十人，洗澡水到後來已髒得不行了。

一個日本兵進入房間，在裏面總要30分鐘。晚上我們也不得安寧，常常有軍官要求陪夜，一小時、兩小時，甚至整夜的都有。來了月經，老闆也不准休息，日本兵照樣湧入房間。老闆讓我們吃一種白色的藥，說吃下去就永遠不會有痛苦了。我們不知道這是什麼，常常將這種藥片扔掉。日軍規定，士兵必須要用避孕套，但很多士兵知道我是新來的良家婦女，不會患梅毒的，便欺負我而有意不用避孕套。經過一段時間後，我就懷孕了。老闆發現我們都不吃那白色的藥，就看著我們吃下去。[3]

懷孕後日子更苦了。我心想這樣下去，早晚要被日本人弄死了，但我不能死，我還有父母親需要我照顧。便暗中與一個被日本人叫做「Rumiko」的湖北女子商量，決心要逃出去。但剛逃跑馬上就被日本人抓了回來。日本人將我的頭死命地往牆上撞，一時鮮血直流，從此就落下了頭痛病。（袁竹林遭毒打後流產，從此不能生育。）

從一關進慰安所裏，有個日本軍官藤村就看中了我。藤村大約是鄂州日軍的司令官。最初他和其他日本兵一樣，來買票玩弄。後來，便要老闆將我送到他的住所，從此獨佔了我。看起來，我比起其他那些慰安所裏的姐妹要輕鬆了些。但我同樣是沒有自由的日軍的性奴隸。後來，藤村玩膩了我。正在這時有個下級軍官叫西山的，對我好像很同情，便請求藤村把我讓給他。於是，我被西山領到了他的駐地。這是一種非常奇特的經歷。我一直認為西山是個好人。

1941年左右，我得到西山的允許，回到家中去探望，才知道父親已經離開了人世。原來，我父親長得矮，加之年邁，去做臨時工，常常被工頭開除，結果找不到工作，竟致餓死。我去找劉望海，也不知在何處。這時我沒有地方去了，只能回到鄂州，仍與西山住在一起。

1945 年 8 月，抗日戰爭結束時，西山要我要麼跟他回日本去，要麼一起去石灰窰（今黃石市）投奔新四軍。對這兩條道路我都拒絕了，我要去找媽媽。（說到這裏，袁竹林長嘆了一口氣。）西山是個好人。他當日本的兵，沒有什麼錢，襯衫也是破的。他曾對我講，一次，他把日軍的給養船打了個洞，沉了。西山看到中國人因為販賣私鹽而被日軍電死，十分同情，便把一包包的鹽送給中國人。（戰時日軍對物資流通實施嚴格控制，鹽在某些佔領區不得自由買賣。）不久，西山果然走了，從此杳無音訊。（袁竹林不知道西山是回日本了還是去了石灰窰。多年以來袁竹林都在打聽西山的下落，但沒有任何消息。然而在戰後中國的政治動亂中，袁竹林與日本軍官的這段關係給她帶來諸多苦難。）

日本人投降後，我回到了母親的家鄉——武漢附近的一個山村，靠做臨時工與母親一起維持生活。1946 年，從朋友那兒抱養了一個生下來只有兩個多月的女孩做養女，起名程菲。

1949 年武漢解放後，我回到了武漢，住在吉祥里 2 號。一天我曾看到把我與其他姐妹騙入火坑的張秀英。張當時與一個老頭在開商貨行。我馬上去找戶籍警察報告。至今我還記得這個戶籍警姓羅。但羅警察說：「這種事算了，沒辦法查。」他的話給我澆了一盆涼水。現在這個張秀英肯定死掉了。

儘管內心常常因回憶起恥辱的遭遇而徹夜不眠，我與母親的生活已經十分平靜了。但是，善良單純的母親一次在里弄的憶苦思甜大會上，情不自禁，講出了女兒被日本人強迫為「慰安婦」的悲慘經歷，從此給我們的生活帶來了新的禍害。小孩常追在我後面罵：「日本婊子！日本婊子！」。

1958 年，居委會的幹部指責我是日本婊子，勒令去黑龍江北大荒。我不肯去，居委會主任就騙我說要查核戶口本和購糧證，結果就被吊銷了。戶籍警察勒令我下放。我被迫去了黑龍江。房子也被沒收了。[4]

在密山的農場呆了十幾年，種苞米、割大豆。天寒地凍，沒有柴取暖。而且一個月只有六斤豆餅，養女餓得抓泥巴吃。真是嘗遍人間的千辛萬苦。有個股長叫王萬樓，他看我實在太可憐，便幫助我辦理了返回手續。我終於回到了武漢，這時已經是 1975 年了。我永遠記得他的好心。

現在，政府每月給我生活費 120 元。養女每月給 150 元，但是，現在養女和我一樣，也退休了。我的身體早就被徹底給毀了。由於日軍的毒打，幾乎每日都要頭痛，頭痛時不能入睡。安眠藥一把一把地吃，每晚也只能睡兩小時。大半夜就這麼坐著，等待天明。

（在訪談快結束時，袁竹林又哭了。）

　　我這一生，全毀在了日本鬼子的手裏了。如果沒有日本侵略的話，我與丈夫也不會分離。我晚上經常做惡夢，夢中我又回到了那個地方，那真是人間少有的苦難啊！

　　我已經79歲了，沒有幾年活了。日本政府應該盡快賠償，我等不及了！

＊＊＊

　　由於年齡和健康原因，袁竹林於2006年1月移居廣東省湛江市與她的養女一起生活。兩個月後，她突發中風，病逝於當地醫院，享年84歲。中國「慰安婦」研究中心派陳麗菲和姚霏前往武漢，參加了她的骨灰安葬儀式。

　　（根據蘇智良、陳麗菲1998、2000、2001年訪談記錄整理。）

譚玉華

　　1939年9月29日至10月6日，日軍在毗鄰湖北省的湖南境內遭受重創。[5] 從這時起到1944年期間，中國國民黨部隊將士奮勇阻止日軍的攻勢，先後展開四場重大戰役與日軍頑強對抗，誓死保衛湖南省省會長沙。為徹底控制湖南，日軍在1944年的戰役中投入了10個師團，約25萬至28萬兵力。[6] 譚玉華的家鄉湖南省益陽縣不幸於1944年6月被日軍第40師團佔領，省會長沙數日後陷落。在長達五年的戰爭中，日軍在該地區建立了大量慰安所，其中包括曾經囚禁譚玉華的「翠星樓」。

圖13：2008年譚玉華在自家門前留影（蘇智良攝）。

　　我原名姚春秀，民國十七年（1928年）出生於湖南省益陽縣侍郎鄉姚家灣（現益陽市赫山區歐江岔鎮高平村姚家灣組）。我的爺（爺，音 ya，當地方言，指「父親」）叫姚梅生，是個農民，但是他病了腳，不能下地做農活，後來幫人做篾匠。我的娘沒名字，就喊作姚媽娭（當地方言，意為「姚家媽媽」）。

　　我家就我一個女孩子，父母要我和堂兄弟們一起去讀書，像玩一樣咯。前後讀過幾年私塾，有個老師姓袁，後來老師不教了，日本鬼子也來了。我讀過《增廣賢文》和《幼學瓊林》，不過認幾個字，也記不得多少了。

　　我16歲時，大約是民國三十三年（1944年），這裏來了日本鬼子啦，跑兵啦。我正在那裏吃飯，只聽見河那裏這個吼，驢嘶馬叫噠。我親眼看到日本鬼子從大閘河的對岸過來，他們來了就威武唦。我們就怕唦，就盡數跑掉了，只有我的爺沒跑得。他腳痛，走不得，我就和娘、舅爺、老表就朝一處地方跑掉了，一直到離這有60里路的福門山，那裏就沒有日本鬼子唦。我屋裏（指家裏人）都是跑到那姑家裏去了，大概在那裏呆了半年。日本鬼子來了，受了難，別的人家就給飯吃，有房子住，出於關心，幫忙。

　　記得跑鬼子的那時是穿單罩衣的時候。古曆八月左右，我們回家了。聽說鄉裏成立了維持會了，就不亂了啦，就安全了啦，我們就都回來了啦。我當時是沒在屋裏，只聽見是這樣講，日本兵到朱良橋（今寧鄉縣朱良橋鎮）就開槍，亂開亂開，放火燒屋啊。他一燒屋是燒玩火，這個屋點起就點那個屋，那時候是瓦屋少，茅屋多，點起就燒。

　　我屋裏是瓦屋咯。我屋裏跟朱良橋之間是一條路，在那朱良橋日本鬼子常時開槍。我屋裏就一張那大桌子，放在堂屋裏，面上就放床細被。聽見槍一響，就拱在那個桌子腳下，看見日本鬼子槍啊兵啊在這個屋面前過身（指路過）。

　　那時日本兵住在朱良橋，附近隔里把路（一里左右），有一座獅子山，也有日本鬼子駐紮在那裏了。獅子山上有個看台，有三棵樟樹，在上面搭幾塊板子。那個鬼子就站在這個板子上面，似乎是站崗一樣，專門一個人站在這個上面，看得到朱良橋。日本鬼子到朱良橋就在腳下打洞，打條路到朱良橋，走腳下，地道一樣的。打通了，他到朱良橋，就不走上面走下面。

　　一天我親眼看到過，日本兵抓了農民邱寺夷，把他捆在那木窗上，被狗咬死了。那狗很高很大，日本狼狗。還有一個女子被抓去，我也不曉得姓，不曉得名。她在莊子裏就逃跑了，逃跑了被日本鬼子抓回來以後，被活埋了。還有一個妹子，不曉得是十幾歲，把她活埋了。日本兵把那泥巴鏟，他又不鏟了，他只望著埋，看著望著埋，他就笑，埋死了。不曉得那個妹子姓什麼，我也搞不清。

我堂姐古曆八月跑兵回來後結的婚，不好久我也結了。打仗亂啊，家裏要我們快結婚啊。才結婚十天二十天，就被日本兵抓了。總是到了古曆九月份了，那時還不冷。那時候人就懵掉了，那魂魄都沒有了，也不記得是哪一天了，上午還是下午就搞不清了，反正穿的單罩衣。他們從河那邊過來，沒有從朱良橋這邊上來，我們就不曉得咻，搞得就沒跑得脫咻。

日本兵就抓了我的爺，他一個跛子嘢，就抓著他一把跪著，日本兵那個刀有這麼高，底下有個彎的，就像那個鐮刀上的把一樣，就刺啦刺啦就要殺了他啊。我就哭咻，哭就給看見抓了我去了咻。那一路就抓了三個，我，還有姚白蓮、姚翠蓮。她們倆是我的堂姐妹，也是同學，比我大一兩歲。我還有一個嬸子就死介了（被害死了）咯。後來我爺仍被日本兵抓去了，要他做事，他腳不好，做事不能做，日本兵就把他給殺了，我就沒有爺了。

我們被抓到朱良橋鎮的「翠星樓」，一看被抓的女子關了一屋，那有十幾二十個咻。頭前抓過來是關在一起啊，以後還是分散了嘢。被抓進去後哪裏吃得進啊？我有兩天沒吃飯，又害怕。

那個時候的朱良橋啦，這裏是開雜貨鋪，那裏又開布鋪，那還有開綢緞鋪的，這裏又開麼子鋪子，那個街上熱鬧嘞。反正他那日本鬼子來，這些人家什麼東西都不管了，跑鬼子去了，只要這人不死就好，屋裏什麼東西都不要了，丟掉了。都是空屋子了，日本兵就住在那裏了，抓去的女子也分在裏面。這個翠星樓嘢，像個賓館一樣的，有這個吊姑娘（指嫖妓）到那裏去。日本兵一去，就和其他的鋪子一樣，把這個樓也佔了。樓有兩層，是木造的，壁是木皮子夾的。我被抓來後，就關在底下一層，這一層大概有兩三間房。他抓你過去，就是要做堂客樣的，我年紀又細，時不時又要做介大人了啊……（「堂客」是方言，意為「老婆」。「年紀又細」、「年紀小」的意思。這句話的意思是譚玉華小小年紀就被迫給日軍提供性服務。）他談閑，你又不懂他的，一個是話不懂，搞不蠻清；再一個也沒有心聽他的。不聽話他就會要打你咻。

我這個屋子裏，房間也不大，沒有什麼家具擺設，就一個床。這個日本人晚上來睡覺，白天出去。有時白天也會來，帶幾個日本人來，談事啦什麼，我也不懂。沒有很多的日本鬼子來。我就分在他屋子裏了。我也記不得他長什麼樣了，就是穿軍裝的，不太高也不太胖。

肯定是抓了的時候咯，日本鬼子用槍桿子戳了這個軟腰子咯，我就只腰痛。戳的，那當時嘞還是不蠻狠，這是慢後嘞又發痛，沒傷疤嘞。這腰碰到痛起來痛得穿心骨的，可以痛到這邊來的。我們沒有醫生來檢查，也沒有記得吃過什麼藥。

　　我被日本兵抓去有個把月。來翠星樓裏的日本鬼子的官大些，人數不多。我們不知道他們名字，只能叫他們「太君」。日本兵的大據點在獅子山，那裏有很多人，帶著長槍。我們平時吃的是食堂燒的，這個食堂是在獅子山上，飯菜是運下來的。包括日本兵在一起吃。

　　在那個屋子裏出不去。樓門有個站崗的嘞，他總是眼睛望著你，你要是有那個逃跑的心思的話，他就會要打你哂。我那時人啊是個痗的（痗，音mei，「憂傷成病」的意思），好像是沒有一點腦筋了，作聲也不曉得作。人就只想回去哂，那站崗的也不准你出去哂。樓裏是還有些女子，碰到廊裏面洗碗的，也還談下子閑哂（指「聊天」）。她那裏人還不是和我的心一樣哂，也是槑起槑起（槑，音mei，形容失神發呆的樣子）。不好怎麼搞哂，那還不死？就只想出去，回去啊，思想這個家鄉哂，你在那裏也不能夠哭，也不能夠喊。只自己悶在那裏，積在這心裏。你會到我，我會到你，都只嘆氣，眼淚汲汲的，總是哭哂。反正是急哂，反正自己總是蔫的，心裏不知道明天自己怎麼搞。你這個心思就沒在這裏，在自己家鄉哂，也不敢跑啊。我只聽見講，有一個就跑掉了啦，抓著回來，就活埋了啦。我們沒得自由，不得跑啊。

　　我是保起出來的，那個維持會長，叫姚菊風。他是自己屋裏的，等於是一個老兄一樣的，總是家裏人求他，他就想辦法，把我保釋了出來。姚菊風騙他日本人說，家裏出事，就回去看看，只說回來了以後，還是到他日本人那裏去哂。我從翠星樓回來的時候，那日本人拿了一條這樣的小手巾把（方言，給的意思）我。沒看見過他的錢。就是他送我一條花手巾。（譚玉華離開慰安所後，躲在親戚家裏沒有再回去。姚菊風的妻子後來被日軍捉去了。）

　　我出來後，姚菊風沒有騙好還是怎麼咯，他那個堂客也被日本人抓了。這姚菊風的堂客嘞，叫蔣玉蘭，那人很高很大的。她被抓嘁，拖到那裏去，把她那衣一脫介，落雪，倒一拖，順一拖。那個冷天，在雪裏面拖的。那個身上，這麼一身的血泡，回去又發爛，至少有個把月。那就是民國三十三年（1944年）的冬天，古曆十一月以後的事情了吧。我不敢住在家裏，總是躲起在親戚家，有時候跑回去一會。還好那日本兵也沒有再抓到我。我一直躲起在外面，也不曉得來沒來過。直到日本鬼子投降了，他們都走了，我才得回家。

　　我第一個丈夫叫高鳳生，我20歲才生第一個兒子，叫高巧梁，1998年病死。我在前夫去世後，1965年改嫁譚貴福，來到長沙市望城縣新康區目輪村。第二個丈夫比我還小一歲，在52歲時死了，是1978年。譚貴福原來的老婆也是叫春秀，他就說要不同號，我就改成一個譚玉華。這一改掉，連姓都改掉了。

　　講起這日本鬼子，我現在做夢都嚇得哭，常常都嚇得醒來，我夜晚做夢都哭醒。我夢見日本鬼子走兵嚟，走兵的時候就嚇人唽，就跑啊，嚇啊，嚇得哭嚟。

　　我心裏邊對原來的這一段歷史恨嚟，只不過是恨他嚟。現在又沒有能力，有能力就把他打個官司咯，要他還我清白嚟。這時候如果他對面來了，我打得他下啊。

＊＊＊

　　2008年7月，譚玉華受中國「慰安婦」研究中心之邀，到上海給來自加拿大的歷史教師講述了她戰時的遭遇。2013年12月1日，譚玉華在湖南家中因病去世，享年85歲。

　　（根據蘇智良2001年、陳麗菲、蘇聖捷2008年訪談記錄整理。尹楚茗擔任湖南話翻譯。）

尹玉林

　　日本侵華全面戰爭爆發不久，日軍於1937年9月侵入中國北部的山西省，並於同年11月9日佔領省會太原。[7] 為清除中國共產黨在山西及周邊省份領導的抗日活動，日軍於1937年到1944年間對該地區進行了多次「大掃蕩」，日軍士兵的性暴力亦在一次次掃蕩中不斷加劇。他們大規模強徵當地婦女，把她們投入隨處設置的慰安所，並將反抗士兵暴行的女性殘酷殺害。[8] 據一篇1938年的新聞報導，日軍退離垣曲縣城後，抗日部隊在日軍盤踞過的縣政府內發現了60餘套染滿血跡的女人衣褲。[9] 1940年8月，共產黨領導的部隊發動了一場大規模的軍事行動，稱為「百團大戰」，成功削弱了日軍在該地區的戰略優勢。[10] 日軍則通過屠殺抗日部隊和當地百姓予以報復。[11] 位於日佔區和抗日根據地邊界的盂縣處在雙方激戰的中心。駐紮在當地的日軍強擄眾多農村婦女充當「慰安婦」，尹玉林便是其中之一。

圖 14：2001 年尹玉林在自家窯洞中祈禱（蘇智良攝）。

　　我老家在盂縣西煙鎮烏耳莊村。家中有父母、哥哥、大姐和二姐，都是農民，家裏比較窮。我屬蛇，15歲時，我與後河東村的楊玉棟結婚。楊玉棟是二婚，比我大16歲。他人長得難看，但家中有些財產，生活還算過得去。到19歲時，我有了一個男孩，但可惜在週歲時病死了。

　　那年的陰曆十月（1941年），那時天冷了，已經穿上了棉襖。日本兵衝進了河東村。那天正是我的丈夫去世的日子，所以我清楚地記得。我的丈夫是患了傷寒而死的，當時孩子未滿週歲。日本兵衝進家的時候，一看有口棺材，在大殮。我們告訴他們死人是患傷寒的，他們便害怕感染，走了。但到棺材抬走後，日本兵還是衝進來。當時我哭自己的丈夫，傷心得很，人也沒有力氣，反抗不了，結果被那幾個日本兵強姦了。

　　此後，在河東村羊馬山頂碉堡裏的日本兵們經常下山來，有的就到我家來強暴我。我的父母親聽到我慘叫，看不下去，衝出來保護我，便被日軍拉到院子裏摔打，打得滿臉是血，還有時被打得吐血。打過好多次啊，這種狀況一直持續很久。那時，幾乎每天都有兩三個日本兵下山來欺負我；我天天等在那裏怕他們來。鬼子隊裏有個高個子長著大鬍子的，他大概是個軍官，很威風的樣子。不過他不太穿軍裝，常常穿著便衣來，而且每次只要他下山來我家後，其他的日本兵便不再來了。還有一個穿著黑衣黃褲的日本人，大概也是軍官，也不帶槍，時常來欺負我。我怕他們來，又不知道可以躲到哪裏去，害怕得發抖。這種日子真是苦啊！

　　日本兵什麼避孕措施都沒有。要我洗了才做那事。完事之後，他們壞啊，壞到什麼程度啊，你都想不出來，他們壞得用我家的飯盆子洗下身。我們那裏水貴，要從很遠的地方挑來，他們根本就不管啊！被他們強暴後，我總感覺到自己很髒，每次都要舀水缸裏的水拼命地洗身子。因為家裏沒有男人幫忙挑水，洗完後還得將沒用完的水，或者是還乾淨的水留著再用。

　　有時日本兵還強迫我到羊馬山據點去受欺負。我記得，日本兵第一次強迫我到山上去時，是一個傍晚，我晚飯都未吃。漢奸村自衛團團長劉二蛋牽著毛驢押著我。開始還馱我，上了山就我自己走。我的小腳走那上山的路，痛得很啊。

　　進了山上據點裏，日本兵便將我押入一個小碉堡內。天黑了，裏面更是黑得很。我只看到炕上似乎有白色的褲子。日本兵把我的衣服全部扒光，然後一個日本軍官拿了一支蠟燭來察看我的身體，特別仔細地看我的下身，現在想起來，是看我有沒有性病吧，當時我可是嚇壞了，嚇壞了！我清楚地記得，那張臉是黑黑的，滿臉是鬍子，只有兩隻眼睛放著光，就好像是狼！那蠟燭油，一滴，一滴，一滴，一滴，全落在我的身上，皮膚被燙起了很多的

水泡，我一聲也不敢吭。燙著了抖一下，不燙著，我還是發抖。我不敢看他，只數著那蠟燭油，只盼它快點滴完。

然後這個日本軍官就糟蹋我，起來睡下，睡下起來，幾乎折騰了我一夜。黑暗中，我嚇得不斷地顫抖，從此落下了顫抖的病根。我稍微一緊張，就會抖起來，止也止不住的。你看我的手，說抖它就抖起來了，唉！我就不能說起這個事，一說，我就緊張，那個心裏難受啊。

第二天，到了天明時分，我又被劉二蛋用毛驢送了回村。不久，我被第二次押往山頂據點。那次是一個日本兵和劉二蛋共同押送的。這次沒有毛驢，他們逼著我自己走，還不停地罵我走得太慢。到了山頂又被押入小碉堡，那次是好多日本兵進來糟蹋我，痛得我呀哭也哭不出啊，什麼力氣也沒有了。到了天明，日本兵才將我放回村裏。然後又有第三次、第四次，我都記不清有多少次了。除此之外，白天也照樣有日本兵拖著木拖鞋到我家中來欺負我。他們還要漢奸威脅我，說：「不敢跑啊，跑了就沒有腦袋！」

這種狀況一直持續到我21歲，整整有兩年啊！這時，我已經患病。整日裏頭腦發昏，全身酸痛，月經不調。我的姐姐也被日本鬼子侮辱，被抬到炮樓裏去很長一段時間。我們兩姐妹命苦啊，不知為什麼這樣的事都落到我們的身上。我想再嫁人，躲開這種處境，可是誰都知道我是被鬼子糟蹋過的人，周圍人家的男人都不娶我。我知道孟縣人不會要我了，我遠嫁到了陽曲縣的鄭家寨村，丈夫叫楊二泉，終於離開了這個環境。

我第二個丈夫與我同歲，做人老實，以放羊為生。家裏是非常的貧困，可是我不嫌他貧，他也不嫌我的人。他是個好人呐。我們互相幫著過日子。在日本兵的強暴下，我落下了很多病根。為了治療我的婦科病，丈夫楊二泉十幾年一直幹各種各樣的活掙錢，常為人掏毛廁，掙點小米，然後再換成錢。他對我說：「會治好的。」我為了報答他，想為他生孩子，也就堅持醫治。30歲上，終於是懷上了他的孩子，咳，我高興啊。後來又生了大女兒。

後來，抗戰終於勝利了，鬼子也滾回老家去了。可是，我還是我。儘管生了孩子，我的婦科病並沒有完全好。生婦科病，幾乎生了五十多年，還是好好壞壞，沒有根治。過去常常流很臭的水液。我的丈夫楊二泉勞累過度，他太辛苦了，自己也有病，終於在1991年死去了。我很難過。

我姐姐也是苦命人，她可比我還要苦。因為不能生孩子，遭到丈夫遺棄，曾改嫁兩次。我與姐姐都患有嚴重的婦女病，下部疼痛，行動不便。近年來，我的身子一年不如一年。腰痛加劇，手腳顫抖。尤其內心害怕的感覺也相當嚴重，經常做夢，回到從前。即使是現在，回想起過去的苦難，仍然聲音發抖，手腳顫動。這種那麼難聽的事，照理是說不出口的，但是我沒法不說。不說，你們不知道日本鬼子有多麼的壞！他們太欺侮人了！

現在我與兒子媳婦住在一起。我死後,兒子媳婦幫我伸冤。我要一代一代地和不肯認罪的日本鬼子打這個理,一定要他們認罪!

＊＊＊

2001年,上海電視台和中國「慰安婦」研究中心聯合製作了紀錄片《最後的倖存者》,片中記錄了尹玉林一生的經歷。2012年10月6日,飽受折磨和苦難的尹玉林在她的窰洞中去世。

(根據蘇智良、陳麗菲2000、2001年訪談記錄整理。)

萬愛花

「百團大戰」後，日軍將盂縣的據點增至21個，[12] 並繼續以殘酷的軍事圍剿清掃抗日力量。與此同時，中方部隊不斷反擊並調動當地村民參與抗戰。當時參加了抗日運動的萬愛花便是在日軍的反覆掃蕩中被俘投入慰安所的。

圖15：萬愛花在山西太原自己家中講述她遭受日軍拷打的情形（蘇智良攝）。

我1929年農曆十二月十二日出生在綏遠（今內蒙古）和林格爾縣韭菜溝村。我原名劉春蓮（音），父親叫劉臺孩（音），母親張板妮（音）。家中還有哥哥、弟弟和兩個妹妹。我家很窮，父親是抽鴉片的，所以錢都這樣買了鴉片。記得是我4歲那年，添了小弟弟。家中實在養不活我們，父親只好將我賣出。賣出以前，母親大哭，將我的生日、父母的名字、家住哪裏，都說了一次又一次，讓我記住。我從小長得比同齡兒童高，父親將我以8歲年齡的價錢賣給了人販子。此後，我不停地被賣出，賣一次，錢就被賣家加一次，一直被輾轉賣到了山西盂縣羊泉村，成了李五小家的童養媳。當時一起賣到羊泉村的有三個女孩子，後來僅剩下我一人。當時的生活苦啊，人不能活。到了羊泉村後，我被改名叫靈玉。做童養媳要幹很多活，我都學會了，在這麼苦的生活中，我不怕苦，慢慢長大了，很結實，長得很高。

這時日本侵略軍進入了盂縣，那是 1938 年。日軍接著扶持漢奸，成立維持會和縣政府。到第二年春，日本鬼子在盂縣縣城、東會里、上社和西煙等村鎮設立了據點，建起了炮樓。我恨那些殺人放火的日本鬼子欺負我們中國人，我聽共產黨的話，成為了對敵鬥爭的積極分子。我帶頭加入了兒童團，並被選為兒童團團長。雖然年紀小，我長得也大，一直和大人工作。不久，我記得是在李園林、張兵武的介紹下加入了共產黨。小小年紀的我，卻遭受了很多的災難，所以那時一起工作的人都同情我。八路軍第 19 團團長劉桂華，還專門給我改名叫「剋災」，希望我從此以後剋服災難，一切順利。我積極工作，先後擔任羊泉村的（中共）村支部委員，那時叫小區委員、副村長和婦救會主任。當時都是秘密的黨員，秘密的工作，不能讓人，讓漢奸、鬼子知道。

日本軍隊侵入盂縣後，在上社、進圭社等村鎮設立了據點。1943 年春，記得院子裏的掃帚草長嫩苗時，駐紮在進圭社的日軍掃蕩羊泉村。我的老公公當時有 70 多歲了，患傷寒症。我雖是童養媳，可是公公卻對我好得很，我捨不得扔下他自己走，沒來得及躲避而被捕。

鬼子把我們集中在河漕裏，說我是共產黨。一個鬼子軍官要殺我，村裏的老爺爺就跪下來求情，說她還是個孩子娃娃，孝順老人得很，不是共產黨。這時，那個翻譯就趕快擋住日本鬼子隊長的刀，把老爺爺的話翻譯給鬼子隊長聽。那個隊長可是壞極了，我們都很恨他，他長著那種獠牙，我們叫他個「毛驢隊長」。他聽了翻譯的話，就把刀又放回去了。我一輩子都感謝那個老爺爺和翻譯。我不知道那個翻譯是不是日本人，但我相信日本人裏也有好人，現在幫助我們申冤的也有很多日本人。

日本鬼子抓了我，將我和另外四個姑娘作為戰利品帶回進圭據點。進圭社是個依著山坡而建的小山村。日軍佔領這裏後，便在山頂上修築了炮樓，並且將炮樓周邊窯洞裏居住的村民們趕走，強佔了這些窯洞。我們就被關在這些窯洞裏。洞裏鋪著高粱稈子席，有被子、氈毯子、枕頭。我上廁所都不能出去。一開始，我還能自己拎著黑不溜秋的桶倒屎尿，後來就沒了力氣沒心思做了。

由於叛徒的告密，我的抗日身份還是暴露了，他們對我和對其他的姑娘就不一樣。日本鬼子白天將我吊在窯洞外的槐樹下，並不停地拷打我，逼問我是不是黨員，和村裏其他共產黨員的名單。我就咬緊牙關不承認。晚上則將我關在窯洞裏，野蠻地輪流強姦我。我自己被鬼子欺負得糊里糊塗，記不得那麼多。我只記得是被關押了好幾天，或者更長一點時間。我想再下去我要送命在鬼子手裏了，我心裏一直想著逃跑。一天深夜，我乘看守我的漢

奸不注意，拼著命從窗戶跳了出來，然後逃回了羊泉村。我被關押的時候，我們所吃的飯是由日本兵命令當地人送入的。其中有個張孟孩，他看到了當時我在裏面的樣子（萬愛花遭日軍毒打受傷，自己記不清那窗櫺的樣子了）。張孟孩告訴我說，我當時是扳斷了窗櫺逃走的，那窗櫺不太牢。

　　我記得在窯洞裏看到我所蓋的被子。那被子是侯大兔的，侯大兔當年是基幹民兵，一塊工作的幹部。侯大兔今年已經70多歲了，還住在山後面的香草梁村。李貴明知道他（李貴明是盂縣農民，協助調查「慰安婦」問題的志願者），年輕人都叫他「大兔大爺」。這床被子我過去到侯大兔家串門時曾見過，所以我想一定是日本鬼子掃蕩時，將他家中的被子搶走了。被子很好，花形條我都記得的。我逃跑時，便將這床被子用草繩捆起來，還有枕頭，我把蕎麥皮給倒空，連毯子，一齊給他帶了出來。當我逃到大轉地山棱坡時，正巧遇見幾個村幹部去準備營救我。當我與他們照面時，把這些抗日分子給驚呆了。哎呀，你怎麼自己給跑出來了！被子什麼的後來由村幹部們轉送到了侯大兔家。（2000年8月11日蘇智良和陳麗菲向侯大兔本人確認了萬愛花的回憶的情節。侯當時74歲，還清楚地記得日軍對萬愛花實施的暴行。當時他是萬愛花遭受日軍性奴役經歷唯一健在的見證人。）

　　回到村子，我原來的男人李五小因為我被日本兵糟蹋了，他就不要我了。有一個也是做抗日工作比我大很多的李季貴願意幫我，但是李五小要錢。是當時的村長和大家幫忙付了了幾十大洋給李五小，我才和李季貴結的婚，是李季貴給我治的傷。

　　1943年夏天，我又第二次被日本鬼子給抓了。那正是吃西瓜的時候，我記得人都來賣瓜。我正在池塘邊洗衣服，就聽得大叫「日本鬼子來啦！」要回頭看，可是我的頭髮不知怎麼的就被鬼子抓住了。那次是駐守西煙和進圭的日軍兵分兩路，從南北兩個方向包圍了羊泉村，來的人不少。我再次被日軍抓住並關到進圭據點，這次打得厲害。我的耳朵上的耳環就是這次被他們給生生扯下來，我的耳朵現在下面是兩半的。

　　那日本鬼子就白天黑夜的糟蹋我，有時兩三個鬼子一齊進來。一反抗就踢你、打你，打得我渾身是傷。後來他們嫌我髒了，晚上就不來了。這樣折磨了我大概有半個來月，有一天晚上，我發現炮樓裏沒有什麼聲音了，很奇怪。我想，據點裏的日本鬼子大概外出掃蕩，人很少。我把關我的窯洞的門給頂起，從下面鑽出去，逃了出來。

　　我逃逃歇歇，不敢回到羊泉村，到了西梁溝村（音），那邊有我的乾娘。我乾娘家姓萬，有五個兒子，都是好樣的，他們也加入了共產黨。可惜他們都已經死了。我在那裏避了兩個來月吧，身子好點了，我還是回到了羊泉村。家裏，李季貴正病倒在炕上，瘦得只剩一把骨頭了。我就服侍他的病。

第三次給日本人抓，那是幾個月後。記得是臘月裏（1944年初），剛吃過臘八粥時，那時是晚上，日本鬼子再度包圍羊泉村。他們是用腳把門給踢破進來的，我第三次落入虎口。這一次，為了嚴懲我兩次逃跑的行為，日軍更野蠻地摧殘我。我記得強暴我的日本兵的長相特徵。最兇殘的是「紅臉隊長」和「獠牙隊長」。四、五個日本兵把我的手腳按住，另外一個人進行侮辱，然後輪流進行。每日日軍士兵用這種方式懲罰和審問，我多次被折磨得昏死過去。這樣直到臘月的小年，就快要吃年夜飯的日子時。那天日軍見我昏死過去好長時間都未醒來，以為我已經死去，便將我扔到村子旁邊的烏河溝裏。全身上下，沒有一件衣服，那烏河都結了冰啊！後來幸好被好心的張孟孩的父親發現，將我救了起來。他說那時我已經凍得渾身冰涼，就沒有氣了。他一天一夜守著我，給我灌湯水、搓身體。好不容易讓我活了過來，他又把我偷偷從進圭村救到豐盛坡村（音），送到我熟人的妹妹家裏。

我一直昏死了很長時間。記得醒來時，是吃年夜飯的時候了，那是1944年2月了吧。我有整整三年，長時間躺著不能動，我的整個身體都變了形。人站不直，胯骨和肋骨骨折。手臂脫臼，頸部陷向胸腔，腰部陷入骨盆。原來160多公分的個子萎縮到了140多公分。右耳耳垂被日本兵扯掉了一塊。頭頂被日本兵打過釘板後，頭頂凹陷，有兩處傷疤不長頭髮。兩腋腋毛在遭吊打時被日本兵拔光。我雖然活了下來，大概五年後生活才可以完全自理。我患有嚴重的婦科病，全身疼痛難忍，需要長期接受按摩。一到陰雨天，那個渾身的骨頭痛啊。

我的經歷太苦了，曲折太多了。我那樣一個人，在農村的環境裏，是很難生存的。我丈夫在我第三次被抓後不久就死了。我領養了個兩歲的女孩，她一直跟著我。我從盂縣輾轉到陽曲，又從陽曲輾轉到太原，最後在太原租下一間小屋。我們也沒有一個可以長期穩定的住所，等於是到處流浪。

我現在住在太原。從農村來到城市，改名換姓為萬愛花，隨我乾娘家的姓。靠給別人做針線、縫補衣服、按摩啊什麼的為生。小時候，我跟了南圈口子村的一位中醫學過按摩，後來凡是誰骨頭錯位啦，或是頭疼腦熱的，我都能治。在盂縣的時候，周圍的人都來找我治病。到現在，我也經常給人治病，有些人生活困難，我就不要他們的錢。

我女兒小小年紀就懂得照顧我，經常在我身體不好的時候外出要飯，維持活下去。她是個好女兒。我要給我的女兒爭氣，她的媽媽不是個賴人（賴，「不好」的意思），是一個抗日戰士。

1992年，有人來找我，說我是日本人的「慰安婦」，我真正是氣死了！我不是什麼「慰安婦」，我從來沒有去慰安過日本鬼子！我站出來，承認自己曾經被日本鬼子抓去作過性奴隸，是為了讓天下人知道日本鬼子對我們中國人

作的那麼傷天害理的事，是給那麼多和我一樣的姐妹們申冤。但我不承認是日軍的「慰安婦」。我從來沒有、也決不願意慰安日本鬼子。1992年，我去東京出席了國際聽證會，在台上，我想起過去遭受日本鬼子的欺負，想起了多少讓人不能忍受的事情，氣昏了過去！

從那時起，我堅決要求恢復我的黨籍。以前我也不在乎，以前本來就是秘密黨員嘛。現在我要證明，我是抗日的共產黨員，我不會去慰安那日本鬼子。這個事難啊，時間太久，人都死啦。我到處去找，找到能夠證明我參加過共產黨的老幹部，找盂縣縣長張國英給我做了證，高昌明、李孟孩也給我做了證。可是，他們都相繼故世了。1994年，在中斷了五十多年後，我的黨籍終於恢復了。

證明我抗戰時是黨員後，從1995年開始，每個月可以有50元錢發給我。每月政府會送來。雖說錢少，我不在乎。我只要這個說法，我是抗日的！但不管怎麼說，這50元錢，對我的生活還是有幫助的。我1993年腹部動過大手術，現在是一身的病啊，吃藥都要錢。

我要日本政府認罪。只要是控訴日軍的罪行，我到哪裏都去，1996、1998、1999年我都曾去日本控訴日本鬼子的暴行。2000年12月，到東京出席女性審判日軍性奴役戰爭罪行國際法庭，我作為原告，出庭作證。我在控訴日軍暴行時，想讓在場的人看看我全身的傷口，結果再次昏了過去。我的身體越來越不好了。我強烈要求法庭判決，判決日本昭和天皇和日本政府有罪。他們必須給我們一個道歉，他們應該低頭認罪。知道這是錯的，將來才不能夠再來害我們的下一代。我只要活著一天，就要為此而鬥爭。

＊＊＊

1998年10月30日，萬愛花和其他九位日軍性暴力的受害者一紙訴狀將日本政府告上東京地方法院。1999年9月，她和趙存妮、高銀娥一起前往東京當庭作證，但她們的訴訟最終被否決。其後萬愛花的健康每況愈下，於2013年9月4日去世。

（根據蘇智良、陳麗菲1999、2000、2001、2002、2007年訪談記錄整理。）

第七章

中國南方前線

黃有良

　　1939年2月10日，日軍在與廣東省隔海相望的海南島登陸。[1] 為了全面控制中國南海上的這一戰略要地，佔領軍在島上設立了大量據點。僅陵水縣一地，日軍就建立了14個據點、8個碉堡和2個軍用機場。[2] 與此同時，他們在城鎮、據點，甚至村民的房舍中設立慰安所，從外地和當地強徵婦女投入其中。日軍還通過維持會和偽自衛隊擄劫婦女。黎族少女黃有良遭日軍強暴的過程在當時十分常見：她先被強姦，接著被迫在自己家中充當日軍的性奴隸，最後又被抓進藤橋日軍派遣隊慰安所。黃有良被抓走後，她家鄉的村落被日軍燒毀，夷為平地。建在那個村莊附近的據點今天已不復存在，但黃有良被關押的藤橋軍事慰安所的廢墟猶在，黯然為歷史存證。

圖 16：2000 年黃有良對調查者講述她在日軍慰安所中的遭遇（蘇智良攝）。

那一年，我剛15歲。（按中國傳統的年齡算法，嬰兒出生時記為一歲，以後每過一個農曆新年加一歲。如按西曆，黃有良被抓時只有14歲。）應該是農曆十月的天氣吧，那天早上，我挑著稻籠，到村外的水田去做活。忽然聽到幾聲喝叫。我抬頭一看，前面不遠處站著一群日軍士兵。嚇得我扔下稻籠，轉身就往山裏跑。可這些日軍士兵緊追不捨，我逃得沒了力氣，終於被抓住。一名日本兵嘰哩呱啦地說著什麼。我腦袋發脹，反正什麼也聽不懂。一個滿臉鬍茬的日本兵瞪著眼睛，一把抱住我。另一名日本兵在我背後胡亂摸捏，並剝開我的衣裙。其他日本兵在一旁手舞足蹈發狂大笑。我恨不得殺死這些日本兵。於是，我抓起摸捏我的那隻手，狠狠地咬了一口。被咬的日本兵大叫一聲，鬆開手，發怒地拿起刺刀正要向我砍劈，被一名軍官模樣的日軍大聲喝住。我已經嚇得發呆。軍官笑眯眯地對我說：「姑娘別怕。」他又向那些日軍士兵嘰哩咕嚕地說了什麼，手一揮，士兵便走開了。待那些日軍士兵走後，軍官就走過來摟抱我，我用力掙扎，他並不強迫。我以為沒事了，穿好衣服，便到田裏把稻籠挑回家。不料那個軍官不知什麼時候也跟到我家門口。他將我攔住，把我抱進臥室，撕開我的衣裙⋯⋯事後，他就走了。我一直偷哭，忍。忍到了下午，我把事情發生的經過告訴母親。母親傷心地痛哭了一場。

第二天又有日本兵來找我，我嚇得趕快躲起來。日本兵找不到我，就把我父母親推在地上，毒打，做四腳牛。（指強迫他們四肢著地在地上爬。）我聽到後連忙回來看父母，結果又被日本兵捉住強姦。從那以後我被迫白天給日本兵洗衣服，晚上日本兵來找我⋯⋯（黃阿婆說話時始終面色寂然，說到這裏停了下來，陷入沉默。）

那個日本軍官會說點中國話，說得不太好，但很像海南話。那時大家叫他做「九壯」。（黃有良講海南話。這個稱呼是根據她的發音記錄的，可能是個綽號，但黃有良不知道怎麼寫，所以含義不清楚。）他是個官，有兵跟著。這個「九壯」認得了我家，天天來強姦我，還要我給他洗衣服。要是躲走，他就毒打我的父母。這樣的狀況持續到了第二年春天，我就被帶走了，抓到崖縣藤橋。

大概是3、4月份吧，那一天，我是被一些日本兵抓了。上了軍車，一直開到藤橋，關進了一座房裏。我和一起被抓來的一個女子關在一個房間。後來知道，還有比我們先抓進來的，關在另外的房間。

門口都有哨兵把守，不准我們隨便走動。白天我們做雜工、掃地、洗衣服。夜間就有日本兵來找，三個五個的，有多有少，不一定。有時候一晚上陪著一個睡，也不懂得是不是軍官。不聽話的話要被打。我很怕，被逼著，叫幹什麼就只好幹什麼⋯⋯有時日本兵強迫我做各種樣子⋯⋯（這時黃阿婆

說不下去了。訪談暫停，請她休息，喝口茶。談話重新開始時，陳麗菲問起她家裏的情況。）

我家人不多，就三人，父親、母親和我。母親眼睛是看不見的。我父親種田，我也幫著種。我在那裏（藤橋慰安所），想著父母，想著要逃。整個身子像散了架似的，每夜都要遭受折磨……我多次想尋找機會逃走，暗中和同伴想過辦法，但因日本兵站崗很嚴，加上又不懂外面的路，無法逃走。同伴中有一位漢族女孩子就逃跑了，可是被抓回，被日本兵打得死過去又活過來。後來她被關，後來大概死了。從此，我放棄了逃走的念頭，只好聽天由命了。

在那裏沒有看到日本兵平時給哪個檢查過身體，也沒有看到他們用避孕套。我不知道有沒有女孩子懷孕，但是有一個我認識的，叫陳有紅（音）的，被糟蹋得太多了，死了。她不肯聽日本兵的話，打得下面大出血，死了。還有一個聽說自己咬斷了舌頭，也死了。

日本人沒有給過我們錢，或者發給好東西。吃都沒得好好吃，哪裏還有給錢。

我在藤橋總有一兩年……應該有兩年。是家裏幫我逃走的。那大概是5、6月份。那一天，我村的黃文昌冒著生命危險，來到藤橋日軍軍營找我，告訴我父親死了。我立刻放聲大哭，不顧一切地去找日軍軍官，要求回家給父親送葬。起初日軍軍官不同意，我和黃文昌再三哀求，趴在地上磕頭，才終於同意我回家，但事情完後須馬上回去。

那是一個傍晚，黃文昌帶我從藤橋抄小道步行，深夜才回到家。一進門，發現父親好好的在等我，我大吃一驚。原來家裏是為了救我，才騙日本兵的。怕我裝不像，不告訴我。

父親和黃文昌連夜拿著鋤頭、糞箕，在村邊的荒坡上為我堆了一個假墳，說是我因為傷心過度，自殺死了。隨後父親馬上就帶著我，逃走了。那時母親已經死了。我父親和我到處逃難，討過飯。慢慢在一個地方住下來……我們後來還是回到架馬村裏。聽村裏人說，那個「九壯」帶人來抓過我，村裏人說我自殺了。他看了假墳，信了。

村裏人都知道我被日本兵糟蹋過，好人家誰要我呢？我只能找了一個得過麻瘋病的男人做丈夫。他知道我的過去，一有氣，就打我，罵我。我生過五個孩子，三個女兒、二個兒子。兩個大的已嫁出去，還剩下小的，現在還住在一起。

孩子們對我還好，特別是女兒。可是，由於我有這段不好的經歷，小孩有時也罵我這個母親。但是，這不是我的錯啊，我是苦命的人！都是那些日本兵！

「文革」的時候，由於我有這段經歷，村裏人，特別是小一輩的，不清楚，背後議論；罵我是給日本人睡覺的。丈夫要當幹部，小孩入團入黨，都不可以。

我願意出去控訴日軍的暴行。我也願意到日本，當他們的面，控訴他們。要日本政府賠禮道歉。我不怕。（説到這裏，黃有良那神情凄寂的臉上，豁然動容，露出了微笑。）

＊＊＊

在2000年那次調查訪問結束後，黃有良帶著調查者去認藤橋日軍慰安所的遺址。這個曾被佔作慰安所的建築是一幢破損的兩層樓，磚木結構，房頂和大門已蕩然無存。當地居民證實了黃有良所講的關於藤橋慰安所的歷史事實。樓旁當年日軍的炮樓和水塔還在。雖然黃有良在關押期間無法走出慰安所，她卻可以在二樓向外張望。她指著不遠處一根一人多高的木樁説：「看，那邊的木樁，是日本兵抓了人綁在上面打人用的。」2001年7月16日，黃有良和其他七位居住海南的日軍慰安所倖存者一起，將日本政府告上東京地方法院，但海南倖存者的訴訟與其他各地倖存者的訴訟一樣，最終被日本法院否決。黃有良現與她的小女兒一起生活在海南島。

（根據陳麗菲、蘇智良2000年訪談記錄整理。胡月玲擔任黎語翻譯。）

陳亞扁

1939年2月，日軍開始在海南島崖縣（今三亞）大量駐軍，把這裏做為主要的海空軍事基地。[3] 經查證，在1941年至1945年間，日軍僅在這一小縣就開了14個慰安所。蘇智良和陳麗菲在2000年的調查中找到了其中7所的遺址。陳亞扁在她的家鄉祖孝村被日軍擄走後，即被投入位於崖縣的一所慰安所中。

圖17：2003年陳亞扁在自家屋前留影（蘇智良攝）。

　　我是海南島陵水縣祖倖村人。我家裏人多，有父親、母親、哥哥、姐姐。我最小，父母最喜歡我，人家也誇我長的好看。

　　日軍佔領的時候在砧板營村附近組建了偽自警團。（根據地方史料記載，這個偽自警團有士兵50多人，團長陳仕連。）那個時候日本人在村子附近山坡上有兵營，叫漢奸抓了女孩子到兵營裏去幹活。一天（1942年），有四個漢奸到我家，說團長叫我去拾糧食。那個時候不只我一個，有很多黎寨女孩子被抓到兵營裏去，我們同村也有一個小姑娘被抓來了。我在那裏大概有半年多，洗衣、縫麻袋、挑水、舂米、煮飯……什麼都幹。會唱歌跳舞的晚上要唱歌跳舞給他們看。幹活是從來不給錢的。

　　半年後，日本人又把我抓到崖縣，關在一個黑黑的房間裏。具體在什麼地方我現在已經記不清了。只記得那裏有兩層樓的木板房子。我被他們關在樓上，房間裏有一張簡易的床，床上放了一條很髒的被子。除床之外，還有一張八仙桌和兩張凳子。門被反鎖，窗子也被木板釘上，白天也沒什麼光，黑黑的房間。一到晚上，就有日本兵來，每天至少兩三個，有時多些。要我洗澡，洗完就來了。一個一個輪……（陳亞扁哭起來。）也有過臺灣兵。日本人在幹那事的時候，從來就不戴避孕套，更沒有軍醫檢查身體。我怕極了，我不肯，他們就用手掐我的脖子，使勁掐，還打我的臉，這樣……（陳亞扁停下來，哭泣著用手比畫日本兵怎樣打她。）我一開始哭啊喊啊推門啊，都沒有用。門被反鎖住了。自從被關在這裏，日本人從來不讓我們出去。只有大小便時，有人來送桶。還有送飯時，門開了，就有人遞進來。一天兩頓，也有三頓。記不清吃的什麼了。黑乎乎的，也看不清。

　　我也記不太清了在裏面關了多久，五、六個月是一定有的。我天天哭，怕。我的父母急得沒辦法。到處去託人說情，哪裏有用。母親託了多少人都沒有用，最後就跪在團長的面前，哭，鬧，再不放我回來，就死給他看，死在他家。團長沒辦法，只好到日本兵那裏去求情，才把我給放出來了。

　　那時，我連路都走不動了；下身又紅又腫，發炎，大小便都不能夠。我哭壞了眼睛，直到現在都又紅又痛，還不停地流眼淚，都流了50多年了，看不清楚。就是這樣，又被團長叫去了，帶到砧板營村的據點裏，替他們幹活，一直做了三年，到日本人投降了。（據陵水縣政協主席蘇光明說，陳阿婆曾經一個人躲到山上去，因為怕人罵當過日軍的「慰安婦」。直到解放了，大家才把她勸下了山。）

　　從小我父母已經給我與卓開春定了親。（在訪談中擔當翻譯的龐淑華女士解釋說，這是當地習俗，叫做「娃娃親」，由父母在孩子很小的時候定親，成人後結婚。）我被日本兵欺負了，他很氣，就參軍去了。後來，因為他手受了傷回家了，我們就結婚了。

　　婚後生了一個女孩，這孩子是好不容易才生下來的……（陳亞扁哭起來。）前面幾胎都死了。醫生說這裏（陳亞扁指著自己的下腹）不好。這裏痛啊，每次都痛，來月經也痛。後來（快到40歲又懷孕時）丈夫早早就把我送到瓊中的一家醫院打針、吃藥，這才保住了小孩，1964年我生下了一個女兒。

　　我丈夫前幾年死了。一個女兒嫁出去了。我現在身體很差，肚子一直痛，呼吸困難，有氣喘。晚上還做惡夢，經常做那個時候的樣子，怕啊。「文革」中我被罵，被打。把我綁起來，拖出去，打，罵我是「和日本兵睡覺的」。阿婆苦啊，沒有兒子，沒有人來養我啊……（陳亞扁又流淚了。當地的習俗是兒子贍養父母，女兒一出嫁就搬到婆家住。雖然陳亞扁是五保戶，地方政府提供的基本生活費用還是不夠支付她的醫藥費用等支出。）

　　我應該是有很多孩子的，是日本人害我沒兒子。我想上告。我現在很願意有人來問我，我要把我的事都說出來。我要日本人認罪，向我道歉，我還要他們賠償。我想要一個安穩的、好的晚年。

＊＊＊

　　2000年3月30日到4月1日，陳亞扁應邀參加了在上海師範大學舉辦的首屆《中國「慰安婦」問題國際學術研討會》。儘管始終靠著止痛藥緩解頭痛，她克服了身體的不適，勇敢地向來自各國的聽眾講述了自己戰時的經歷。陳亞扁目前仍為貧病所困擾，只能靠當地政府的五保金和自家幾棵果樹的收穫維持生活。她終日受著腹痛及周身疼痛的折磨，亦無法擺脫靨夢的煎熬。

　　（根據蘇智良、陳麗菲2000、2001年訪談記錄整理。龐淑華擔任黎語翻譯。）

林亞金

　　林亞金於1943年被日軍抓進海南島保亭縣南林峒的打朗據點充當性奴隸，當年正值美國艦隊在南海投入對日海戰。[4] 為鞏固海南島軍事基地，日軍從中國東北增調部隊駐紮此地。距崖縣僅25公里的南林峒四面群山環繞，被日軍用來作軍事供給和軍火儲藏基地。日軍將躲在山中的村民逐一驅出，不服從命令者均慘遭殺害。那些服從命令領取「良民證」的村民則被送去修築軍用公路，或在礦山、農場做苦力，種植荬草、穀物和蔬菜。[5] 林亞金先是被抓去修築一條軍用公路，隨後又被強行送入日軍慰安所。

圖18：2007年林亞金在上海參加中國「慰安婦」資料館開幕式 (陳麗菲攝)。

　　我是黎族，海南島保亭縣南林峒番雲淘人。父親叫林亞龍，母親叫譚亞龍。

　　我有五個兄弟姐妹。大姐叫林亞甘 (音)。我是第二個。還有兩個妹妹，兩個弟弟。父母和幾個姐妹弟弟已經去世了，現在就只剩下我和我的這個小

弟弟了。我現在住在南林區什號村。我自己沒有小孩。幾個姐姐和妹妹弟弟的那些小孩都住在南林，如果有事讓他們幫忙的話就叫他們過來。

日本人來南林的時候，我已經15、16歲的樣子了。我是大概三年後（1943年）被日本鬼子抓去修路，去兵工廠的。我們那裏抓的人很多，女的也抓。沒有給錢，飯也要自己帶的。就這麼幹了兩個月，被放回來了。

那年秋天，我在割稻，還有鄰村三個女孩：譚亞鶯（音）、譚亞優（音）、李亞倫（音）。我們聽到打撓村那邊有槍聲，知道是日本鬼子來了。田就靠近打撓，跑不掉啊，就躲在田埂底下，嚇得不敢作聲。結果聽到聲音回頭一看，日本鬼子就站在我們後面。他們把我們的雙手反過來，用繩子綁起來，把我們四個抓走了，先抓到南林軍部，後來是被抓到日本鬼子在崖縣的那個據點了，叫「打朗」（黎族語，既什漏村）。當時我19歲。

那天夜裏我們被帶到南林的據點關起來，那個屋子是專門關押逃跑民工的。有木頭刑具，夾腳的枷。日本鬼子用木頭刑具把我們的腳夾起來，我們就不能動。假如坐下，腳骨就會斷掉。一個像是海南人的日本翻譯進來對我們說：「不能逃跑啊。想逃就沒命了。」

第二天，八個日本兵押著我們，往崖縣的打朗據點去。都是被綁住，這樣一路走過去的。日本鬼子強迫我們走得快一點，如果你走得慢的話，就往你的後背一腳踹過去，你就不能放慢腳步了。從早上一直押過去，到那邊的時候天慢慢地黑下來，才到了打朗據點。在路上沒有水喝也沒有飯吃。

在打朗被關進一座奇怪的房子裏。一個大房子分成幾個小房間，每個人被放在一個小房間裏面。有一扇木板門，沒有窗子，房間黑黑的。一個房間卻有兩道門，門上有幾道的鎖，總有日本鬼子在外面站著。牆壁好像用鐵皮做的。那個房間有這樣大。（林亞金用手比畫了10米見方的樣子。）屋裏一點墊鋪的東西都沒有。就給了一個臉盆，一條毛巾。牆角有個尿罐，就再也沒有東西了。就這樣睡在泥地上。幸好天不冷。

出去倒屎倒尿都是日本鬼子帶著我們，監視著我們，然後帶我們回來。房間裏面很臭的。從被抓進去穿的衣服從來沒換過。就原來的衣服，一件筒裙加一件衣服。衣服都被拉爛了，爛得連手臂都露出來了，都沒有袖子了。

一天兩頓飯，日本人把飯帶過來。是稀飯，把椰子殼劈開，盛在裏面。飯都已經發臭的樣子了，像豬食那樣的。中午才吃到第一頓飯。中午等到我們吃好飯倒過尿桶以後，日本鬼子就來了，一次來三、四個人，一起進來。有一個站在外面把門的。進來就互相爭搶，有時候還打架，看誰先搶先。我就害怕，靠牆壁站住，嚇得真是冒汗，怕打到我。他們在裏面都脫光光，都這樣，輪流地上來。

（林亞金講到這裏哭了起來。她的眼睛先是望著遠處，接著淚水就不可抑制地湧了出來。房間裏只聽見老人令人心碎的抽泣。過了近20分鐘，林阿婆才逐漸平靜下來。）

有些日本兵（強暴一次之後）還會再來，來兩次。晚上吃完飯以後另外一夥又再來。他們沒有用避孕套。但是要我們吃藥，有白色的、黃色的、粉色的，扁扁的如小手指甲那麼大。我總覺得不是好藥，怕吃了會死，趁人沒看見偷偷吐掉。每次（被強暴）完了以後，只給打一盆冷水沖洗一下。那時候我已經來月經了，來月經的時候我都拼命地反抗，但是日本鬼子還是強暴。就是因為這樣，才讓我得了這個病，排尿的時候才會痛。下部都紅腫爛了。

日本兵進來經常打我。假如說有反抗的話，日本兵就揪住我的頭髮，一拳打過來，我胸部跟臉部都有被打過的。有一個日本兵想強暴我時，我不願意，日本兵就一拳打過來，打到我的左胸那裏，一直痛到現在。（林亞金給我們看她被打傷的地方。她左側胸部的骨頭是高出來的，整個左胸凹凸不平。林阿婆痛哭起來，哭得渾身發抖。）

有一個日本兵在強暴的時候把我壓在地下，嘴巴含著煙，就點到我的臉上了。當時被燒到後就腫起來。現在鼻子旁邊還有一個疤。（林阿婆臉上的傷疤清晰可見，約有黃豆大。）在那裏沒有一個醫生過去檢查，即使生病也是被丟進涼水裏，沒有人管。到後來，每一天的尿都紅紅的，都是血水，胸部痛痛的，從肩膀到這裏。到現在還痛。現在一痛起來，就會想到以前。

在打朗據點關了很久。後來媽媽告訴我在裏面關了有五個月。在那裏每一天都哭。我也能聽到隔壁這個人哭，還有日本兵那些侮辱、粗暴的動作的聲音都可以聽到的，因為隔牆的鐵皮很薄。每天晚上我們都在屋裏哭，說的最多的話，就是想父母、想家，和自己能不能活到回家的一天。我那時病得已經很嚴重了，全身都痛，特別是受傷的胸骨，下部紅腫糜爛，排尿都有血色，像紅糖水一樣，渾身浮腫，我以為就要死了。

聽說我已經在那裏關的不行了，我父親求村子裏面有個當保長的親戚，讓他去日本鬼子那裏把我保出來。父親和其他幾家人備了雞呀米呀，讓保長拿去；我們那裏雞是最好的禮了，沒有其他的東西。保長送給了日本鬼子，求他們放我們走。當時我們四個人都得了同樣的病。也許是日本鬼子看我們沒用了，就讓我們走了。我已經不能走路，是家裏人背著抬回來的。裏面一個叫阿優的，到家不久就死了。阿鸞、阿倫回來不過一年，就相繼去世了。

我父親在我回來後不久就去世了。他一直身體不好，發冷發熱的。我被抓後，他去給日本人做勞工，想把我贖回來，身體越來越差。他沒有能看到日本投降。

　　我出來後先去了保長那個村，煎草藥煎了兩個月，但病不好。媽媽就把我帶回家，自己去挖草藥給我醫治。我的病狀已經很嚴重了，這個時候就是走路都很難走，走不動，排尿都有血色或者是黃色的那種膿。媽媽一邊給我挖草藥，浸藥酒，一邊給我請巫師，祭祀跳神。慢慢的就好了，消腫了，到第二年春夏天，我才可以下地走路。

　　媽媽把我這病治好了，她卻病了。兩年以後，媽媽就去世了。我在媽媽墳前痛哭。媽媽去世後，生活更難了。姐姐那時已經出嫁，住的地方離我們那裏比較遠，在山腳底下一個村莊番沙碧村（音）。後來姐姐看我跟弟弟妹妹在家裏面生活過得非常艱難，就叫我過去一起住。我是在姐姐家住了整整四年，在那邊認識了老公。

　　我老公叫吉文秀。他家經濟比較寬裕，有水田，還有很多山上地，種了很多檳榔。他和他弟弟都唸過書。結婚的錢都是他家出的。（林亞金對西曆的日期不熟悉。根據她的敘述推斷，她結婚的時間大概是 1940 年代末。）因為以前的遭遇，結婚第一次同房的時候，是很害怕的，雖然我認為不是同一件事，因為這個人是我喜歡的男人，還是很害怕。也不敢怎麼樣，也不想把遭遇跟老公講。老公知道我以前的一些事情，但是不問這個事，他不想揭我的傷疤。老公一直對我很好。不久我就懷孕了，但是兩個月的時候就流產了。

　　我結婚兩年之後，老公就被叫去甘什（音讀 zha）那裏工作。當時我老公的弟弟是當兵的，是參加部隊的，當時回來叫老公出去參加革命。是為解放軍收購糧食和送糧食這個工作。老公後來當了稅務所的所長。就在當所長的期間，被政府抓起來了。（講到她的老公，林亞金眼裏又溢滿了眼淚。翻譯陳厚志告訴我們，吉文秀是在 1950 年代政治運動中許多被冤枉的人之一。他被捕的原因至今不清楚。）

　　在那邊就有一封信派過來說，我老公已經病死在監獄裏面了。我不相信，就到保亭這個派出所問，這裏的人告訴我老公不在這裏了，已經轉走到三亞去了。我就跑到三亞，又說轉到什漏。我不知道去什漏的路，不知道往哪個方向去的，這樣才回來了。老公到底是哪個時間抓進去的，哪個時間死的，也不清楚。只記得是大家都在一起吃飯的時候，就是大家一起「共吃大鍋飯」的時候。[6]

　　因為老公被抓，我受到歧視。那時在大食堂裏吃飯，但是分給我的飯菜肯定跟別人的是不一樣的，就是又少又差。以後就靠自己勞動，自己去幹農活。每次雖然做的很多，但是每一次評工分都被評為最低等。[7] 我那時與老公的阿公阿婆住在一起。公公家從前有土地，就被劃為地主了。他的土地已被沒收歸公了，但「文革」的時候，因為家裏的成分是地主，公公遭到批

鬥。所以阿公阿婆去世時，沒有人來送殯。我老公有七個兄弟姐妹，但是現在除了弟弟，其他人已經去世了。

「文革」的時候，工作隊也經常下去調查我的事情，但是因為當時跟我一起被抓去的那三個姐妹都相繼死去了，所以他們要調查也找不到證據。雖然有人也知道我去給日本人做過事情，但是因為整個村莊是一個家族，所以他們都不講。陌生人去都不會跟你講話的，到現在還是一樣。所以「文革」期間沒有因為這件事被批鬥。「文革」以後，我一個人孤獨沒有人照顧，就抱養了人家一個5、6歲的孩子，叫阿迪，從番雲淘帶過來養的。阿迪現在有六個孩子了，四個男孩、兩個女孩。阿迪的大女兒都有兩個小孩了。

日本兵把我折磨成現在這個樣子。我要他們認罪、賠償，負責我的一生，到我死。

＊＊＊

從2000年開始，中國「慰安婦」研究中心徵集私人捐款，每月給林亞金和其他日軍慰安所的倖存者寄去200元生活補助金。依靠這筆錢，林亞金的養子重修了他們的住房。其後林亞金和養子一家一起生活。2013年10月17日，林亞金老人離世。

（根據陳麗菲、劉效紅2007年訪談記錄整理。陳厚志擔任黎語翻譯。）

李連春

　　雲南省位於中國、緬甸和印度的交界處，是抗戰時期中國軍事補給線上的戰略要地。1942年到1943年間，美國空軍在雲南建立了空軍基地，美國第14航空大隊駐紮於此，為中國軍隊的作戰行動提供了強有力的支援。日本空軍力圖對抗，對這一地區展開了大規模空襲，並於1942年1月派遣地面部隊進攻緬甸。同年春季，日軍第56師團進佔雲南省，於1943年初控制了怒江以西區域，並在龍陵設立了大本營。[8]日軍佔領期間在龍陵縣城至松山前沿一線設立了大批慰安所。[9]李連春的家鄉白泥塘村位處松山以西、怒江西岸。她先是在家鄉被日本兵強姦，接著又被日軍抓走，送進松山日軍慰安所。

圖19：李連春於2001年在她的女兒家接受訪談（蘇智良攝）。

　　我農曆九月出生（1924年），具體日子就不知道了。我原來叫玉秀，小名叫「要弟」。就是「想要一個弟弟」的意思。我是龍陵縣臘猛鄉白泥塘人。日本軍隊打到這裏來的時候我18歲。家裏還有個妹妹，叫「裏弟」(音)。我的父親是抽鴉片的，不管家，家裏就靠我母親。但我的母親得病死了。是父親的兄弟，也就是叔叔，把我們姐妹倆接過去了。我和妹妹每天上山打馬草，然後背到街上去賣，補貼家用。

　　有一次街日，就是趕集的日子，我記得是夏天，大約是八月份
（1942年），我們去賣馬草時，一群日本兵突然來了。大家東躲西藏。我也躲
進了街坊的屋子裏。但我還是被日本兵抓了出來。他們把自己的綁腿解下來
捆住了我的手腳，又用布把我的嘴堵上，不讓我叫……我被日本兵，就在路
邊……（李連春說不下去了，竭力控制自己的情緒。）那天有20多個女孩子被
強姦。我妹妹總算沒被抓住。她還很小，躲起了。我也躲，躲在店的櫃檯後
面，還是被日本兵抓出來了……

　　（調查顯示，那天日軍強姦了很多當地婦女，在返回松山之前還去了長箐
村。其後不久，日軍命令當地漢奸強徵婦女建立慰安所。）

　　當時我的父親被抽去做民夫。維持會的人對我父親說：「你把兩個女兒送
到皇軍那裏去洗衣服燒飯，你就不用再作民夫了，你家的稅也可以免了。」我
父親不肯，結果他還是被抓去做民夫，被日本兵打傷，回來後就得了病，不
久就死了。我的叔父供養不起我們姐妹，埋葬了父親之後，就把我嫁到了大
山裏的沙水村一家姓蘇的人家當媳婦。那蘇家實在太窮，要吃沒吃，要穿沒
穿，眼看著要餓死，我就從山上蘇家逃了出來。在逃往自己白泥塘的家的路
上被日本兵碰見，就被抓了。抓到松山慰安所去。

　　在慰安所裏日本人一天吃三頓飯，我們吃二頓。他們吃粑粑（「粑粑」，
雲南話，一種米粉做的細食），我們只能吃糙米飯。開始時，我們仍穿自己的
衣服。後來日本人逼我們穿日本人的衣服。我覺著醜，不肯穿。我也不要梳
他們那種頭。可是有時也沒辦法。

　　日本兵不叫我們原來的名字，就叫我們「花姑娘」。他們講日本話，我一
點也不懂，也不想學。有的日本人會說些中國話。他們叫我時，就招招手，
說：「喂，來，來。」吃飯了，會說「咪西咪西」。（「咪西」不是中文詞，可能
是日文發音「*meshi*」的誤聽。日文中 *meshi* 意為「米飯」或「餐飯」。）

　　日本人讓我們吃藥，是什麼藥，我也不知道。白天日本兵來的少時，我
們一般是縫衣、做鞋。有人專門看著我們。晚上日本兵來得多。每天不一
樣，有時多，有時少。日本兵要挑，長得好看點的，去的日本兵就多一些。
日本兵常常打我們。我左肩上至今還有個傷疤，那就是日本兵用嘴咬我留下
的。我還看見一個女的被日本兵拖出來打。（談到這裏，陳麗菲問起日本兵
為什麼咬她。李連春臉上現出難言的痛楚。她解開上衣讓調查者看她肩上的
傷痕。那疤痕長且寬，令人難以想像這是人咬的傷疤。為幫助李連春平靜下
來，陳麗菲換了個話題，問起慰安所的日本士兵是否付費。）

　　日本人從來不給我們錢。給了也沒有用。（據當地史料記載，日軍在佔領
期間不准中國人用國幣。日軍發行了軍票，但佔領區的中國人大都不肯用。

所以當時這裏的貿易多是以物易物，不用錢幣。）日本人什麼都不給我們。我們白天接縫衣、做鞋的活，換點吃的、用的。

我在慰安所裏大概一年多吧。我逃出來大概是1943年的時候……具體時間記不得了。我被抓進去後，總想著要逃出來。時間長了，日本人對我們看守得不嚴了，白天還可以上街，接一些當地人要做的活。當然不能跑遠了，有人看著的。慢慢地，我認識了一些人，有本地一個放牛的老倌，與我有一些親戚關係。他答應幫我逃。

有一天深夜，大概天快亮的時候，我在茅房裏換了放牛老倌的衣服，偷偷地逃出來了。我東躲西藏離開了大堐口。我也不知要到哪裏去。只知道要從江西跑到江東。（怒江以東地域當時在中國遠征軍控制之下。）為了怕再被抓住，我不敢走大路，沿著山跑。沒有錢，一路討飯，也幫人幹活。整整跑了幾個月。後來，到了一個集鎮，實在沒了辦法，就嫁給了當地人。可是後來，這裏住不下去了……

（李連春講到這裏陷入沉默。後來，我們從當地知情人處了解到李連春在那個集鎮的經歷。2001年11月，蘇智良、陳麗菲與上海電視台紀錄片攝製組一行再赴雲南採訪李連春。這次他們來到李連春的故鄉白泥塘村了解她受害前後的情況，並確認大娘的出生地和她的受害過程。在白泥塘村他們找到了李連春的親戚封普國，封的堂兄的妻子是李連春的妹妹。據封普國老人回憶，那個幫助李連春逃出慰安所的放牛老倌是大七樹村人，因李連春的姑母嫁到該村，因此知道李連春。李連春在他的幫助下逃出松山慰安所之後，來到潞江壩香樹村，求人將她用筏子載過了江。其後李連春來到蒲縹下面的一個寨子，有個姓茶的，是個小軍閥，娶了李連春做小。後來因為開展清匪反霸運動，小軍閥被殺，李連春也受到虐待。於是，她又逃上山去，在龍洞那裏的一塊大山石下藏身，當了半年的「白毛女」，最後被她現已過世的丈夫高習賢收留。封普國記得1999年李連春曾回家鄉探望親戚。）

（在去李連春家的路上，調查組一行又繞道去了李連春第一次被抓的長箐村。長箐村當年有日軍進佔，駐紮在李家祠堂。該村200多戶，三分之二以上姓李。村民稱之為「李家總祠」。李家總祠在山坡上，平房一間，木結構相當牢固。到春節時，每年村民都要進行隆重的祭祀活動。佔領時期日軍第113聯隊有三個大隊駐紮在松山，有兩個中隊駐守在臘猛的長箐；指揮部就設在長箐的李家祠堂附近的民宅中。當時李家祠堂是不是做過慰安所，長箐慰安所是不是就在這裏，此次調查無法確認。但據村中李芹松老人〔當時81歲〕回憶，戰爭時期，日軍曾在祠堂內駐紮，有中國女孩關在裏面。日軍進佔時，秩序混亂，該村婦女多逃往深山避難，日軍殺豬搶雞，但駐紮時

間似乎不長。從老人回憶的情況判斷，估計是日軍進山到白泥塘等地進行「掃蕩」，在此期間強暴了李連春等中國女孩，然後返回時在長箐短期駐紮，以後便返回松山據點了。）

（看到李連春沉默不語，她的女兒高玉蘭講述了李連春後來的經歷。）

我母親從那家逃了出來就往秉塞大山裏跑，是我的父親把她收留了。父親大我母親10多歲，是行醫的，結過婚，但妻子死了。聽我母親說，她躲在大石頭下，被上山採藥的父親看到了。（訪談結束後下山的路上，李連春的女兒帶著調查組的人去看了她母親當年藏身的地方。那塊巨石從坡面伸出，離地面不過半丈左右，坡上生長著長春藤，順大石頭披下，掩蔽著石頭的正面，直拖到地，正好構成一個可以容身的空間。）聽我母親說，那時候她真是已經活不下去了，不像人樣了，餓了摘些野果子吃。我母親天天哭，眼病很重，快要瞎了。就像是討飯的，衣服是破的，頭髮亂糟糟。我父親看母親太可憐了，就收留了她，給她點吃的，後來又給她治病。

我父親不但收留了母親，在母親之前還收留了另一個人哩。是鄰村的，患了水腫病，肚子好大，爬過來求父親，就收養了他。

我爺爺、叔父都是獸醫。當時他們都反對把母親收留到家裏來，可是父親堅持。後來母親慢慢恢復了健康，母親可乾淨了，而且很能幹，她真是樣樣都拿得上手，田裏的、手上的。母親拼命幹活，又乾淨。慢慢我父親和母親有了感情。可是爺爺和叔父非常反對。父親於是就跟他們分了家；因為父親要和母親結婚，只有這麼做。我父親知道我母親的經歷，但他不計較。他一直說：「你母親太可憐了，太可憐了。」（高玉蘭說到這裏哽咽起來。）

爺爺住在下龍洞的團山墕。父親就上山到了上龍洞。爺爺到父親的家還要往山上爬半個多小時。父親先是在山上蓋了一間草房，把母親帶過去，就算結婚了。他給我母親治病，治好了眼睛，又治她的婦女病。我母親說她流產幾次才生下了我。

我的父親高習賢，人確實很好！他救過不少人。當時在草房結婚時另外還有一個人，就是那個病人，父親也帶過去了。父親曾想讓他做兒子，因為當時怕我母親不能生孩子。後來那個人還是分出去成家了。我父親死時，他是來披麻帶孝的。我們現在就像親戚一樣。我父親給人治病從不收錢，人家就送一些東西。所以我父親的人緣特別特別好。

父親後來蓋了一棟全村最好的房子給我母親住。父親回過母親的娘家去探一探。父親走了幾天才到。我記得父親告訴母親，家裏的長輩都死了，我母親大哭一場。後來，我母親叫我教她識字，她說她要回家看看。所以我母親前些年識了些字，現在她自己的名字是認識的。

　　我父親是1971年文化大革命中去世的。父親死後，村裏人不理我們，有人背後議論我母親的過去。母親總是一個人，她下田，人家就走開。我母親沒日沒夜的在田裏。那時，家裏太困難了。我總記得我母親說的一句話：「再窮再苦，也要讀書，只有讀書，才能夠不受人的欺負。」

　　有一次，下大雨。我母親到學校來接我。她剛從田裏來，渾身都濕透了，赤著腳，扎了東西，整個腳板都穿透了。我哭了，說：「媽媽我不讀書了。」村裏人也勸母親，說讓你女兒來幫幫你。可是我母親她不同意。再難也叫我們讀書。所以我家的孩子，沒一個不讀書的。就靠我母親的一雙手。[10]

　　我一個人，天天走30多里的山路去學校。天不亮就要走了，晚上再走回來。來回要60多里的山路呢。我不怕苦，母親叫我好好讀書，我就好好讀。我成績也很好，後來縣中學裏，就考上了我一個女生。從師範畢業，我當了老師。我好高興可以幫母親了。

　　我有一個好母親。父親死後她帶著四個孩子，還有爺爺。爺爺的脾氣非常大。叔叔對爺爺也不錯，但他總是吵鬧，就住到我家來了。爺爺對我母親和我、妹妹，可兇了。有一次發火，把大門都砍了。他一生氣，就帶了鋪蓋，跑到後山上去，睡在山石下。我母親就自己做飯送去。總是我和妹妹跪在爺爺面前求，母親說，求不回來我們也不能回。這樣一直養老送終。

　　我母親就是要一個公道。我很希望母親在有生之年，能了她討個清白的心願。

　　（說到這裏，高玉蘭轉向母親，鼓勵她說：「媽，你把上次在家裏說的話，就再說一遍！不怕的！」在女兒的鼓勵下，李連春拉著陳麗菲的手，說出了她的心聲。）

　　我的兒子得食道癌，死了，才一個多月。才36歲……我太受刺激了……我這一生，受的刺激太多了……有很多事情，年紀大了，越來越記不清了。心裏好多話，說不出來，說不出來……我苦了一生，窮了一生，可是，有一樣東西，是我最寶貴的財富，那就是我的身體和清白。我的身體，是我最寶貴的東西，是多少錢也賠不來的。我不是要錢，也不要找誰報復，我就是要世間公道！

＊＊＊

　　2004年1月，李連春因病去世。她未能如願在有生之年討還公道。2005年7月，李連春的外孫阿吉成功考取貴州大學。陳麗菲和蘇智良資助了他在高中和大學學習的費用。上海電視台紀錄片製作組的同人出資贊助了李連春的外孫女阿丹的教育費用。

　　（根據蘇智良、陳麗菲2001年兩次調查訪談記錄整理。）

＊＊＊

　　這12位倖存者的血淚控訴，清楚地揭露了日軍「慰安婦」制度令人髮指的罪惡本質。無論是在戰時面對暴力還是在戰後的困境中，這些歷盡苦難的女性所表現出的毅力和勇氣令人油然起敬。在下一章裏我們將看到，中國「慰安婦」和她們的支持者在當前這場追索正義的國際運動中不懈的奮鬥。

第三部分

追索正義

第八章

無癒之傷

　　第二次世界大戰於 1945 年宣告結束，但戰爭的終結並未給那些飽受日軍慰安所摧殘的女性帶來正義與公道。有資料表明，日本投降時，盟軍各國已經掌握了日軍強徵「慰安婦」的諸多證據。譬如，盟軍曾將「慰安婦」作為戰俘收押，倫敦公共文檔局（Public Record Office）、美國國家檔案館，及澳大利亞戰爭博物館都存有盟軍收押韓、中、印尼「慰安婦」的照片。[1] 在遠東國際軍事法庭上，代表中國、荷蘭和法國的檢察官也提交過關於日軍實施性奴役的資料。[2] 然而，遠東國際軍事法庭僅僅認定了某些個案，並未將日軍建立「慰安所」制度判定為日本帝國的主要戰爭罪行之一。[3] 譬如法庭判決書中曾提到中國檢察官提交的如下案例：「日軍在佔領桂林期間犯下強姦、掠奪等種種暴行。他們以建工廠為名招募女工，實則強迫這些女子向日本軍隊提供性服務。」[4] 可見法庭雖然認定了強迫賣淫屬戰爭犯罪，卻沒有進一步判定日本軍隊及政府首腦對建立軍用「慰安婦」制度負有責任。[5]

　　遠東國際軍事法庭為什麼對如此嚴重的罪行未加深究？專家學者曾試圖從各種角度解釋這個問題。一種看法認為這是種族歧視造成的，因為絕大多數日軍性奴役制度的受害者並非白人。[6] 約翰・道爾（John Dower）批評遠東國際軍事法庭「實質上是白人的法庭」。[7] 他指出，雖然遭受日軍侵佔的大多是亞洲國家，而且亞洲人民的傷亡極其慘重，遠東國際軍事法庭最初任命的九個大法官中，卻僅有一個是來自中國的亞洲人。印度和菲律賓籍法官是在兩國表示強烈不滿之後才加進去的。而其他遭受日本侵略和殖民危害的亞洲國家，如朝韓、印尼、越南、馬來亞和英屬緬甸，當時都沒有自己的代表參加。[8] 道爾認為，這種「以白人為中心的審判」也見於審判 B、C 級戰犯的地方法庭；當時除中國和菲律賓以外，地方審判均由歐美大國主持，而審判多以日軍虐待白人戰俘的罪行為中心。[9] 在 B、C 級戰犯審判中，四分之三的被告被指控犯有虐待戰俘罪；[10] 日本軍隊人員被指控犯有強迫賣淫罪的僅有兩

例。其中一例涉及荷蘭婦女被迫在印尼的日軍妓院中賣淫，[11] 另外一例涉及關島婦女，但該案是牽涉到日本人侮辱美國國旗案而連審的。[12]

關於遠東國際軍事法庭未對「慰安婦」問題進一步追究的另一種解釋是，傳統的男權至上觀念在各國軍人頭腦中根深蒂固，從而造成了對女性權利的普遍漠視。[13] 持這一觀點的學者舉出美國及其他盟國佔領軍也使用「慰安婦」的行為作例證。據報導，戰爭接近尾聲時，許多來自日本和臺灣的護士及「慰安婦」遭到盟軍士兵強姦。[14] 戰後日本政府甚至專門為佔領軍設立了慰安設施。[15] 東京經濟大學教授竹前榮治的研究顯示，1945 年 8 月 18 日，日本接受《中美英三國促令日本投降之波茨坦公告》條款後第三天，日本內務省警保局就指示全國各執法機構設立「特殊慰安設施」(後更名為「娛樂休閒協會」)，用社會底層家庭的女性去滿足疲於戰爭的美國士兵的性需求，以保護中上層家庭的女子。[16] 筆者從當年日本的報刊廣告中確實查到了當時建立這種慰安設施的證據：1945 年 9 月 3 日的《讀賣新聞》(読売新聞) 上公然登著一則「特殊慰安設施協會」(特殊慰安施設協会) 的緊急通告 (急告)，徵召「特殊女性僱員」。[17] 如果盟軍首腦們默認了這種女人該為上戰場的男人提供性服務的觀念，或者他們認為佔領軍強姦戰敗國的婦女理所當然，那麼遠東國際軍事法庭對「慰安婦」遭遇的漠視也就不足為奇了。

近期關於遠東國際軍事審判的研究對這個問題作出了新的解釋。戶谷由麻 (Yuma Totani) 在考察了遠東國際軍事法庭的起訴策略後指出，由於受害國的檢察官未能當庭出示充分證據，法官們認為起訴方證據不足，故無法就實施「慰安婦」制度給日本國家領導人定罪。[18] 戶谷特別指出，在起訴日本的戰爭罪行時，盟國檢查官採取的策略是通過列舉日軍在戰爭中的常見罪行來證明其暴行的普遍性和一貫性。他們採取這樣的做法主要是由於日本政府在戰爭末期有組織地銷毀了軍事文件記錄，[19] 致使起訴方很難提供確鑿證據來證明被告人的具體罪行。這一策略最終導致了不盡人意的審判結果，因為各國檢查團各有不同的起訴重點和舉證方式。以中國檢察團為例，檢查團把南京大屠殺作為日軍罪行的典型案例，花了很大功夫充分取證。然而對發生在中國大陸其他地區的日軍暴行，檢查團僅提訴了部分案例，以證明日軍暴行的普遍性。結果，雖然中國檢察團向法庭提交了一些證據，證明日軍犯有強姦、有組織的性奴役，及其他性暴力罪行，但最終未能提供足夠證據來證明戰時日本的國家首腦對日軍性犯罪負有責任。[20]

澳大利亞學者妮克拉‧亨利在研究紐倫堡審判和東京審判的專著中指出，在這兩個審判中，「懲處強姦罪顯然不在戰勝國的政治意圖之中，因而未被納入武裝衝突後法律制裁的主要議題。」[21] 她認為，在檢察官們的眼裏，日軍對「慰安婦」大規模有組織的性奴役似乎缺乏「足夠的政治性」，因而不

值得在審判過程中給予認真關注。亨利強調:「由於戰勝者這一概念本身是一個極其男性中心的概念,戰勝國的法律正義也常常表現出性別正義缺失的特徵。」[22] 她認為,在紐倫堡審判和東京審判中,強姦罪被提起往往是為了以一方的殘暴來反襯另一方的英勇,而強姦受害者個人所遭受的傷害經常被忽略。亨利認為這是一種「法律失憶症」(legal amnesia),是由諸多政治因素以及法律討論本身男權至上的(從而是性歧視的——亨利語)性質所造成的。

　　遠東國際軍事法庭於 1948 年 11 月宣告休庭。庭審接近尾聲時,中國大陸已經局勢大變。共產黨領導的部隊在內戰中接連取勝,而國民黨政府對大陸的軍事控制持續削弱。西方的政治家們擔心共產黨接掌中國,遂將注意重點轉向冷戰策略,希望從以往的敵人,包括日本那裏,得到協助。在這種軍事政治形勢下,蔣介石政府未能徹查日軍犯下的戰爭罪行,包括與性暴力相關的罪行。據報告,自 1946 年至 1949 年間,國民黨政府開設了 13 個軍事法庭審判日本戰犯及漢奸;共有 883 人被指控,504 人被定罪,判定的罪行中包括「強姦」和「強迫婦女賣淫」兩項。[23] 然而,因性犯罪被起訴並定罪的人數與受害人的巨大數量相比微乎其微,法庭也未判定日本政府和軍隊首腦對建立軍事「慰安婦」制度負有責任。新成立的中華人民共和國 1956 年在遼寧省瀋陽市和山西省太原市開設了軍事法庭,審判日本戰爭罪犯嫌疑人。兩個法庭都強調以教育改造為主的方針,判決相當寬容。[24] 以太原軍事法庭為例,被判刑的日本戰犯只有 9 人,無一人處以死刑;法庭還對另外 120 名已經確認罪行的戰犯免於起訴。[25] 從解密的卷宗來看,9 個判刑的戰犯裏有 3 名犯下了強姦罪。在免於起訴的人中,有 43 人承認了自己在戰時曾強姦、輪姦或綁架中國女性,並強行把她們送進慰安所;其中有人坦白曾多次犯下性暴力罪行,嚴重者達 70 次之多。[26]

　　「慰安婦」問題戰後就這樣始終沒有得到應有的重視,受害者未能討還公道,致使沒有得到分文賠償的倖存者們長期在貧窮和傷痛中飽受煎熬(見圖 20)。近期的調查顯示,還在世的中國「慰安婦」普遍生活困苦。在山西省盂縣,已經確認的倖存者無一不在貧困線上掙扎。盂縣於 1938 年初被日本派往華北的第 1 軍第 4 獨立混合旅第 14 步兵大隊佔領。一年之內,這個地區多次遭到日軍「爐滅作戰」(三光)的損毀。日本學者內田知行的調查顯示,到 1943 年為止,該縣有 275 個村莊被日軍夷為平地;[27] 全縣總人口從 1936 年的 215,000 人下降至 1946 年的 146,000 人;[28] 千百名婦女淪為日軍的性奴隸,她們的家庭也慘遭敲詐,在被迫向日軍交納巨額贖金後淪為赤貧。南二樸家就是其中的一例。1942 年春天,南二樸被日軍強姦後帶到河東村的據點作「慰安婦」。為救她出來,她父親將家裏的田地賣掉籌集贖金。但是,日軍收了贖金卻不放人。南二樸被日軍軍官蹂躪長達一年半之久。她試圖逃跑,但不

幸被日軍抓回，帶到羊馬山附近的日本炮樓裏。在那裏，她在長達兩個月的時間裏每晚被一群日本士兵輪姦。最終她趁日軍離開據點去掃蕩之機逃離魔窟。激怒的日本兵便折磨她的弟弟，燒毀她家的房子。南二樸直到1945年日軍從該地區撤退後，才得以返回家中，而那時候家裏已經變賣所有家產，一貧如洗。[29]

圖20：日本侵略戰爭使朱巧妹全家陷入赤貧。照片為戰後她家居住的破屋（蘇智良攝）。

　　在盂縣，與南二樸經歷相仿的女性還有很多，王改荷也是其中一例。她於1942年春日軍突襲在南貝子召開的一個共產黨會議時被捕。她的丈夫被日軍捉住槍殺，死在她的眼前。日軍又用盡手段對她折磨逼供，逼迫她說出其他共產黨員，直到她昏死過去。接著，日軍把她帶到河東村的據點，每天施以性暴力。王改荷被折磨得一條腿骨折，腹部腫脹，牙齒被打掉，大小便失禁。當他父親賣掉家中財產與耕地將她贖出來時，她已經奄奄一息。脫離虎口之後的兩年裏，王改荷臥病在床，無法自理，其後三年仍靠拐杖支撐才能行走。晚年的王改荷孤苦伶仃，僅靠政府每月60元養老金[30]和兩畝地過活。舊傷和大小便失禁的痛苦折磨了她半個世紀，每晚她都會做噩夢，夢裏看見折磨過她的那些日本士兵。王改荷在2007年12月14日與世長辭，有生之年未能看到她渴望的正義得到伸張。[31]

　　本書第二部分介紹的 12 位倖存者在逃離或被救出慰安所後,無一例外生活在貧困之中。如前所記,日軍殺害了朱巧妹的丈夫,毀了她家的餐館,她全家生活從此陷入困境。戰後幾十年,朱巧妹全家一直住在一個破爛的泥屋裏。2000 年蘇智良和陳麗菲拜訪她時,朱巧妹的健康狀況已經很差,同時患有腎病與慢性頭痛。她全家主要依靠她兒子每月 460 元退休金度日,此外只有每年從崇明縣政府領取的 36 元的補助金 (見圖 21)。海南島的倖存者陳亞扁住的是破爛的土坯房。調查者見到她時,她廚房中的大鍋裏正煮著黑乎乎的野菜,而那便是陳亞扁每天的食物。陳亞扁除了政府發放的微薄救濟金,只有靠賣幾棵椰子、檳榔樹的果實補貼家用。

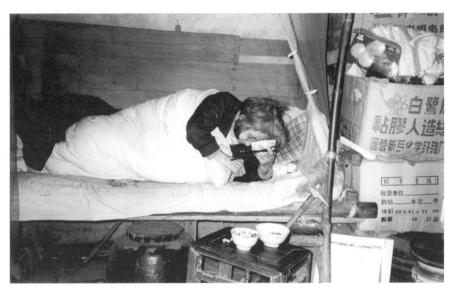

圖 21:倖存者朱巧妹病臥家中 (蘇智良攝)。

　　慰安所的折磨不僅造成倖存者生活貧困,還給她們留下了終生心理創痛。子宮損傷和不孕在倖存者中極為常見,此外還有各種心理創傷,包括創傷後心理障礙、抑鬱症、慢性頭痛、失眠、噩夢、精神失常和對性生活的恐懼等等,日夜折磨著她們。慰安所的摧殘已經過去半個多世紀,倖存者林亞金仍無法擺脫創傷的陰影。她甚少言笑,也不愛與人交流。2007 年 6 月,當她作為倖存者代表獲邀到上海參加上海師範大學中國「慰安婦」資料館揭幕儀式時,她常把自己鎖在房間裏不同任何人講話,即使在聚餐時間也很少與周圍的人交談,臉上總是籠罩著悲傷的陰雲。本書第二部分記載的 12 位倖存者中,有 4 人身上留有在慰安所遭受殘害造成的傷疤;有 6 人因性奴役患有

子宮或尿路疾病；7人因被毆打或心理創傷造成長期頭痛，飽受噩夢的煎熬；3人曾經流產；5人無法再生育。

在一個晚年主要靠子女贍養的社會裏，女人能夠正常生育是至關重要的事情。在中國社會的傳統觀念中，女人的價值在於她生兒育女、延續香火的能力。因此，喪失生育能力不僅使倖存者晚年生活陷入困境，還常常使她們受到社會的歧視。盂縣南社鄉的倖存者高銀娥的遭遇，就是其中一例。1941年春天，她被日本士兵抓到了河東村據點。她丈夫賣掉家裏的土地籌措贖金，可是到她終於被贖出時，性暴力已經對她的身體造成了嚴重傷害。她腹痛嚴重，下體經常流血，但是家裏已經無錢給她醫治。高銀娥因此喪失了生育能力，最終她的丈夫與她離婚。無法生育也導致她第二次婚姻的破裂。第三次結婚後，她領養了一個女兒，但是始終無法擺脫生活的困境。[32] 2008年1月14日，高銀娥在貧困中與世長辭。

在某種程度上，戰後中國社會政治環境的壓抑也加深了倖存者的痛苦。應當說，不同地區的倖存者境遇不盡相同，有些倖存者戰後得到了當地鄉親溫暖的幫助與支持。比如來自朝鮮半島的M大媽，是1945年5月被日軍騙進湖北武漢的慰安所的。三個月後，趁著日本投降的混亂局面，她從慰安所逃了出來。因為對自己當過「慰安婦」的經歷感到羞恥，她沒有返回故國而是選擇了在湖北省湖西村定居。多年來，她獲得當地村民的熱情幫助，還被納入了五保戶，當地民政局每月發給她60元生活補貼。村民喊她「大媽」，她也給自己改了一個中國名字，自豪地說自己是中國人。[33] 雖然像M大媽這樣的例子確實存在，很多慰安所倖存者在戰後面臨的卻是社會上、政治上的歧視。在男權至上意識形態根深蒂固的中國社會裏，傳統觀念把女性的貞潔看得高於生命。一個失去貞潔的女人，即使是被暴力侵犯，往往不為社會所見容。日本侵華戰爭時期，這種男權意識與政治成見結合在一起，導致很多地方不僅視「慰安婦」為道德淪喪的女人，還把她們當作漢奸賣國賊。「慰安婦」所受的不公正待遇也常常牽連她們的家人。據報導，南二樸家有三人被不明身份的人殺死，據說此事與她當了日軍的「慰安婦」有關。[34]

在這種社會文化環境中，大多數倖存者為自己在慰安所的遭遇感到恥辱，戰後選擇了獨居，對自己的過去守口如瓶。她們當中的很多人甚至不願把這段經歷告訴家人。孤獨中無法擺脫噩夢般的記憶及心理創傷，有的倖存者精神失常，或以自殺來結束痛苦。倖存者戰時的經歷一旦曝光，往往受到歧視和侮辱。如前所述，袁竹林曾遭人辱罵，說她跟日本兵睡過覺，後來她被迫遷到偏遠的東北農場。南二樸則因為當過日軍「慰安婦」被打成「反革命」。「文化大革命」中她又被定為「歷史反革命」，受到兩年拘禁。無法忍受戰時日軍折磨造成的身心傷痛和戰後的政治迫害，南二樸於1967年懸樑自

盡。[35] 男權至上的意識形態及由此衍生的性別歧視，直到本世紀在中國社會中依然根深蒂固。當李連春2000年應邀參加在東京舉行的針對日軍性奴役罪行的「女性審判日軍性奴役戰爭罪行國際法庭」時，她居住地的官員拒絕簽發她出國所需的旅行證件，認為李連春不該到國外去講她「過去幹過的醜事」。[36] 當我們分析中國作為日本侵略戰爭的最大受害國，為何沒能及時地為「慰安婦」伸張正義時，這種男權至上的性別歧視觀念無疑是重要的因素之一。事實上，雖然國民黨政府在戰爭末期設立了「敵人罪行調查委員會」，並把「強姦」、「擄掠婦女」和「強迫賣淫」列在調查的罪行之中，[37] 但其後卻未對「慰安婦」制度的罪惡進行徹底調查。[38]

戰後國內外的這種社會、政治和文化環境，迫使倖存者對她們的悲慘遭遇在相當長的時間裏緘口不言，然而這種狀況從1980代末開始改變。在亞洲多國「慰安婦」索賠運動的浪潮激勵下，中國大陸也掀起了為日軍慰安所受害者討還公道的運動。

第九章

索賠運動

　　日軍犯下的性奴役罪行，在二戰結束後的頭幾個十年裏幾乎不為外界所知。雖然有關「慰安婦」的描寫偶見於日文出版的回憶錄和文學書刊中，但絕大多數受害者和原日軍官兵卻對此閉口不談。關於「慰安婦」問題最早的兩本專著於 1970 年代面世，作者分別是日本記者、紀實文學作家千田夏光和旅日韓裔作家金一勉。[1] 這一時期在日本還出版了三位日本、韓國「慰安婦」的戰時經歷。[2] 同時，少數原日本軍官的個人回憶錄中也提到了他們參與建立慰安所的經歷。[3] 然而「慰安婦」問題當時並未引起廣泛注意。直到 1980 年代，隨著女性主義及草根政治在全球興起，韓日婦女組織協力才將這一問題提到了政治運動的層面。[4] 韓國教會婦女聯盟率先譴責這一殘害婦女的性暴力，將其定性為侵犯基本人權的罪行。多年來，深入研究「慰安婦」問題的韓國梨花女子大學教授尹貞玉與關注此事的日本學者密切合作，展開了深入研究。[5]

　　1990 年 6 月 6 日，日本社會黨國會議員本岡昭次在參議院預算委員會會議上，要求日本政府調查「慰安婦」問題。日本政府最初矢口否認原帝國政府曾參與任何跟「慰安婦」相關的事宜，並且拒絕對此進行調查。但在接下來的一年半時間裏，一系列重大事件迫使日本政府改變了說法。1991 年 8 月，韓國婦女金學順出面作證，講述她被迫充當日軍性奴隸的經歷。1991 年 12 月 6 日，金學順和其他兩名韓國倖存者在東京地方法院將日本政府告上法庭，要求日本政府道歉和賠償。這是韓國倖存者針對日本政府的第一宗法律訴訟。緊接著日本大報之一《朝日新聞》於 1992 年 1 月 11 日，報導了中央大學教授吉見義明發現的日軍直接參與建立「慰安婦」制度的文件證據。報導刊發五天後，時任日本首相的宮澤喜一在出訪韓國時對此表示遺憾並道歉，承諾將對該問題展開調查。

　　1992 年 7 月 6 日，日本政府發表了首次調查結果。這次調查涉及 127 份檔案材料，其中包括吉見教授與其他調查者首先披露的文件。[6] 但是，日本政府的調查結果一發表，就引起了批評和質疑。喬治·希克斯（George Hicks）指

出，研究者普遍認為警察廳和勞動省與強徵「慰安婦」密切相關，但是調查報告中卻未見披露這兩個部門的檔案資料。[7] 此外，已知存有戰犯審判記錄的法務省未受到調查，同時調查也未包括個人提供的資料（如日本國內關於「慰安婦」問題的專線電話記錄）和外國檔案資料（如美軍報告）。[8] 這樣一個非常有限的調查，引起了婦女組織和相關學者的廣泛批評，吉見義明及韓日婦女運動活動家對此尤持批評態度。

1993 年 8 月 4 日，日本政府就進一步調查的結果發表了第二份調查報告。基於這份報告，日本內閣官房長官河野洋平發表談話，承認日本帝國軍隊曾直接或間接參與了建立、管理慰安所，違背女性個人意願進行徵召的情況也曾發生。談話並提到，這些婦女曾被迫生活在悲慘的條件下。[9] 河野談話被認為是向承認日軍參與殘害「慰安婦」邁出的一大步，受到了歡迎。但談話的精心措辭也受到批評，被認為是有意開脫日本政府的法律、政治責任。吉見義明當時指出，河野談話有三點令人難以接受。首先，談話暗示慰安所內發生的暴行主要是私人經營者造成的，日本政府並不負主要責任。第二，河野談話承認了從朝鮮半島徵召大量「慰安婦」，但除韓日「慰安婦」外，卻忽略不提其他族裔和國家的「慰安婦」。吉見教授特別注意到，日本政府並沒有對中國大陸、臺灣和東南亞地區的倖存者進行聽證調查。第三，談話雖然表達了「歉意和反省」，卻沒有承認日軍的行為是戰爭罪行和對國際法律的公然違反。談話也未提及政府關於後續調查及賠償事宜的具體計劃。[10]

河野談話發表後，日本國內在政府是否應當對「慰安婦」問題負責的問題上意見進一步出現分歧。一方面，眾多學者、新聞工作者、法律專家和普通公民強烈要求日本政府對以往的戰爭罪行承擔責任；另一方面，右翼保守勢力竭力反對「慰安婦」對日索賠運動。1995 年，一夥自由民主黨立法委員贊助成立了一個研究會，出版發行否定南京大屠殺等日軍暴行的刊物。與此遙相呼應，「慰安婦」索賠運動的反對者們聲稱，「慰安婦」大多是妓女，日本軍隊並沒有強迫她們進入慰安所。他們還宣稱日軍對待這些婦女的所作所為在當時並不違反國際法，從而日本無需承擔任何責任，更不必道歉或賠償。[11]

在對原「慰安婦」賠償的問題上，日本政府堅持認為，日本已經通過《舊金山和平條約》及與其他國家簽訂的雙邊協議解決了與賠償相關的所有問題。但後來在國際和國內壓力不斷增加的情況下，社會黨的村山富市領導的聯合內閣於 1995 年 7 月宣布建立亞洲婦女基金（Asian Women's Fund, AWF），為倖存的原「慰安婦」籌集私人善款。然而，如旅日英國學者菲利普・希頓（Phillip A. Seaton）所指出，這一舉措當時被日本政府官員的一系列負面言論罩上了陰影。比如 1994 年 5 月，新任日本法務大臣永野茂門說南京大屠殺是「憑空捏造」，並說日本當時沒有「侵略意圖」。同年 8 月 12 日，環境廳長

官櫻井新稱，日本並非為了侵略而戰，亞洲許多國家靠著日本才得以「擺脫殖民統治的枷鎖」。1995 年 11 月 8 日，總務廳長官江藤隆美對媒體俱樂部聲稱，他認為日本對朝鮮施行殖民統治時也做了好事。[12] 這些言論引起了鄰國的抗議，也使國際社會對日本政府的道歉是否真誠產生了懷疑。

從 AWF 的記錄來看，該機構自 1995 年到 2007 年的十二年間，從民間籌集了 5.65 億日元，用於對原「慰安婦」的補助，此外還有來自日本政府的 7.5 億日元，用於資助倖存者的醫療保健和福利開支。據報導，共有 285 名菲律賓、韓國和臺灣的原「慰安婦」接受了 AWF 的補助金，另有 79 名身居荷蘭的原「慰安婦」得到了相當於 300 萬日元的醫療福利資助。[13] 但是 AWF 未與中國及朝鮮政府進行正式磋商，雖然這兩個國家都有大量日軍「慰安婦」制度的受害者。AWF 自成立之初就受到了來自日本各方面的批評。極端民族主義者認為，AWF 支付了不應支付的賠償，而進步知識分子則批評 AWF 的做法並非正式賠償。更有批評者認為，AWF 的曖昧性質製造了「更多混亂而不是解決問題」。[14] 竹前榮治批評「日本政府有意通過企業和個人捐款去迴避政府在性奴隸問題上的國家責任。」[15] 他指出，德國政府根據 1956 年的聯邦救償法，付出了相當於 6 兆日元的金額來補償猶太人和非德國籍的戰爭受害者；與德國對遭受納粹踐踏的猶太人和東歐人的賠償相比較，日本所做的努力實在微不足道。[16] 在索賠運動支持者看來，AWF 是個讓日本政府藉以逃避法律責任的機制。[17]

1997 年，臺北婦女救援基金會舉辦了募捐活動，為那些拒絕接受 AWF 資助款的「慰安婦」倖存者籌集善款。著名作家、評論家李敖捐獻了一大批自己珍藏的古董。時任臺北市長的馬英九、臺灣「慰安婦」對日索償運動主要領導者之一王清峰，及其他眾多公共知識分子、名人，都捐出大筆善款支持該項活動。婦女救援基金會最終籌得善款逾 4,000 萬新臺幣，從中給每位拒絕 AWF 資助的臺灣原「慰安婦」提供了 50 萬新臺幣的援助。這筆善款由臺灣政府發放給倖存者，以改善他們的生活條件。[18]

2000 年，AWF 非正式地與中國「慰安婦」研究中心主任蘇智良取得聯繫，商討給中國「慰安婦」提供 AWF 補助的可能性。蘇智良在諮詢了「慰安婦」倖存者之後，回絕了 AWF。要求日本政府正式道歉並賠償的中國倖存者袁竹林對研究中心的陳麗菲說：「我被關在慰安所，我的小女兒餓死了，我不能生孩子，我這一輩子的苦能用錢去買嗎？這些錢我不拿，餓死也不拿，拿了要叫中國人丟臉！」袁竹林表達的想法，與在中爪哇被抓進日軍慰安所的荷蘭裔女子珍·拉芙·奧赫恩驚人地相似：她們都認為 AWF 的補助方式是對「慰安婦」的侮辱。[19]

在日本政府始終拒絕賠償受害者的情況下，「慰安婦」對日索賠運動的領導者、日軍慰安所倖存者，以及法律專家開始尋求國際支持，要求聯合國參與調查。1996年1月4日，聯合國特派調查員拉迪卡‧庫馬拉斯瓦米（Radhika Coomaraswamy）向聯合國人權委員會提交了調查報告，確認了「慰安婦」制度構成日軍性奴役及反人類罪行。日本政府在對庫馬拉斯瓦米報告的回應中，為推脫法律責任而尋找各種理由，其主要論點如下：

(a) 國際刑法近年來的發展演進不具有追溯約束力。

(b) 把「慰安所」制度稱為奴役罪不確；無論按何種條件而論，禁止使用奴隸在第二次世界大戰時尚未在當時通行的國際法中成為慣用法規。

(c) 武裝衝突中的強姦行為，既未被1907年的海牙第四公約附加條款所禁止，也未被第二次世界大戰時通行的國際法慣用法規所禁止。

(d) 戰爭法規在任何條件下，只適用於日本軍隊對交戰國國民採取的行動，從而不適用於日軍對日本人及朝鮮人採取的行動，因為第二次世界大戰期間朝鮮是日本的附屬國。[20]

1998年6月22日，聯合國特派調查員蓋伊‧麥克道格爾（Gay J. McDougall）向聯合國「防範歧視和保護少數族群小組委員會」提交了最終報告，其中包括進一步調查的結果及對日本政府論點的反駁。報告的附錄詳細列舉了日本政府的罪責，其中特別提到以下幾點：

(a) 日軍「慰安婦」制度與當時國際上對奴役的定義相符。「1932年時，至少有20個打擊販奴、奴役，及與奴役相關行為的國際協議已經締結」，而且「國際聯盟1926年監督制定的《禁奴公約》已將奴役明確定義為『對某個人行使應屬於該人的任何或全部權力的狀態和條件』，而該公約至少在第二次世界大戰發生時已被明確定為國際慣用法規。」

(b) 強姦（包括強迫或脅迫賣淫）在當時已被定為戰爭罪行。幾個戰爭法規方面的早期權威文件，包括著名的1863年《利伯守則》（及1907年的《海牙公約》和《日內瓦第四公約》第27條款），都明確禁止戰爭中虐待、強姦女性的行為。

(c) 大規模或系統性的奴役被確定為反人類罪行也至少有半個世紀之久。依反人類罪論處時，受害者是何國籍不影響定罪。因此，無論是對敵國國民或本國國民犯下的罪行，日本政府都要承擔責任。[21]

該報告指出，即使是根據日本政府的調查所認定的日軍在二戰時期參與建立、監管及經營強姦設施的事實，日本政府也毫無疑問對相關罪行負有下述法律責任：

> 依照國際法慣例，日本政府必須對遭受日軍暴行的「慰安婦」提供賠償。這一賠償應以對受害者個人賠償的形式由日本政府付諸實施。作為一種替代方式，亦可由原「慰安婦」所屬國代為索賠，而這些國家必須建立相應機制將賠償款分發給受害者。此外，如上所述，〔日本〕政府和軍隊的相關責任人必須為其建立、經營強姦設施的罪行受到起訴。[22]

雖然聯合國報告已經就追究個人罪責、國家責任和賠償責任闡明了法律原則，但日本政府並未遵循聯合國的敦促，處罰「慰安婦」制度的相關責任者，或賠償受害者。[23]

鑑於日本政府拒絕對受害者承擔責任的態度與行為，中國法律學者和社會活動家於1990年代初開始，重新審視戰後國際相關法規的實施，及中日之間關於戰爭賠償的條款。1991年3月25日，曾在北京大學學國際法的侵華戰爭受害者對日索賠運動活動家童增，向中華人民共和國全國人民代表大會辦公室提交了一份萬言書，題為《中國要求日本受害賠償刻不容緩》。萬言書追溯了國際法實踐中戰爭賠償這一概念的演變過程，呼籲人大代表將戰敗國對戰勝國的賠款和戰敗國對個體受害者的賠償區分開來。他指出，中國雖然在1972年中日兩國恢復邦交時簽署的《中日聯合聲明》中放棄了對日本的戰爭賠償要求，但並未放棄個體受害者要求賠償的權利。如果日本否認戰時所犯暴行的歷史事實，並允許軍國主義死灰復燃，就是違反《中日聯合聲明》及1978年《中日友好和平條約》的規定。在這種情況下，中國有權重新要求日本政府給予戰爭賠償。[24]

童增所提到的「個體受害者」不僅僅是「慰安婦」。萬言書例數日軍在中國犯下的各種暴行，包括南京大屠殺、性奴役、虐殺戰俘、強徵勞工、使用生化武器、無差別轟炸，及販賣鴉片及其他毒品。萬言書要求日本政府承擔責任，並賠償日本帝國戰爭罪行中的中國受害者；同時希望中國政府能夠採取措施，支持中國公民的索賠行動。童增的萬言書反映了許多從事中日關係研究的中國法律專家及學者的意見，當時在全國引起巨大反響。

1980年代末，長期受到壓制的中國知識分子在文革結束後開始發聲，伸張個人人權及公民權利。當時在日本國內抬頭的否認日本帝國戰爭暴行的動向亦引起中國大眾對戰爭賠償問題的重新思考。在這一潮流中，李固平等人開始質疑政府在1972年做出的放棄向日本索取戰爭賠償的決定。[25] 1987年

8月18日，當時是東風汽車公司青年幹部的李固平寄出了《一個普通公民就日本侵華戰爭賠償問題給全國人民代表大會的一封公開信》。信中強調，在《中日聯合聲明》已經簽署之後，日本政府官員和右翼分子仍繼續粉飾日本侵略戰爭的歷史；在這種情況下，就日本侵略造成的損失索取賠償，可以有效反擊日本政府對歷史的否認，有助於將中日兩國之間的關係建立在真正牢固的基礎之上。[26]

李固平、童增等人的公開信，於1980年代末、1990年代初在中國民眾中引起了強烈反響。媒體報導了童增的文章之後，成千上萬的戰爭受害者寫信給他，還有許多人當面向他述說自己的受害遭遇。[27] 萬言書發表後，全國人大代表在1991年與會期間就此提出了十個議案。次年，兩名全國人大代表（來自貴州省的中國民主建國會成員王錄生與來自安徽的律師王工）再次向全國人大提起該議題。[28] 同時，南開大學化學系教授申泮文也向中國人民政治協商會議提交提案，建議允許戰爭受害者和非官方組織（non-governmental organization, NGO）向日本政府要求賠償。[29] 這些提案的結果雖然未見報導，但議案被提上全國人大和全國政協的議事日程本身顯示出「慰安婦」問題當時在中國的政治中心所引起的震動。

上述提案所涉及的《中日聯合聲明》對日本戰爭賠償責任究竟作了怎樣的聲明呢？1972年中國政府和日本政府共同簽署的《中日聯合聲明》第五條是這樣寫的：「中華人民共和國政府宣布：為了中日兩國人民的友好，放棄對日本國的戰爭賠償要求。」[30] 從這一條款的用詞來看，的確沒有說放棄個體受害者向日本政府索取賠償的權力。中國政府從未正式將此條款解讀為允許對日本政府進行訴訟，但自從「慰安婦」對日索賠運動在亞洲國家興起，中國政府官員也公開批評了日本否認歷史真相的言論和行為。中國駐日本大使楊振亞在1992年發表的一次談話中稱，「慰安婦」制度「是當年日本軍國主義者在亞洲犯下的可恥罪行之一」；他表示：「有報導說，在中國婦女中也有受害者。我希望進一步查明事實真相，我們在注視這個問題。」[31] 據稱，1995年3月7日外交部部長錢其琛在全國人大非公開的小組會議上也談到，《中日聯合聲明》放棄的是對國家的賠償，並不包括對個人的賠償。因此，中國政府不禁止個人對日本政府要求賠償。[32] 雖然官方有如此表態，中國政府並沒有為受害者索賠提供實質性的幫助。

事實上，1980年代末在中國興起的為「慰安婦」討還公道的運動是一個草根運動。最早確認日軍慰安所倖存者是在1982年，山西盂縣的一名小學教師張雙兵路遇當地一位倖存的原「慰安婦」。當時是秋季，張雙兵帶學生去勞動歸來的途中，一位老婦人獨自一人艱難收割的場面使他很吃驚。他幫這位老人幹完農活，了解到老人名叫侯冬娥，在日軍佔領盂縣時曾被抓進據點受到

蹂躪。近十年後，張雙兵在報紙上讀到了童增關於為二戰時期中國受害者索賠的文章，他立即把這個消息送給侯冬娥。最初侯冬娥不願意講出她曾被迫充當日軍性奴隸的經歷，後來在張雙兵和他妻子的勸說下，才打破了多年的沉默。侯冬娥當時泣不成聲，她講述的悲慘遭遇遠遠超乎張雙兵的想像。[33]

侯冬娥是當地被日軍強迫充當性奴隸的眾多女性之一。從對侯冬娥的援助開始，張雙兵、李貴明（盂縣鎮西村村民）及當地很多志願者投入到調查慰安所倖存者的工作之中，並對找到的受害者展開了援助。1992年7月7日，在標誌著日本侵華戰爭全面爆發的盧溝橋事變五十五週年到來之際，侯冬娥和其他三位慰安所倖存者在志願者的幫助下，聯名將一份文書送交日本駐北京大使館。文書陳述了她們在戰時被迫充當日軍性奴隸的悲慘經歷，要求日本政府正式道歉和賠償。此為原中國「慰安婦」首次提出索賠要求。1992年12月，聯合國人權委員會《戰爭受害女性國際聽證會》在東京舉行。萬愛花及其他來自中國的倖存者在中方研究人員、志願者及旅日華僑組織成員林伯耀的幫助下，在聽證會上發言。中國倖存者、學者及社會活動家出席這次聽證會，促進了援助山西「慰安婦」對日索賠跨國團隊的成立。[34]

在中國最南端的海南島，志願者們也在1990年代初開始了對「慰安婦」問題的研究與調查。海南島當年是日軍在亞太戰爭中的重要戰略基地。在歷史學者、海南省地方志辦公室副主任符和積主持下，海南島地區在全省範圍內展開了對「慰安婦」問題的調查。陵水縣政協幹部蘇光明、保亭農場調查員陳厚志等當地研究人員和志願者參加了調查，在島上查出62個原慰安所遺址，同時還找到中國目前最大的一個慰安所倖存者群體。[35] 1992年，海南省保亭縣政協文史辦公室的張應勇在研究日本侵略保亭的歷史時，也展開了對該地區「慰安婦」受害狀況的調查。他騎車、步行走訪鄉鎮和村莊，找到了23名倖存者，其中包括後來參加海南「慰安婦」對日訴訟的陳金玉。[36]

與此同時，來自各界的研究者和志願者們也加入了這場運動。在一位香港企業家的資助下，江浩與一組志願者在全國範圍內展開調查，並於1993年出版了第一本關於中國「慰安婦」的調查報告，《昭示：中國「慰安婦」——跨國跨時代調查白皮書》。同年，新聞工作者李秀平在獨立調查的基礎上，發表了專著《十萬「慰安婦」》。各地學者也相繼發表了大量關於中國「慰安婦」的調查研究文章，如穌實關於日軍強徵中國婦女充當「慰安婦」的調查、高興祖對日軍在南京的性暴力及「慰安婦」制度的研究、管寧關於「慰安婦」問題對日本國際化進程影響的探討，及何吉編輯的日軍強迫中國婦女為「慰安婦」的資料摘編。[37] 對戰時日軍慰安所原址的實地考查，也在大陸各地城鄉普遍展開。為本書提供了重要原始資料的蘇智良和陳麗菲都是率先對建在中國大陸的慰安所展開調查的學者。

　　雖然「慰安婦」制度的危害範圍極廣，但調查取證卻並非易事。如前所述，日軍在第二次世界大戰即將結束時銷毀了大量文件和證據，一些僅存的記錄在其後的內戰中也幾乎喪失殆盡。大量中國「慰安婦」在戰爭期間已經慘死慰安所中，或因飽受折磨病故於逃離之後，只剩下為數不多的倖存者，又在戰後被迫緘口不言。調查者往往要經過多次走訪，才能獲得倖存者信任，幫她們開口講出自己的經歷。調查初期，政府當局並不支持這方面的研究，更未對調查提供幫助。缺少調研資金成為調查者和草根團體普遍面臨的困難，但他們無怨無悔地貢獻出自己的時間和金錢，將調查推動下去。蘇智良和陳麗菲在投入調查的最初幾年裏，基本上靠自己的積蓄展開工作。與日本律師團一道代表中國大陸「慰安婦」倖存者對日本政府提出訴訟的康健律師，為調查受害者案例，曾16次前往山西、6次前往海南。她在「慰安婦」的案子上花了大量時間，卻從不收取酬勞。就這樣，面對重重困難，中國大陸的研究者、法律專家和各地的志願者們展開了廣泛的實地調查，為查清日軍「慰安婦」制度的罪惡提供了第一手的證據和資料。

第十章

訴訟之路

　　在中國「慰安婦」對日索賠運動中，日本許多有良知的知識分子、法律專家和民間組織起著至關重要的作用。1994年5月，經中國社會科學院法學研究所邀請，日本民主法律家協會派出法政司法調查團來到中國。在這次訪華中，日本律師們親眼看到了中國民眾對日本一些人否認歷史事實的強烈義憤。[1] 此後協會秘書長小野寺利孝律師於1994年7月再度訪華，並會見了日本戰爭罪行受害者。在傾聽中國受害者控訴日軍「燒光、殺光、搶光」之暴行時，他受到極大震動。[2] 從此小野寺和其他日本進步律師全力投入了援助中國戰爭受害者對日本政府的法律訴訟。

　　經過一年左右的準備，中國戰爭受害者索賠訴訟日本律師團（中國人戰爭被害賠償請求事件弁護団）於1995年8月成立。該律師團由尾山宏律師牽頭，小野寺利孝律師任秘書長，渡邊彰悟主管行政事務。日本律師團代理訴訟的案件中，也包括慰安所倖存者的訴訟，由大森典子牽頭。許多來自日本各地的律師志願參加了律師團的工作，多個日本民間組織也參加進來，給他們強有力的支持。日本律師們不僅為中國受害者的案件投入大量的時間和精力，還自己出資調查案件，甚至資助中國原告到日本出庭的旅途費用。據大陸媒體報導，為了資助中國原告的法律訴訟，小野寺利孝多方借貸籌款，[3]尾山宏也付出了大量的個人積蓄。[4] 從1995年開始就與日本律師團密切合作的康健律師說，訴訟的前十年中所花費的調查、差旅和法律費用，幾乎都是日本律師和民間組織支付的。沒有他們的慷慨解囊與大力支持，中國「慰安婦」的法律訴訟在當時幾乎是不可能的。2005年8月以後，中華全國律師協會和中國法律援助基金會為日本戰爭罪行的中國受害者設立了一項特別基金來支持他們的法律訴訟，這種情況才有了改變。[5]

　　尤其難能可貴的是，雖然日本律師和民間團體追究本國戰爭罪責時經常受到右翼的辱罵和暴力恐嚇，但他們在極其困難的情況下始終堅持不懈。大森典子律師就是這樣一位堅強的女性。大森律師於 1995 年 9 月在北京舉行的聯合國世界婦女大會上與康健律師會面，開始了代表中國「慰安婦」倖存者進行法律訴訟的長期跨國合作。她認為支持中國受害者也是為自己國家的長遠利益服務。她說：「如果我們真正關心日本的未來，就必須使日本在道義上得到世界的高度信任，尤其是讓日本與亞洲各國建立真正友善的關係。目前在『慰安婦』問題上，有許多國家要求日本政府作出真誠道歉，並希望看到日本政府採取負責任的行動，使受害者的心靈創傷在有生之年得到撫慰。說這個問題屬於過去，是不能令人接受的。」[6] 小野寺利孝律師在接受中國記者採訪中也談到，他和與他同道的日本律師、學者和民間人士都認為，「日本和日本人只有對受害者負起責任，才能贏得中國和亞洲各國人民的信任。」[7]事實證明，這些可敬的日本人已經贏得了中國人民廣泛的尊重和信任。2003 年，尾山宏榮獲中國中央電視台一年一度的「感動中國年度人物」稱號，成為獲得該稱號的第一位外國人。

　　自 1995 年以來，一個又一個支持中國戰爭受害者對日本政府法律訴訟的跨國組織相繼成立，中國「慰安婦」訴訟後援會 (中国人「慰安婦」裁判を支援する会) 便是其中之一。該組織由大森典子牽頭，主要成員是和平運動活動家和普通日本公民。他們與中國戰爭受害者訴求後援會 (中国人戦争被害者の要求を支える会) 及康健律師合作，幫助山西受害者對日本政府提出訴訟。另一個跨越國界的後援組織，是日本歷史學者石田米子牽頭的揭開日軍在華性犯罪史實、支持索賠訴訟協會 (中国における日本軍の性暴力の実態を明らかにし、賠償請求を支援する會)。[8] 該組織從 1996 年起，多次前往山西與當地中國受害者和志願者合作調查，其成員大都是來自日本各地的志願者。他們的調查成果為山西倖存者的訴訟提供了有力的支持證據。在中國南部，小野寺利孝和中國戰爭受害者索賠訴訟日本律師團的成員聯合康健律師組成了跨國調查組，與當地志願者一起對日軍在海南島地區建立的慰安所開展調查。蘇智良和陳麗菲也與日本作家西野瑠美子協作多年，調查了日軍在海南擄掠「慰安婦」、強徵勞工及其他暴行。在臺灣，一個代表臺灣受害者的跨國法律團隊在日本律師聯合會 (日本弁護士連合会) 主席土屋公獻和戰後賠償聯絡網 (戦後補償ネットワーク) 幹事代表有光健的協助下成立，由日本律師清水由規子和臺灣律師王清峰牽頭。[9] 這些跨國團隊在各地志願者的幫助下，於「慰安婦」索賠運動中起到了極其重要的作用。

圖22：倖存者毛銀梅（中）在自家屋前與蘇智良（右二）及來自德國和日本的學者合影（蘇智良提供）。

在民間跨國組織的大力支持下，中國「慰安婦」倖存者於1995年至2001年期間提起五次訴訟，其中四起為中國大陸倖存者的訴案，一起是臺灣倖存者提起的訴訟。截至2010年3月3日，所有訴訟均被日本法院否決。從下面的案例概述可以看出，日本法院的判決依賴的主要是所謂「訴訟無效」論，即「法定訴訟時限已過」、「國家享有豁免權」及「索賠權已放棄」等論點。

中國原「慰安婦」第一例訴訟案

1995年8月7日，山西盂縣的李秀梅、劉面換、周喜香和陳林桃在東京地方法院提起訴訟，要求日本政府為日軍在1942至1944年間強迫她們做性奴隸正式道歉，並賠償每位受害者2,000萬日元。[10] 以大森典子和康健為首的律師團為她們代理辯護。李秀梅和劉面換於1996年7月19日出庭作證，控訴了日軍的暴行。日本兵將她們從家裏抓走關進炮樓反覆強暴時，兩人分別只有15歲和16歲。日軍的折磨，造成李秀梅的右眼和劉面換的左肩傷殘。東京地方法院六年之後，在2001年5月30日才作出判決，駁回原告的訴訟，理由是個人無權要求他國國家賠償。原告於2001年6月12日向東京高等法院提出上

訴。2004 年 12 月 15 日，東京高等法院駁回原告的上訴。法院確認了四位原告是被強迫帶到日軍據點、受到反覆蹂躪、並在戰後繼續遭受創傷後遺症折磨的事實，但強調日本政府不對原告所受傷害負有責任，並稱案件已經超過法定訴訟時限。[11] 原告當即上訴日本最高法院。2007 年 4 月 27 日，最高法院發出一紙只有半頁的裁定，拒絕了原告的賠償要求。[12]

第二例訴訟

　　1996 年 2 月 22 日，盂縣居民郭喜翠與侯巧蓮在東京地方法院起訴日本政府，要求日本政府為她們被迫充當日軍性奴隸所遭受的折磨正式道歉，並賠償每人 2,000 萬日元。[13] 大森典子與康健帶領的律師團為原告代理辯護。郭喜翠和侯巧蓮於 1942 年被日軍抓走，當時郭喜翠只有 15 歲、侯巧蓮年僅 13 歲。她們被日軍囚禁長達一個多月之久，每日遭到強暴。[14] 此例訴訟提交後，東京地方法院又拖到六年後才下達判決。原告侯巧蓮在法庭遲遲不決的漫長等待中於 1999 年 5 月 11 日去世。2002 年 3 月 29 日，法院否決了受害者的賠償要求。判決援引的理由是，日本現政府不對帝國憲法下日本國的任何行為負責。[15] 當時在世的原告郭喜翠接著向東京高等法院提出上訴。三年後，東京高等法院於 2005 年 3 月 18 日宣布維持地方法院的判決結果。法院認定了日本軍隊曾綁架、囚禁、毆打和強暴兩位受害人，並承認因此造成的創傷後遺症給她們帶來長期痛苦，但同時堅持認為，中國已經在 1952 年臺灣國民黨政權與日本簽署《中日和平條約》時，放棄了要求日本賠償的權利，並強調二十年的法律訴訟時限已過。[16] 東京高等法院裁定當天，中華全國律師協會、中華全國婦女聯合會、中國人權發展基金會和中國抗日戰爭史學會等組織和團體聯合發表聲明，抗議判決結果。

　　2005 年 3 月 30 日，原告郭喜翠向日本最高法院提出上訴。2007 年 4 月 27 日，最高法院發布了終審判決，維持東京高等法院的判決結果，駁回原告的賠償要求。日本最高法院確認了日軍對原告造成的傷害，但堅持說，根據 1972 年的《中日聯合聲明》，中國公民已喪失法律上對日索賠的權利。[17] 日本法院將該聲明解讀為「與《舊金山和平條約》同樣的準則」，而日本與同盟國各國在 1951 年簽署的《舊金山和平條約》含有同盟國放棄所有對日索賠，包括個人索賠權利的條款。[18] 日本最高法院判決公布後，中國外交部發言人劉建超在新聞發布會上表示，中方對於日本最高法院任意解釋《中日聯合聲明》表示強烈反對；中方要求日方以對歷史負責任的態度，妥善處理相關問題。[19]

第三例訴訟

1998年10月30日，萬愛華、趙潤梅、高銀娥、王改荷、趙存妮、楊時珍、尹玉林等十名日軍「慰安婦」制度的中國受害者（已經過世的受害者南二樸的女兒代表南二樸參加了訴訟）在東京地方法院對日本政府提起訴訟，要求日本政府公開道歉並賠償每位受害者2,000萬日元。中下裕子為首的日本律師團擔任原告的訴訟代理人。日本法院直到2003年8月24日，也就是五年之後，才作出裁決，駁回原告的索賠請求。[20] 在判決的最後，審判長滝沢孝臣確認了原告所控訴的事實，他表示：「即使是發生在戰時，日本士兵那些行為也是變態的、可恥的和野蠻的。」但他說自己「別無選擇只能依照法規駁回合法賠償的請求。」[21] 2003年5月8日，原告向東京高等法院提出上訴；高等法院於2005年3月31日宣布維持地方法院的判決結果。此時四名原告已經去世。[22]倖存原告繼續向日本最高法院上訴，但是她們的上訴於2005年12月被最高法院駁回。[23]

第四例訴訟

2001年7月16日，海南省陵水縣倖存者黃友良、陳亞扁和保亭縣倖存者林亞金、鄧玉民、陳金玉、譚亞洞、譚玉蓮和黃玉鳳在東京地方法院對日本政府提起訴訟。由小野寺利孝率領的日本律師團和中國律師康健任訴訟代理人。日軍佔領受害人的家鄉時，這八個少數民族女子都還是少女，就被抓去做了性奴隸。最初這八名原告只要求日本政府正式道歉並賠償每個受害者300萬日元。鑒於日本政府對她們的要求不作回應，三年後原告將索賠金額提高至每人2,000萬日元。[24] 日本法庭又到五年之後才發出判決，而在五年的等待中已有兩名原告去世。2006年3月，20,166位海南民眾簽署了一份請願書，支持原「慰安婦」起訴日本政府。[25] 東京地方法院最終在2006年8月30日作出裁決，駁回受害者的賠償要求，堅持認為中國公民個人沒有權利起訴日本政府。在世的原告不服判決結果，向東京高等法院提出上訴。東京高等法院於2009年3月26日宣布維持地方法院的判決結果。憤怒的原告繼續向日本最高法院上訴。[26] 2010年3月3日，日本最高法院駁回了八位中國原「慰安婦」的賠償要求，維持第一次和第二次判決的結果。2010年3月8日，中國外交部發言人秦剛就判決結果發表評論指出：「《中日聯合聲明》是兩國政府間簽署的嚴肅政治文件。日本法院單方面做出任何解釋都是非法的、無效的。」[27]

圖23：中國「慰安婦」研究中心為海南「慰安所」倖存者楊阿婆所建的墓碑。楊阿婆在東京地方法院駁回海南受害者訴訟的第二天含恨去世（陳厚志攝）。

除了上述四例中國大陸倖存者提出的訴訟，九名臺灣倖存者曾於1999年7月14日在東京地方法院對日本政府提起訴訟，要求日本政府正式道歉並賠償每人1,000萬日元。[28] 臺灣律師王清峰、莊國明和以日本律師清水由規子為首的日本律師團隊擔任原告的法律代理。據報導，這些受害女性在1938年至1945年間，以招工名義被騙入日軍慰安所，身心遭受極大傷害。原告之一黃阿桃說，她原是申請護士工作，卻發現自己被騙到中國大陸的妓院，接著又被轉到設在印尼和緬甸的慰安所裏，直至戰爭結束後才獲得自由。回到臺灣後，因為不敢將自己的恥辱經歷告訴父母，她選擇了獨自一人生活至今。[29] 臺灣外交部也同律師團站在同一立場，要求日本政府正式道歉及賠償。臺灣外交部表示，臺灣政府從1992年起，就委託非官方機構調查原「慰安婦」的相關情況。調查顯示，至少有766名臺灣婦女被強制徵召為「慰安婦」。[30] 臺灣調查人員對58名出面控述的女性進行了口頭訪談，確認其中至少有48名是被強迫的。臺灣政府對仍在世並居住在臺灣的42名「慰安婦」，發放了每人15,384美元人道救助金。[31] 2002年10月15日，日本法院宣布第一次判決結果，駁回了原告的要求。其時已經有兩位原告過世。[32] 原告又向

東京高等法院提出上訴，但東京高等法院於2004年2月9日作出同樣的駁回
裁決。2005年2月25日，日本最高法院宣布最終判決，再一次駁回原告要
求。[33] 翌日，臺灣後援團體決定將此案提交聯合國，並繼續支持「慰安婦」索
賠運動。

連同上述五例中國受害者的訴訟在內，日軍「慰安婦」制度的受害者共向
日本法庭提出十起訴訟，原告來自韓國、中國、臺灣、菲律賓和荷蘭。除此
之外，還有一名原告是住在日本的韓國人。日本法院駁回了原「慰安婦」的
所有訴訟請求，僅有一次對原告訴求表示一定程度的支持。在這一案例中，
山口地方法院下關分院裁決日本政府應賠償二名韓國「慰安婦」每人30萬日
元。該法庭認定日本政府有責任採取法律措施賠償「慰安婦」，而日本戰後多
年對「慰安婦」的置之不理，進一步加深了對他們的傷害。法庭還指出：「本
案所呈現的事實表明，『慰安婦』制度是極端的性別歧視和種族歧視，它踐躪
婦女、踐踏種族尊嚴、違反了日本國家憲法第13款關於基本人權的核心價
值。」[34] 然而，這一判決被廣島高等法院於2001年3月26日推翻。該法庭裁
定的主要依據是：(1)「涉及第二次世界大戰期間所建立的強姦設施的民事、
刑事訴訟，均超過規定的訴訟期限，因而無效；(2) 個人無權向日本國索
賠；(3) 所有受害者的個人賠償要求都已由二戰結束時日本與相關國家簽署
的和平條約解決了。」[35]

日本政府的「訴訟無效」論點，受到日本國內及國際法律專家的多次反
駁。聯合國特派調查員拉迪卡·庫馬拉斯瓦米強調：「訴訟期限不適用於與侵
犯人權罪相關的賠償法規尚未確立的歷史時期。針對嚴重侵犯人權罪的賠償
訴訟不應受到訴訟期限的限制。」[36] 聯合國特派調查員蓋伊·麥克道格爾亦指
出，日本政府所謂「慰安婦」個人無權向日本政府索賠的說法不能成立，因
為1920年代末國際法已經明確規定，一國對他國公民加害即是對他國國家加
害，因而必須對受害方個人所受傷害提供補償；個人同時享有國際法所賦予
的權利和義務。[37] 如前述案例所示，隨著「慰安婦」索賠運動聲勢不斷壯大，
連一些日本法院都開始對日本政府所持的論點持否定態度。[38] 然而，日本政
府的官方立場仍然是，日本已經通過戰後締結的和平條約，解決了對中國和
其他國家的戰爭賠償問題，進而拒不承認日本政府對原「慰安婦」負有任何法
律責任。

那麼，戰後日本簽署的和平條約是否能夠為其「與鄰國的戰爭賠償問題
已解決」的說法提供依據呢？事實上，同盟國在1951年秋起草《舊金山和平
條約》時，中國與朝韓都沒有獲邀請參加，因為同盟國中參與制定條約的大
國，在誰是這些政治上分裂的國家的合法政府的問題上無法達成一致，同
時條約的設計者們各有不同的政治考量。[39] 結果，當條約簽署國決定日本對

同盟國戰俘及曾經受日本侵佔的國家應付的戰爭賠償時，中國和朝韓這些受日本戰爭暴行摧殘時間最長的國家卻未被包括在內。此後，日本分別於1952年與臺灣國民黨政權，1965年與韓國，1972年與中華人民共和國簽訂了條約。[40] 日本政府與臺灣在1952年簽訂的《中日和平條約》中，沒有關於戰爭賠償的條款，但是條約提到，所有戰爭造成的遺留問題，均依照《舊金山和平條約》解決。《舊金山和平條約》第14條詳細地列出了日本對同盟國應當付出的賠償，其中有一節說，放棄該條約未列出的其他賠償要求。日本政府抓住《舊金山和平條約》中關於放棄其他賠償這一節，堅持說1952年日本與臺灣簽訂的《中日和平條約》已經解決了戰爭賠償問題，中國受害者對日索賠的權利早已被放棄，並說日本與中華人民共和國之間簽署的《中日聯合聲明》，是建立在對1952年《中日和平條約》的上述理解基礎上的。[41] 針對日本政府這些觀點，麥克道格爾在調查報告裏做出如下評論：

> 中國並非1951年《和平條約》的簽署國，但該條約中含有戰後中國對日本所具權利的闡述。值得注意的是，該條約第21條闡明，中國有權得到第14條 (a)(2) 所列的日本必須承擔的各項賠償，但並未特別註明中國應受第14條 (b) 有關放棄索賠權條款的制約。既然這一放棄索賠權條款不適用於中國，日本政府認為該條款禁止中國公民向日本索償的觀點是毫無根據的。[42]

針對日本政府的上述觀點，中國大陸的研究者和法律專家們也作出了相應的反駁。他們指出，《舊金山和平條約》對中華人民共和國沒有約束效力，因為中國不是該條約的簽署國。同時，日臺間的《中日和平條約》在中華人民共和國與日本國於1972年簽署《中日聯合聲明》之際已失效，因為《中日聯合聲明》第2條已宣布，日本政府承認中華人民共和國政府是中國的唯一合法政府。中日兩國的外交關係，正是在這種條件下恢復正常化的。因此，日本政府拿《中日和平條約》作辯護依據，與日本在《中日聯合聲明》中表明的立場自相矛盾。[43]

麥克道格爾的總結報告還進一步指出，雖然《舊金山和平條約》包含放棄賠償要求一節，「日本政府試圖利用這些條款來逃避責任是行不通的：首先，在條約簽署時，日本隱瞞了日本帝國直接參與建立強姦設施這一關鍵事實，因而根據法律的公平原則，日本現在利用該條來逃避責任的任何企圖都是不能容許的。其次，條約的文字本身也清楚地表明，該條約制定的目的，絕不是要禁止受害者個人對日軍侵犯人權或違反人權法的罪行進行索賠。」[44] 具有諷刺意味的是，日本政府在某些情況下也主張《舊金山和平條約》並沒有完全取消個人索賠的權利。康健指出，在論及日本國民要求賠償的案子——譬

如被關押在西伯利亞的日本人或原子彈受害者的訴訟案件——時，日本政府便聲稱，在向另一國家索賠這一問題上，日本政府的一貫立場是《舊金山和平條約》的相關條款僅僅放棄了國家代表個人索賠的權利，並沒有放棄個人的索賠權。[45] 可笑的是，一旦涉及日本戰爭罪行受害者的索賠，日本政府便對該條款作出截然相反的解釋。[46]

雖然日本政府在「慰安婦」索賠運動高漲的情勢下，一再拿《舊金山和平條約》來作依據，說賠償問題早已解決，約翰·普萊斯（John Price）的研究卻表明，日本政府首腦早在1951年便承認了該條約並未取消受害者個人索賠的權利。據2000年解密的外交文件顯示，當年荷蘭政府拒絕接受任何含有取消公民索賠權的條約提案，並為此威脅要抵制會議議程。日本首相吉田茂在給荷蘭政府的一封信中表示，《和平條約》「並不涉及令同盟國各國政府放棄本國國民私人索賠權的問題。」[47] 普萊斯據此呼籲相關國家政府為尋求和解共同努力，全面調查受害者的戰爭賠償要求，訂立補充條約，讓正義得以伸張。[48]

儘管日本法院駁回了所有受害者的索賠要求，原「慰安婦」提起的法律訴訟迫使日本法院認證了日本戰時對眾多女性犯下的暴行，並承認了受害者時至今日仍在遭受創傷的痛苦折磨。戰後長期以來，日本國內始終有一股頗具影響力的社會意識，將日本描繪成一個將亞洲從西方殖民主義的欺壓下拯救出來的解放者，一個第二次世界大戰的真正受害國。通過法律訴訟，原日軍「慰安婦」以自己的聲音，直接反駁了日本官方對那場侵略戰爭的美化描述，在日本國內構成了一個良好的教育平台。在這個意義上來說，「慰安婦」索賠運動對日本乃至世界關於那場戰爭的「公共記憶」（public memory）產生了意義深遠的影響。[49]

在日本法院拒絕受害者賠償訴求的情況下，中國「慰安婦」倖存者與其他國家的受害者一道，向國際法庭及日本以外的司法機關提出了控訴。2000年9月18日，15名來自韓國、中國、菲律賓和臺灣的日軍慰安所倖存者在美國華盛頓的哥倫比亞特區巡迴上訴法院提起集體訴訟，要求日本政府正式道歉和賠償。這是「慰安婦」問題第一次被提上美國法院。[50] 中國倖存者朱巧妹、陸秀珍、郭亞英和袁竹林也列為原告，由中國「慰安婦」研究中心研究員陳麗菲作為她們的代表參加。這一「慰安婦」訴訟案，得到了許多美國國會議員和律師的支持，但是法庭最終未追究日本政府的責任，稱日本不在美國法院的司法管轄範圍內。[51] 2001年10月4日，法庭取消了這一「慰安婦」集體訴訟。

2000年12月8至12日，女性審判日軍性奴役戰爭罪行國際法庭在東京開庭，再度將日軍性奴役問題置於國際社會關注的中心。這個針對日軍性奴役罪行的國際法庭由亞洲婦女和人權組織主辦，得到了國際上非官方組織的

廣泛支持。60餘名亞太地區的「慰安婦」倖存者參加了大會。擔任法官的是四位國際知名的法律專家,他們分別是:南斯拉夫問題國際戰犯審判前主席加布麗埃爾・麥克唐納(Gabrielle Kirk McDonald, 美國);國際女法官協會主席卡門・瑪麗亞・阿基貝(Carmen Maria Argibay, 阿根廷);性別問題和國際法專家克里斯汀・欽金(Christine Chinkin, 英國);肯尼亞人權委員會委員長威里・慕彤加(Willy Mutunga, 肯尼亞)。擔任首席檢察官的有前南斯拉夫國際法庭及盧旺達法庭檢察官辦公室性犯罪問題法律顧問帕陲莎・薇薩・賽勒茲(Patricia Viseur Sellers)和澳大利亞福林德司大學(Flinders University)法學教授烏絲蒂妮婭・多爾葛波爾(Ustinia Dolgopol)。歷史學家、創傷後遺症和性暴力問題專家也作為專家證人出席了大會。[52]

來自八個地區的檢察官團隊代表「慰安婦」倖存者出庭,陳述了她們的訴案。由蘇智良領隊的中國大陸代表團有35名成員,其中包括萬愛花、袁竹林、楊明貞、何床淑、郭喜翠和李秀梅等倖存者及八名檢察官(周洪鈞、龔柏華、蘇智良、管建強、朱成山、康健、陳祖梁和陳麗菲)。[53] 審訊的前三天由倖存者、學者及兩名曾在戰時犯下性暴力罪行的原日本軍人提供證言。因為日本政府沒有應召出席,三名日本律師代為說明了日本政府的立場。2000月12月12日,法庭根據所呈證據和證言宣布了初步判決結果,認定日本國和裕仁天皇對相關的戰爭犯罪和反人類罪行負有責任。判決宣布時,會場中響起了經久不息的掌聲。

法庭的最終判決於2001年12月4日在海牙宣布。長達200頁的判決書詳細列舉了相關事實證據,並根據相應法律,判決被告人有罪。雖然該法庭不具有執行判決的權力,這一判決表達了倖存者和支持者的共同心聲,也將「慰安婦」問題明確定性為當代國際人權問題。[54] 學者和法律專家們強調,女性審判日軍性奴役戰爭罪行國際法庭凸顯了懲處日軍戰爭罪行的必要性,尤其是至今仍未受到日本法庭審判的性犯罪。正如麥克道格爾在她的報告中反覆強調的,武裝衝突中的性暴力犯罪如不受到應有的懲罰,只能助長同樣的罪行在今天重複發生;起訴並懲處這些罪行,無論對撫慰受害者還是對防止同類罪行在當下和將來再次發生,都是十分必要的。[55] 可以說,建立在人道主義法律原則基礎上的這一判決,對國際法實踐中人道主義法規的發展與應用作出了巨大貢獻。學者認為,這一判決表達了國際社會的呼聲,是基於「普世公義」(universal justice)[56] 的原則立場對日本政府做出的有力譴責。

第十一章

國際支援

　　女性審判日軍性奴役戰爭罪行國際法庭使「慰安婦」問題在國際上引起了廣泛的關注。自2001年起，多個國家和地區的議會及立法機構通過了決議或建議，敦促日本政府對日軍戰時奴役「慰安婦」承擔責任，其中包括英國議會、韓國國會、菲律賓議會、美國國會、荷蘭議會、加拿大國會下議院、歐洲議會，及臺灣立法院。然而，日本政府官員仍然堅持否認歷史事實和戰爭責任。2007年1月，當美國眾議院議員麥克爾・本田（Michael Honda）向眾議院提交121決議案，敦促日本承擔「慰安婦」問題的歷史責任時，時任日本首相的安倍晉三聲稱，強徵婦女的是個體經營者，非日本軍隊所為。[1]安倍內閣的外務大臣麻生太郎也抨擊美國國會的決議案，認為它「沒有事實依據」。[2]

　　日本政府的頑固否認，反而使支持「慰安婦」追索正義運動的全球性浪潮越加高漲。近二十多年來，支援「慰安婦」對日索賠運動的組織在韓國、日本、中國、菲律賓、印尼、臺灣、馬歇爾群島及其他太平洋島嶼、關島、澳大利亞、新西蘭、荷蘭、德國、英國、加拿大、美國等多個國家和地區成立。[3]相關的國際組織和聯絡機構也相繼出現，包括華盛頓慰安婦問題同盟（Washington Coalition for Comfort Women Issues）、[4]世界抗日戰爭史實維護聯合會（Global Alliance for Preserving the History of WWII in Asia），[5]及要求解決日本歷史遺留問題國際聯合委員會（International Solidarity Council Demanding Settlement of Japan's Past）。[6]為紀念1907年海牙公約簽訂101週年，要求解決日本歷史遺留問題國際聯合委員會於2008年10月2日至4日在荷蘭海牙舉行第五次會議。參加會議的代表成員包括日本戰爭暴行受害者、活動家、研究者，以及來自荷蘭、韓國、朝鮮、日本、臺灣、美國、德國、加拿大、英國及愛爾蘭的律師。會議決議案強烈要求日本政府仿效德國，正式賠償受到戰爭殘害的國家和個人。會議決議案也對某些日本內閣成員拒不承認歷史事實的態度表示深切憂慮。[7]

圖 24：日軍慰安所受害者陸秀珍於 2005 年 11 月 24 日去世。中國「慰安婦」研究中心的陳麗菲（左二）參加葬禮表示深切哀悼（孫愛民攝）。

　　鑒於日本政府對國際社會的一再敦促置之不理，日本法律專家和國會中支持「慰安婦」運動的成員，也在尋求通過立法的途徑解決問題。尋求立法解決的提議，最早是由日本律師聯合會代表團領隊土屋公獻於 1995 年在北京舉行的第四次聯合國世界婦女大會期間提出的。土屋公獻後來擔任了尋求立法解決「慰安婦」問題協會（「慰安婦」問題の立法解決を求める會）主席。根據土屋等人的倡議，本岡昭次和國會中的部分日本民主黨、共產黨和社會民主黨議員於 2001 年 3 月，聯合提議起草了《促進解決戰時性強暴受害者問題法案》（戰時性の強制被害者問題の解決の促進に関する法律案）。這份草案，是在此前由日本民主黨和共產黨議員分別提出的兩份議案的基礎上擬定的。從 2001 年開始，這一草案曾多次被提交參議院。草案 2008 年的版本，含有 13 個條款和 1 個附錄，其中確認了日本作為國家有責任為受到日軍有組織、長時間性暴力殘害的女性恢復尊嚴，並且要求政府立即採取有效行動，向受害者道歉並賠償。草案敦促日本政府與相關國家的政府進行磋商，徹底調查問題，並要求政府設立特別司法機構和委員會，監督相關政策的制定和執行，定時向國會彙報，尊重受害者的人權，同時努力尋求日本國民的理解與支持。[8] 然而，由於保守派議員的反對，草案最終被擱置，未能在參議院引起真正的重視。[9]

2011 年是首批韓國「慰安婦」倖存者起訴日本政府二十週年，而此時曾經出面作證的倖存者，已有一半去世（圖 24）。[10] 隨著倖存者相繼離世，有學者譴責日本政府在拖延時間，試圖通過「生物方式解決慰安婦問題」，以逃避責任。[11] 到 2012 年 5 月，已經確認的臺灣「慰安婦」倖存者中只有九位還在世，而在世者的平均年齡也達到了 87 歲。臺北婦女救援基金一直在為這些年邁的倖存者提供服務和幫助，包括定期上門拜訪、介紹醫療補助和家庭護理服務信息、舉辦心理治療講習班，等等。此外，該基金正在製作第二部記錄倖存者生平經歷的紀錄片，並籌建臺灣島內首個「慰安婦」紀念館。[12] 大陸的研究者和志願者們也在與時間賽跑，努力在倖存者的有生之年提高她們的生活水平，並記錄下她們戰時的經歷。中國「慰安婦」研究中心從 1999 年正式建立開始，就與國內的非官方組織合作，調查倖存者的生活狀況，並為她們提供救助。為了讓國際社會更好地了解日軍對中國婦女所犯下的暴行，中心自 2000 年起，舉行了一系列國際研討會。從 2000 年開始，中心每月給倖存者提供定期補助和醫療幫助，資金來源主要是私人捐贈者。2001 年至 2007 年期間，倖存者月度補助的一大部分來自世界抗日戰爭史實維護聯合會。這個國際性的非盈利組織成立於 1994 年，由 40 多個草根團體組成。2000 年以來，共有 57 名中國「慰安婦」倖存者獲得援助。由於倖存者相繼離世，到 2013 年這個數字已降為 26 名。年邁的倖存者們不僅身體狀況欠佳，經濟條件也十分拮据。與韓國和臺灣的倖存者不同，[13] 中國大陸的倖存者沒有政府的專項救濟，他們當中只有很少數人從當地民政福利機構得到一點貧困補助。由於大筆捐贈金較難募得，中心目前主要依靠個人的小額捐款維持，給每個倖存者提供少量的月度補助。

雖然困難重重，但中國大陸民間組織對倖存者的援助在持續增加。2006 年，中華全國律師協會和中國法律援助基金會成立了中國原「慰安婦」受害事實調查委員會。到本書英文版出版時，委員會已經發表了三份調查報告。[14] 委員會新發現的證據包括 57 名被捕日本軍官、警察和偽政府官員的審訊口供，供詞中他們承認直接參與了在安徽、湖北、江蘇、山西、內蒙古、滿洲里、山東、北京、天津、河北、河南、遼寧、吉林和黑龍江等地建立慰安所，並將中國女子抓進慰安所強姦。[15] 委員會的調查顯示，直到 1945 年日本投降後，一支留在山西改編為閻錫山部「保安第六大隊」的日本部隊仍未停止使用慰安所，甚至向殘留在當地的日本士兵發出通知，告訴他們在山西太原建有慰安所。[16] 在日本侵華戰爭期間，駐紮在中國境內的日本軍隊數量龐大，但是到目前為止，只有極少數原日本帝國軍人站出來，揭露日軍「慰安婦」制度。日本戰犯的供詞記錄大多是關於屠殺罪行，涉及性暴力和性奴

役的供述往往一帶而過。隨著調查的進展，研究者們希望能查出更多原日軍官兵關於性奴役罪行的自白。

　　與此同時，由草根組織發起興建的展覽館和紀念碑，也成為銘記「慰安婦」制度受害者的重要方式。繼1998年韓國建立日軍性奴役展覽館之後，2005年夏，戰爭與和平婦女運動資料館（アクティブ・ミュージアム 女たちの戰爭と平和資料館，WAM）於二戰結束六十週年之際在東京開館。展覽館的籌建，由反對戰爭性暴力聯絡網日本聯絡站（Violence Against Women in War—Network Japan）當時的主席松井耶依發起，得到了日本普通市民的支持。自開館以來，資料館定期舉辦關於日軍戰時性暴力罪行及「慰安婦」制度的展覽和講座。2009年舉辦的一期展覽，名為「日軍性暴力巡展」（日本軍性暴力パネル展），由日中兩國民間團體共同贊助，在中國進行了巡迴展出。這個展覽的執行委員會由 WAM 負責人池田惠理子牽頭，有多個日本市民組織、學者和法律專家參加組成，從2009年11月開始，在中國的武鄉、北京、西安、廣州和南京舉行了五場巡展。巡展展出中國受害者的圖片和說明在觀眾中引起強烈震撼，多家媒體報導了這次展覽。

圖25：倖存者譚玉華（前左二）向來自北美的歷史教師講述自己在日軍佔領下的遭遇（丘培培提供）。

　　2007年7月5日，中國「慰安婦」資料館於抗日戰爭爆發七十週年之際在上海師範大學開館。這個資料館由歷史學教授蘇智良籌建，收藏了中國「慰安婦」倖存者的證言材料、調查結果、視屏記錄，及日軍慰安所歷史遺物等諸多資料。自1990年代以來，蘇智良和中國研究者們多次呼籲保存原慰安所

遺址，以建立展覽館，但這一提議卻一直難以實現。直到2010年9月，經過研究人員、當地群眾和政府部門的共同努力，中國第一所日軍「慰安婦」制度罪行展覽館終於在雲南省龍陵縣董家溝開館。展覽館所在地董家大院在1942年至1944年日軍佔領龍陵期間曾被霸佔充當慰安所。日軍撤離後，董家大院一度空置。2005年，董家將大院捐給當地政府。保山抗戰史研究專家陳祖梁等人以中國致公黨保山委員會名義，提請政府予以保護，董家大院遂被定為歷史文物遺址。其後龍陵縣文管所得到政府撥款，將破舊不堪的董家大院加以修繕，建成了展覽館。[17]

龍陵地處中國反侵略戰爭時期的交通供給樞紐。據滇西抗日戰爭遺留問題民間研究會的調查，日軍第56師團於1942年5月4日佔領龍陵後，兩週內就在鎮安街設立了一個慰安所。初期這個慰安所只有四名緬甸「慰安婦」。為了爭先使用「慰安婦」，士兵們經常打架。5月底又從臺灣運來100多名「慰安婦」，在龍陵縣城的段氏宗祠和耶穌會教堂開辦了兩個慰安所。不久之後，佔領軍組織了傀儡維持會，並命令維持會供應600個姑娘「慰勞皇軍」。其時當地婦女老少大多數已經逃進山中躲避日軍，維持會難以照辦。於是日軍在縣城周圍四處掃蕩。搜到姑娘先輪姦，再關起來，在董家溝一帶的董家大院、龍山卡、白塔、平戛、臘勐等地，建立了多個慰安所。除了當地婦女，村民們還看見有日本和朝鮮婦女被關在這些慰安所中。[18] 董家大院慰安所一共運營了兩年，直到1944年11月3日，中國遠征軍經過五個月的浴血奮戰，擊垮了日軍，慰安所才停止運營。沒有人知道日軍撤離時董家溝「慰安婦」的命運。但有消息稱，就在附近的臘勐和騰衝，日本軍隊強迫朝鮮「慰安婦」服下氯化汞，並槍殺了中國「慰安婦」。[19]

在維修董家大院的過程中，施工者發現了大量原慰安所的遺物，包括日本藥瓶、女拖鞋、日製牙刷、梳子、口紅和筆等等，還有一個皮質錢包，上有「大滿洲帝國軍政部」字樣。是誰曾經使用這些東西並把它們留在了這裏？她們在那場戰爭中有過怎樣的遭遇？答案已經沒入歷史的煙塵，但是「慰安婦」的遺物和慰安所舊址依然歷歷在目，提醒我們不能忘卻那許許多多曾在這裏被蹂躪、被奴役、被折磨和被殺戮的女性。

自首位慰安所倖存者打破沉默，控訴日軍罪行，二十餘年已經過去了。二十多年來，紀念受害者的歷史展覽館和紀念碑不斷增多。2012年5月5日，又一個戰爭與婦女人權展覽館在首爾揭幕。關於「慰安婦」的紀念碑、藝術作品和紀念網站，也在韓國、日本、中國乃至世界各地相繼湧現。建在東京的戰爭與和平婦女運動資料館在網刊的前言中這樣寫道：「戰爭與和平婦女運動資料館提供了一個場所，讓我們把戰爭罪惡的事實記錄、保存下來，傳給子孫後代。我們來到這裏，銘記『慰安婦』的歷史事實，傾聽她們的故事。讓我

們大聲說,『無論在那裏,絕不容許這樣的悲劇重演!』」[20] 是的,不管日本政府如何否認,正義的聲音無法掩蓋。在國際社會的共同努力下,超越民族國家局限的共同歷史記憶正在形成。「慰安婦」的血淚故事,已經鑄入我們對那場罪惡戰爭的不可磨滅的記憶之中。

後 記

　　上海東寶興路125弄座落著幾棟灰褐色的兩層小樓，陳舊而平常，並不引人注意。然而附近的居民都知道，這幾棟小樓記錄著一段黑暗的歷史。八十年前，這樓房裏是日本在中國大陸開設的第一家軍用慰安所，名為「大一沙龍」。走進院子，只見斑駁的牆壁和陳舊的樓梯上面，殘留著些許火燒的痕跡。1990年代一場火災，燒毀了一段木質樓梯。院子裏散落著雜物和垃圾。一樓右側曾是一個50多平米的舞廳，現在隔成了幾個小房間。連接三棟樓的過道現在被公用廚房和三個小衛生間所佔據。樓中只有幾處殘存的日式拉門和房間裏牆上的日本山水木雕依稀透露出這裏戰爭年代的信息。

　　「大一沙龍」是近年來研究者在上海確認的166個侵華日軍慰安所之一。在戰後的市政建設中，原日軍慰安所遺址大多已被拆除，存留下來的也因為年久失修而破舊不堪。「大一沙龍」的樓舍在1945年日本戰敗後被改為民居，現在裏面住著50來戶人家。[1] 為了保存這一歷史遺址，中國「慰安婦」研究中心主任蘇智良和其他研究者曾向政府提議，在這裏建立像廣島和奧斯維辛紀念館那樣的遺址展覽館。當地政府雖然同意這個想法，但說沒有足夠資金實現這個計劃。來自歐洲和日本的學者們參觀此地之後，也建議設立紀念館，讓人們記住日本帝國軍隊曾經犯下的罪行。然而時至今日，計劃仍未付諸實施。實現這樣一個項目當然並不容易。修繕房屋需耗巨資，搬遷居民更非易事。但研究者們認為，從中國近二十年經濟高速發展的狀況來看，政府並非沒有能力實現這個項目。真正的障礙，恐怕還是政治因素。據《環球時報》報導，虹口區文化局某發言人曾說，鑒於這個問題的敏感性，近期之內不會建館。[2]

　　「大一沙龍」舊址面臨的情況，是中國大陸關於「慰安婦」問題的社會政治形勢的縮影。一方面，民間研究者和社會活動家為了銘記「慰安婦」的苦難歷史，在草根層面努力奮爭；另一方面，上層當局囿於國家政治的需要，在相當長的時間裏迴避這一問題。然而，迴避無助於撫平戰爭的創傷，只能在

社會記憶中造成一塊空缺，讓歷史失憶症和狹隘民族主義史觀滋生蔓延。戰爭創傷的平復與真正和解的達成，必須從確立超越國家局限的歷史記憶開始。

對「慰安婦」問題敏感性的擔憂，似乎主要是怕建館紀念過去的戰爭創傷會對當下的中日外交關係產生負面影響。[3] 然而，本書收載的慰安所倖存者口述史清楚地表明，「慰安婦」的故事並不是在講仇恨和報復。這些一生飽受苦難的女性，她們的軀體在日本侵華戰爭中被日軍當作軍需品，遭受百般蹂躪、剝奪。戰爭結束後，她們又在男權至上觀念所主宰的社會中被拋棄，被視為可恥的、無用的女人。在接二連三的政治動亂中，她們被遺忘、遭歧視，甚至被當作漢奸賣國賊而受到迫害。然而，不論她們一生經歷了多少摧殘和折磨，這些倖存者所牢記、所訴說的，並不只是苦難和憤怒，還有深厚的人性關愛。在她們的敘事中我們看到，被日軍多次輪姦、毒打瀕死的萬愛花，仍不忘那位把她從日本軍官刀下救出的日軍翻譯和救助她的鄉親們。她在訪談時強調，「我不知道那個翻譯是不是日本人，但我相信日本人裏也有好人，現在幫助我們申冤的也有很多日本人。」袁竹林在日軍佔領下失去了一切：戰火導致她夫妻分離，毀了她的家庭；戰亂中她的父親餓死，母親終日以淚洗面；她幼小的女兒在她被日軍關進慰安所時夭折；她本人慘遭日軍蹂躪毒打，最終喪失了生育能力。然而我們看到，袁竹林對曾經善待她、並幫助過中國百姓的日軍下層軍官西山，始終抱著感謝之情。要知道，戰爭結束後袁竹林曾被當做「日本婊子」而受到迫害，一度流落到偏遠的農場去勞動。在她接受調查採訪時，雖然中國的政治大環境已經改變，一名原「慰安婦」對日本軍官表示好感，仍是難以被人接受的。然而袁竹林坦然地對採訪者說，「我一直認為西山是個好人。」她直言對西山的好感需要巨大的勇氣，表現出對人道善良的確信。的確，「慰安婦」的故事向我們展示的，是人性的基本原則超越國界。她們的故事促使每個人深思，究竟是什麼導致日本軍隊犯下如此殘忍的暴行？怎樣才能防止此類暴行再度發生？

發生在上世紀的那場侵略戰爭，給「慰安婦」的身心所造成的傷害是如此之深，以致幾十年的時間流逝也無法將她們的傷口撫平。當日本研究者石田米子和她的團隊初次來到山西省訪問日軍性奴役的受害者時，一位受害人一聽到日本男人的聲音，便禁不住渾身發抖，在當地鄉親和女性調查者多方安慰下，才平靜下來講述自己戰時的經歷。[4] 回憶慰安所的往事，對每個倖存者來說猶如又一次歷難，而這種回憶的痛苦，在她們每次受訪時都會重複經歷。為了減輕受害人回憶自己悲慘遭遇時的痛苦，本書調查者與地方研究者密切合作，盡量在調查訪談時為倖存者提供必要的心理和物質上的支持。本書撰寫時，這12位倖存者已經多次受到研究人員、社會活動家和媒體的採訪。她們中多數人的證言，也已經由法律專家反覆調查取證，提交對日本政

府的法律訴訟。應當說，這些調查訪問雖然引起回憶的痛苦，但卻為受害者打破沉默提供了幫助，也為她們提供了可以傾訴的空間，道出那壓在心底的可怕往事。然而，多次的訪談也使被訪者形成了一定的敘述框架，譬如倖存者的口述常常是從自我介紹開始，以呼籲討還公道結束。這種似乎相當統一的敘述結構容易讓讀者產生一種印象，以為敘述者對自身經歷的理解受到了調查者和社會活動家的影響。這種印象，且不論正確與否，不應當成為否定倖存者口述可信性的根據。必須指出的是，這些受害女性大多數沒有得到受教育的機會，又在長期的社會壓抑中被剝奪了話語權，對她們來說，打破沉默、戰勝恐懼，不僅需要強大的社會和政治語境的支持，也需要有適當的場合，讓她們得以發出自己的呼聲、找到適當的敘事方式。可以說，上世紀末開始的這場國際性的「慰安婦」追索正義運動，為她們提供了適當的話語環境及訴求渠道。但正如本書中收載的口述史所示，這些倖存者講述的親身經歷，絕非一個固定敘述框架的複製品，而是每個故事都具有鮮明的個性和獨特性。

記憶本質上是主觀的、暫存的，且時常表現出片面性或不連貫性。由於記憶的這種性質，原「慰安婦」證言與回憶錄的可信度常常遭到質疑。的確，因為倖存者年事已高，飽經戰爭創傷，缺少受教育的機會，時間間隔又十分久遠，她們中有些人會記不清自己受害的具體時間和某些細節。譬如，倖存者萬愛花曾被日軍毒打，頭部嚴重損傷，無法想起自己被抓捕和遭受酷刑的一些細節。調查者蘇智良和陳麗菲便在結束對她的訪談後，找到當地民眾，包括萬愛花受害當時的知情人侯大兔，一一了解情況，以核實萬愛花的口述記錄。本書收載的中國「慰安婦」口述史，都經過這樣的實地調查驗證。因為這些受害女性被日軍擄掠和奴役的過程有當地民眾目睹，她們敘事的真實性都可以核實。目前，企圖否定日本帝國侵略戰爭罪行的人仍在以記憶的不可靠性為由，詆毀原「慰安婦」證言的真實性。在這種情況下，中國「慰安婦」的口述史以強有力的聲音，向世人提出了一個嚴肅的問題：當我們今天致力於還原真相、記錄歷史的時候，究竟是誰的歷史敘述可信？

中國「慰安婦」催人淚下的故事，揭露了日軍「慰安婦」制度下發生的多種性暴力中最黑暗、最殘忍的罪行。從倖存者的敘述中我們看到，日軍對中國女性的肆意屠殺和對她們肉體的野蠻摧殘，是慰安所性暴力的常規部分，而這種大規模的性犯罪貫穿於日本侵華戰爭的全過程。日軍犯下的非人暴行無法簡單地以軍人的性飢渴或軍隊的紀律鬆弛來解釋；這是一種在戰爭條件下發生的、以帝國主義暴力征服的形式出現的、高度政治化的行為。這種政治化的、軍國主義化的思想狀態，使日本軍人喪失了人性，也使他們將殘害敵國平民看作是戰爭的需要，是對天皇的效忠。

　　日本軍隊對中國「慰安婦」身體摧殘的這種政治含義，可以從原日軍士兵近藤一的證言中看得十分清楚。侵華戰爭中，近藤一是獨立混合4旅第13大隊的軍人。他於1940年被派到中國戰場，部隊駐在山西省遼縣，距關押尹玉林和萬愛花的慰安所所在地盂縣不遠。據近藤回憶，他所屬的部隊訓練新兵用刺刀殺人時，將中國人綁在樹上當靶子。當他用刺刀刺進一個中國人的身體時，他並沒有覺得自己是在殺害一個人的生命。近藤説，他們對殺人的這種麻木感，是日本兵所受的教育造成的。他們自幼所受的教育是「清國奴豬狗不如」。[5]在軍隊裏，日本士兵受的訓練也是不把中國人當人看待，讓他們覺得對敵國的國民可以為所欲為。[6]近藤還講述了他親眼所見的兩起暴行。一起是他所在部隊的前川中隊長所為。在一次討伐中，前川中隊長強迫一個遭到士兵輪姦的農村婦女光著身子跟隊伍一起行軍。這個婦女手裏抱著她的孩子。當軍隊走到山梁上時，一個士兵突然從這個婦女手中奪過孩子扔下山崖，絕望的母親跟著也從崖上跳了下去。[7]近藤談到的另外一例，是尖兵中隊山本中隊長的暴行。山本中隊長以愛用軍刀砍死中國平民著稱。他指示士兵殺中國人時用石頭砸。他説：「殺中國人用槍對不起天皇陛下。要用石頭！」[8]這兩個日本軍官的所作所為顯示出，在日軍官兵眼裏，強姦、殺戮敵國國民宣示著帝國的征服和軍人的效忠：那些被凌辱、摧殘、姦污、損毀的中國人的軀體，被他們視為佔領下的敵國的象徵。在這種觀念支配下，中國女性的肉體被視為敵國疆土，對她們的踐踏，被當成佔領軍勝利的炫耀和對被佔領者的羞辱。侵華日軍性暴力的這種政治含義，極大地加深了中國婦女在亞太戰爭中所遭受的痛苦。[9]

　　可悲的是，日軍踐踏中國女性軀體的這種帝國主義政治寓義，助長了一種以「民族主義」面貌出現的政治偏見在中國社會中滋生，導致那些飽受凌辱的「慰安婦」被很多自己同胞當作是民族國家的恥辱，是中國人無力抵抗外敵的標誌。這種政治偏見的存在，在一定程度上解釋了為什麼戰後中國英雄主義的抗戰敘事對大量中國女性淪為「慰安婦」這一苦難歷史諱莫如深。事實上，那些從日軍慰安所死裏逃生的倖存者不僅被迫保持沉默，在一些地區甚至被當局和民眾當作漢奸賣國賊懲處。

　　這種打著「民族主義」招牌的偏見與男權至上的意識形態結合在一起，形成了漠視並詆毀「慰安婦」所受苦難的社會氣氛。男權至上的意識形態要求女性結婚之前恪守童貞，結婚之後慎保貞操。反抗性侵犯而喪命者被奉為烈女，遭強姦而倖存者恥辱終身。宣揚此種女性貞操的男權意識形態，在戰爭形勢下被進一步政治化，以至於那些被強徵進入日軍慰安所的女人不光被看作是喪盡操守，還被當成給國家和民族丟臉的罪人。1949年以後，在中國大陸開展的一系列清除敵對分子的政治運動中，無數無辜者被打成「人民

公敵」，植根於狹隘民族主義和男權意識形態中的那種對「慰安婦」的偏見，也隨之發展成了政治迫害。如本書所示，倖存者陳亞扁和李連春逃出慰安所後，為躲避迫害曾不得不隱居深山。袁竹林被迫離鄉背井，到偏遠的農場勞動。諸如此類的情況並不罕見。這些倖存者的經歷暴露出，戰後的種種社會政治機制，在相當長的時間裏延續了這一受害群體的苦難。她們的故事告訴我們，「慰安婦」問題不僅僅是一個歷史話題，它從根本上對受害者長期陷於苦難的社會現實提出了尖銳的質問。

原中國「慰安婦」關於戰前生活的回憶，也揭露出女性在男權至上的傳統社會中所遭受的性別歧視與虐待：女孩被看作「賠錢貨」，女人不過是傳宗接代的生育工具。倖存者周粉英和譚玉華關於她們母親的記憶使我們看到，在男權至上的文化環境裏，女性的主體人格通常遭到忽略，甚至連名字也被遺忘。她們只是作為家族的女兒或兒媳而為人所知。我們還看到，在困境之中，窮人家的閨女經常被遺棄，或被賣到富裕人家當「童養媳」。不能生育的女人常常被迫離婚，或受到歧視。這種男權至上的社會文化，在很大程度上加重了中國女性面臨日軍性暴力時的孤苦無助，也是造成慰安所倖存者戰後困苦狀況的諸多因素之一。

強姦通常被認為是在隱密狀態下發生的、個人的身體受害經歷。[10] 然而，中國「慰安婦」的受害經歷，卻表現為高度政治化的公然侵害。這種侵害首先來自日本帝國的軍國主義戰爭，其次來自本國男權至上的社會環境和狹隘民族主義的政治偏見。這種高度政治化的性侵害，不僅在戰時大大加重了她們的受害程度，亦使她們所受的傷害在戰後長期持續。

然而，儘管這些慰安所的倖存者一生受盡摧殘，她們面對日軍的殘忍暴行和戰後的政治壓力時，卻展現出驚人的勇氣和意志力。她們的人生故事展示出，在那場駭人聽聞的戰爭悲劇中，「慰安婦」並不只是性奴隸和受害者，她們也是歷史舞台上的主人公和英雄。雷桂英、陸秀珍、萬愛華、黃有良和李連春逃離慰安所的行動——冒著生命危險，在當地鄉親的幫助下勇敢前行——表現出了反抗暴力、戰勝困境的非凡毅力。這種堅韌的毅力，也表現在她們戰後的生活中，特別是當她們之中的很多人在各種政治運動中遭到歧視、放逐，以至受到貧困折磨的時候。李連春的女兒告訴我們，文化大革命期間，她們那個小山村的人都避諱同李連春和她的家人來往，但是李連春絲毫沒有在困境中畏縮。她日以繼夜地在田裏勞作，一手將三個子女撫養成人，並供他們完成了學業。當時在那個偏遠鄉村，許多人家的孩子連小學都讀不完；李連春所做到的，不能不說是一個了不起的成就。遭日軍酷刑而身體多處傷殘的萬愛花，一生都在傷痛中煎熬。然而她不顧自己渾身傷痛，長年為付不起醫療費用的人提供免費按摩。這些可敬的女性，自己受盡摧殘，

卻能夠始終以關愛對待他人。她們所表現出的堅韌頑強和人性光輝，是留給
我們的最寶貴的遺產。

本書中文版完稿時，雷桂英、李連春、陸秀珍、尹玉林、袁竹林、
周粉英、朱巧妹、萬愛花、譚玉華和林亞金已經去世，其他兩位在海南的倖
存者健康狀況也都很差。日軍慰安所留下的創傷，依然折磨著她們的身心。
李連春在生前接受採訪時，說過下面一段話：

> 我苦了一生，窮了一生，可是，有一樣東西，是我最寶貴的財富，
> 那就是我的身體和清白。我的身體，是我最寶貴的東西，是多少錢
> 也賠不來的。我不是要錢，也不要找誰報復，我就是要世間公道！

這些話真是字字千鈞！的確，「慰安婦」的聲音和敘事，是一份無比沉重
的歷史遺產，含有社會的、政治的、文化的深遠意義。環視當今世界，殘害
女性的性暴力依然是武力衝突的常用工具，對女性的剝削奴役仍然在全球普
遍發生。在我們為建立一個更加公正、人道的世界而努力的過程中，「慰安
婦」遺留給我們的歷史敘事，無疑將發揮重要的作用。隨著更多原「慰安婦」
的個人回憶錄溶入人類共有的歷史記憶，這份沉重的歷史遺產將繼續教育我
們和我們的子孫後代，激勵我們不懈地奮鬥，防止反人類罪行的發生。

註 釋

前言

1. Daisuke Shimizu, "'Comfort Women' Still Controversial in Japan, S. Korea," *Asahi Shimbun*, July 14, 2012. 取自 http://ajw.asahi.com，2012 年 7 月 30 日。
2. 取自 http://petitions.whitehouse.gov/，2012 年 6 月 6 日。
3. Josh Rogin, "Japan Comfort-Women Deniers Force White House Response," *Foreign Policy*. 取自 http://thecable.foreignpolicy.com/，2012 年 6 月 6 日。
4. 見 Timothy Brook, "Preface: Lisbon, Xuzhou, Auschwitz: Suffering as History," in *Beyond Suffering: Recounting War in Modern China*, ed. James Flath and Norman Smith (Vancouver: UBC Press, 2011), xviii.

引言

1. 本書英文版主要介紹日軍從中國大陸強徵「慰安婦」的歷史及受害人的經歷。關於戰時日本帝國從當時的日本殖民地臺灣徵召的「慰安婦」的情況，此前已有英文書刊介紹。見日本律師聯合會（日本弁護士連合会）編，*Investigative Report in Relation to Cases of Japan's Imperial Military "Comfort Women" of Taiwanese Descent* (Tokyo: Japan Federation of Bar Associations, 1997)；臺北婦女救援基金會，〈慰安婦〉(臺北婦女救援基金會網站：http://www.twrf.org.tw/)；以及 Yoshiaki Yoshimi, *Comfort Women: Sexual Slavery in the Japanese Military during World War II*, trans. Suzanne O'Brien (New York: Columbia University Press, 2000), 115–17.
2. 關於日本戰後出版的有關「慰安婦」的書刊，見 C. Sarah Soh, *The Comfort Women: Sexual Violence and Postcolonial Memory in Korea and Japan* (Chicago: University of Chicago Press, 2008), 145–73.
3. 關於「慰安婦」問題的國際爭議，見 George Hicks, *The Comfort Women: Japan's Brutal Regime of Enforced Prostitution in the Second World War* (New York: W.W. Norton, 1994), 194–266; Soh, *Comfort Women*, 29–77.

4. Ustinia Dolgopol and Snehal Paranjape, *Comfort Women: An Unfinished Ordeal* (Geneva: International Commission of Jurists, 1994).

5. Linda Chavez, "Contemporary Forms of Slavery," working paper on systematic rape, sexual slavery, and slavery-like practices during wartime, including internal armed conflict, submitted in accordance with subcommission decision 1994/109, UN Doc. E/CN.4/ Sub.2/1995/38.1995; Radhika Coomaraswamy, *Report on the Mission to the Democratic People's Republic of Korea, the Republic of Korea and Japan on the Issue of Military Sexual Slavery in Wartime*, UN Doc. E/CN.4/1996/53/Add.1, January 4, 1996; Gay J. McDougall, *Contemporary Forms of Slavery: Systematic Rape, Sexual Slavery and Slavery-Like Practices during Armed Conflict*, final report submitted to United Nations Commission on Human Rights, Sub-Commission on Prevention of Discrimination and Protection of Minorities, 50th Session, UN Doc. E/CN.4/Sub.2/1998/13, June 22, 1998. United Nations documents at http://www.unhchr.ch.

6. Dai Sil Kim-Gibson, *Silence Broken: Korean Comfort Women* (Parkersburg: Mid-Prairie Books, 2000); Sangmie Choi Schellstede, ed., *Comfort Women Speak: Testimony by Sex Slaves of the Japanese Military* (New York: Holmes and Meier, 2000); and Nelia Sancho, ed., *War Crimes on Asian Women: Military Sexual Slavery by Japan during World War II—The Case of the Filipino Comfort Women* (Manila: Asian Women Human Rights Council, 1998).

7. 見 Yoshimi, *Comfort Women*（2000 年版，譯自 1995 日文版）; Hicks, *Comfort Women*; David A. Schmidt, *Ianfu—The Comfort Women of the Japanese Imperial Army of the Pacific War: Broken Silence* (Lewiston: Edwin Mellon Press, 2000); Margaret Stetz and Bonnie B. C. Oh, eds., *Legacies of the Comfort Women of World War II* (Armonk, NY: M.E. Sharpe, 2001); Yuki Tanaka, *Japan's Comfort Women: Sexual Slavery and Prostitution during World War II and the US Occupation* (New York: Routledge, 2002); and Soh, *Comfort Women*.

8. 「記憶變革」一詞引自 Carol Gluck, "Operations of Memory: 'Comfort Women' and the World," in *Ruptured Histories: War, Memory, and the Post-Cold War in Asia*, ed. Sheila Miyoshi Jager and Rana Mitter (Cambridge, MA: Harvard University Press, 2007), 47–77. 這裏的討論是受她的研究所啟發。

9. Hirofumi Hayashi, "Disputes in Japan over the Japanese Military 'Comfort Women' System and Its Perception in History," *Annals of the American Academy of Political and Social Science* 617 (2008): 123–32.

10. 有關研究的英文書刊，見 Soh, *Comfort Women*, 46–56.

11. *Japan Times* online, March 11, 2007, http://www.japantimes.co.jp. 關於日本國內就「慰安婦」問題的爭論，見 Hayashi, "Disputes in Japan," 123–32.

12. 此類觀點的代表性刊物有藤岡信勝，『「自虐史觀」の病理』（東京：文藝春秋，1997）；秦郁彥，『慰安婦と戰場の性』（東京：新潮社，1999）。

13. Nicola Henry, *War and Rape: Law, Memory and Justice* (London: Routledge, 2011), 51.

14. Soh, *Comfort Women*, 235. 她所引用的日本進步學者的觀點來自吉見義明，『從軍慰安婦』（東京：岩波書店，1995），頁 66；及 Tanaka, *Japan's Comfort Women*, 173.

15. Soh, *Comfort Women*, 235.

16. 同上，xii–xiii.

17. 該書簡短地提到了荷蘭、菲律賓、印尼和中國「慰安婦」的少數個案，但作者的主要觀點建立在對韓日「慰安婦」的調查之上。

18. 蘇智良，《慰安婦研究》（上海：上海書店出版社，1999），頁 275–59。

19. 關於日軍在第二次世界大戰結束前有計劃地銷毀相關文件證據的研究，見吉見義明在『從軍慰安婦』一書中的調查。Chung Chin Sung 也在 1995 年發表的文章中援引當時發現的文件揭示，日軍在戰爭末期指示士兵銷毀證據。見 "Korean Women Drafted for Military Sexual Slavery by Japan," in *True Stories of the Korean Comfort Women: Testimonies Compiled by the Korean Council for Women Drafted for Military Sexual Slavery by Japan and the Research Association on the Women Drafted for Military Sexual Slavery by Japan*, ed. Keith Howard, trans. Young Joo Lee (London: Cassell, 1995), 11. 關於日軍在戰爭末期殺害中國「慰安婦」滅口的實例，見本書第一部分。

20. Diana Lary and Stephen MacKinnon, eds., *Scars of War: The Impact of Warfare on Modern China* (Vancouver: UBC Press, 2001), 3–4.

21. 同上。

22. 關於「慰安婦」總數的各種推斷，見吉見義明，『從軍慰安婦』，頁 78–81；秦郁彥，『慰安婦と戦場の性』，頁 397–407; Soh, *Comfort Women*，23–24。根據吉見的統計，各種推斷總數為 5 萬到 20 萬不等。

23. 蘇智良，《慰安婦研究》，頁 275–79。

24. 譯自 Yuma Totani, *The Tokyo War Crimes Trial: The Pursuit of Justice in the Wake of World War II* (Cambridge: Harvard University Asia Center, 2008), 126–27.

25. 關於日軍對中國平民施加暴行的記述，見笠原十九司，「中国戦線における日本軍の性犯罪：河北省、山西省の事例」，『戦争責任研究』13 期（1996），頁 2–11；蘇智良、榮維木、陳麗菲編，《滔天罪孽：二戰時期的日軍「慰安婦」制度》（上海：學林出版社，2000）。

26. 這些數字取自本書英文版出版前蘇智良的調查記錄，不包括其他中國研究者和研究機構記錄的案例，及本書出版後該團隊發現的新案例。

27. 富島健司，「犬」，載中国帰還者連絡会編，『完全版三光』（東京：晩聲社，1984），頁 101–9。

28. Soh, *Comfort Women*, 117.

29. 吉見義明，『從軍慰安婦』，頁 74。

30. Tanaka, *Japan's Comfort Women*, 18–19.

31. Soh, *Comfort Women*, 117–32.

32. 同上，117–18.

33. 同上，118, 134.

34. 同上，235–36.

35. 見管文華，〈日軍對北票婦女的凌辱〉，載李秉新、徐俊元、石玉新編，《侵華日軍暴行總錄》（石家莊：河北人民出版社，1995），頁 69。

36. 此為最近的統計數字。英文版出版時的統計是 164 所。

37. 蘇智良的調查報告。另參考 Wang Yufeng, "Scholars Propose Memorializing 'Comfort Stations': The Ravages of Time," *Global Times*, September 22, 2011.

38. 符和積，〈侵瓊日軍「慰安婦」實錄〉，載蘇智良等編，《滔天罪孽》，頁 188。該文最初發表於《抗日戰爭研究》4 期（1996），頁 34–50。

39. Soh, *Comfort Women*, xvi.

40. 簡稱「政協」，是中國共產黨多黨合作政治協商制度下的統一戰線組織，由各政黨、組織代表及獨立成員組成。

41. 張驥良，〈尾山宏：為中國戰爭受害者代理訴訟 40 年〉，《人民日報》（海外版），2005 年 7 月 7 日。

第一章：日本侵華戰爭與「慰安婦」制度

1. Mark R. Peattie, "The Dragon's Seed: Origins of the War," in *The Battle for China: Essays on the Military History of the Sino-Japanese War of 1937*, ed. Mark Peattie, Edward J. Drea, and Hans van de Ven (Stanford: Stanford University Press, 2011), 48–78.

2. Yoshihisa Tak Matsusaka, *The Making of Japanese Manchuria, 1904–1932* (Cambridge: Harvard University Asia Center, 2001), 1–16.

3. Peattie, "Dragon's Seed," 66.

4. Matsusaka, *Making of Japanese Manchuria*, 381–87.

5. Peattie, "Dragon's Seed," 66–67. 亦見 Ienaga Saburō, *The Pacific War: World War II and the Japanese, 1931–1945* (New York: Pantheon Books, 1978), 65.

6. Peattie, "Dragon's Seed," 67.

7. 同上，67.

8. 張憲文編，《中國抗日戰爭史》（南京：南京大學出版社，2001），頁 92–105。

9. 管文華，〈日軍對北票婦女的凌辱〉，載李秉新、徐俊元、石玉新編，《侵華日軍暴行總錄》（石家莊：河北人民出版社，1995），頁 69。

10. 同上。

11. 關於戰時日軍對中國婦女的性犯罪，見江上幸子，〈日軍婦女暴行和戰時中國婦女雜誌〉，載蘇智良、榮維木、陳麗菲編，《滔天罪孽：二戰時期的日軍「慰安婦」制度》（上海：學林出版社，2000），頁 56–70。

12. Timothy Brook, *Collaboration: Japanese Agents and Local Elites in Wartime China* (Cambridge, MA: Harvard University Press, 2005), 23–24.

13. 除上文援引的中文資料外，韓國倖存者 Ch'oe Il-rye 的證言也顯示，早於 1932 年日軍已在中國東北滿洲地區建立了軍用慰安所。見 C. Sarah Soh, *The Comfort Women: Sexual Violence and Postcolonial Memory in Korea and Japan* (Chicago: University of Chicago Press, 2008), 125.

14. 關於日軍建立的最早的慰安所，見 George Hicks, *The Comfort Women: Japan's Brutal Regime of Enforced Prostitution in the Second World War* (New York: W.W. Norton, 1994), 45–49; Chin Sung Chung, "Korean Women Drafted for Military Sexual Slavery by Japan," in *True Stories of the Korean Comfort Women: Testimonies Compiled by the Korean Council for Women Drafted for Military Sexual Slavery by Japan and the Research Association on the Women Drafted for Military Sexual Slavery by Japan*, ed. Keith Howard, trans. Young Joo Lee (London: Cassell, 1995), 13–15; 吉見義明，『從軍慰安婦』（東京：岩波書店，1995），頁 14–19；蘇智良，《慰安婦研究》（上海：上海書店出版社，1999），頁 23–40；Yuki Tanaka, *Japan's Comfort Women: Sexual Slavery and Prostitution during World War II and the US Occupation* (New York: Routledge, 2002), 8–12. 此外，韓國倖存者的證言和中國發現的證據皆證明，同一時期日軍也在東北地區建立了慰安設施。見 Soh, *Comfort Women*, 125.

15. 森崎和江，『からゆきさん』（東京：朝日新聞社，1976），頁 92。

16. 蘇智良，《慰安婦研究》，頁 24。

17. 同上，頁 24。

18. 見「昭和十三年中に於ける在留邦人特種婦女の狀況及其の取締並に租界当局の私娼取締狀況」，載吉見義明編，『從軍慰安婦資料集』（東京：大月書店，1992），頁 184–85。

19. 關於這一觀點的討論，見 Chin-Sung Chung, "Wartime State Violence against Women of Weak Nations; Military Sexual Slavery Enforced by Japan during World War II," *Korean and Korean American Studies Bulletin* 5, 2/3 (1994): 16–17; 吉見義明，『從軍慰安婦』，頁 18–19; Tanaka, *Japan's Comfort Women*, 10–12.

20. 蘇智良，《慰安婦研究》，頁 31–34。

21. 同上，頁 30。

22. 岡部直三郎，『岡部直三郎大将の日記』（東京：芙蓉書房，1982），頁 23。吉見義明在他的『從軍慰安婦』一書中也提到此日記。見該書頁 17。

23. 稻葉正夫等編，『岡村寧次大将資料（上）戰場回想編』（東京：原書房，1970），頁 302。各國學者曾探討岡村從長崎招募婦女的原因，認為這與該地區的歷史有關。長崎歷史上自明治以來有大批婦女由於家庭貧困，被賣到設在中國大陸的日本妓院或其他亞洲國家從事性服務行業。見吉見義明，『從軍慰安婦』，頁 45；蘇智良，《慰安婦研究》，頁 23–40；Tanaka, *Japan's Comfort Women*, 10.

24. 吉見義明，「從軍慰安婦と日本国家」，載吉見義明編，『從軍慰安婦資料集』，頁 28–50。

25. 「副官ヨリ北支方面軍及中支派遣軍参謀長宛通牒案」，載吉見義明編，『從軍慰安婦資料集』，頁 105–6。

26. 同上。

27. Yang Tianshi, "Chiang Kai-shek and the Battles of Shanghai and Nanjing," in Peattie et al., *Battle for China*, 143.

28. 張憲文編，《中國抗日戰爭史》，頁 229–58。

29. Yang, "Chiang Kai-shek," 146.

30. 同上 , 147.

31. Edward J. Drea and Hans van de Ven, "An Overview of Major Campaigns during the Sino-Japanese War, 1937–1945," in Peattie et al., *Battle for China*, 31.

32. 同上。

33. 同上。

34. 關於日軍南京大屠殺期間在南京及其周邊地區犯下的暴行，有很多書刊記載。 見 John Rabe, *The Good Man of Nanking: The Diaries of John Rabe* (New York: Knopf Publishing Group, 1998); 洞富雄，『南京大虐殺：決定版』（東京：現代史出版社， 1982）；南京事件調查研究会編訳，『南京事件資料集』（東京：青木書店，1992）； Iris Chang, *The Rape of Nanking: The Forgotten Holocaust of World War II* (New York: Penguin Group, 1998); Honda Katsuichi, *The Nanjing Massacre: A Japanese Journalist Confronts Japan's National Shame* (London: M.E. Sharpe, 1999); Yang Daqing, "Atrocities in Nanjing: Searching for Explanations," in *Scars of War: The Impact of Warfare on Modern China*, ed. Diana Lary and Stephen MacKinnon (Vancouver: UBC Press, 2001), 76–96; Suping Lu, *They Were in Nanjing: The Nanjing Massacre Witnessed by American and British Nationals* (Hong Kong: Hong Kong University Press, 2004). 關於南京大屠 殺真相的爭議，見 Takashi Yoshida, *The Making of the "Rape of Nanking": History and Memory in Japan, China, and the United States* (Oxford: Oxford University Press, 2006).

35. 中文資料一般估計約有超過30萬中國公民和手無寸鐵的士兵在南京大屠殺期間 被殺害。據報導，最近在美國檔案中發現的文件顯示，美國駐德大使威廉・陶德 （William Edward Dodd）於 1937 年 12 月 14 日向美國總統發出的電報報告，時任 日本駐德國大使的東鄉茂德對他説，日軍當時已經殺了 50 萬中國人。見〈美國外 交關係檔案 RG59-793.94/11631〉，引自袁新文報導，〈南京大屠殺再添鐵證〉，《人 民日報》，2007 年 12 月 6 日。

36. HyperWar Foundation, "HyperWar: International Military Tribunal for the Far East," IMTFE Judgment (English translation), Chapter 8, "Conventional War Crimes (Atrocities)," 1015, accessed April 26, 2008, http://ibiblio.org/.

37. 同上，頁 1012。根據國民黨政府的調查結果，日軍性暴力受害女性的數量，遠大 於遠東國際軍事法庭的統計數字，約有 8 萬中國婦女在南京大屠殺期間被強姦。 見朱成山，〈南京大屠殺是日軍對人類文明社會的集體犯罪〉，載蘇智良等編，〈 《滔天罪孽》，頁 128。

38. Rabe, *Good Man of Nanking*, 81. 信件格式遵原文。

39. 吉見義明，『從軍慰安婦』，頁 210。

40. 日本軍隊規定，犯強姦罪的軍人將判處七年徒刑至死刑。見 Yuma Totani, *The Tokyo War Crimes Trial: The Pursuit of Justice in the Wake of World War II* (Cambridge: Harvard University Asia Center, 2008), 120.

41. Aiko Utsumi, "How the Violence against Women Was Dealt with in War Crime Trials," in *Common Grounds: Violence against Women in War and Armed Conflict Situations* (Quezon: Asian Center for Women's Human Rights, 1998), 191.

42.　Totani, *Tokyo War Crimes Trial*, 120. 另見江口圭一，『十五年戦争小史』（東京：青木書店，1986），頁 117；笠原十九司，『南京事件』（東京：岩波書店，1997），頁 191–200。

43.　吉見義明，『従軍慰安婦』，頁 23。

44.　南京事件調查研究会編訳，『南京事件資料集』，頁 411；亦見吉見義明，『従軍慰安婦』，頁 24。

45.　蔣公穀，《陷京三月記》（個人出版，1938 年 8 月；南京：南京出版社，2006 年重印），頁 14–24。

46.　Susan Brownmiller, *Against Our Will: Men, Women, and Rape* (New York: Simon and Schuster, 1975), 58.

47.　李世民，〈喬鴻年籌設慰安所〉，《大地週報》31 期（1946），頁 2。

48.　陳娟，〈南京日軍「慰安婦」制度的實施〉，載蘇智良等編，《滔天罪孽》，頁 157–58。

49.　經盛鴻，〈侵華日軍在南京實施「慰安婦」制度始末〉，載蘇智良等編，《滔天罪孽》，頁 166–67。

50.　陳娟，〈南京日軍「慰安婦」制度的實施〉，載蘇智良等編，《滔天罪孽》，頁 158。

51.　吉見義明，『従軍慰安婦』，頁 25。

52.　吉見義明編，『従軍慰安婦資料集』，頁 195–96。

53.　關於這方面的研究，見千田夏光，『従軍慰安婦』（東京：講談社，1984），頁 72–76; Chin Sung Chung, "Korean Women Drafted for Military Sexual Slavery by Japan," in Keith Howard, *True Stories of the Korean Comfort Women*, 16–17.

54.　太平洋戰爭爆發後，亞太地區其他地方的女性，包括菲律賓、新加坡、泰國、印尼、東帝汶、馬來亞、緬甸和越南的女性也被日軍強徵，淪為「慰安婦」。

55.　麻生徹男，『上海より上海へ——兵站病院の産婦人科医』（福岡：石風社，1993），頁 215。

56.　吉見義明編，『従軍慰安婦資料集』，頁 183–84、258–68。

57.　北支警務部，「邦人職業別人口統計表」，1939 年 7 月 1 日，外務省外交資料館藏；引自吉見義明，『従軍慰安婦』，頁 30–31。

58.　吉見義明編，『従軍慰安婦資料集』，頁 214–15。

59.　金原節三，『陸軍省業務日誌摘録』，1939 年 4 月 15 日日誌，防衛庁防衛研究所圖書館存。引自吉見義明，『従軍慰安婦』，頁 32。

60.　上海市檔案館，文件號 R36，全宗 1 號目錄。關於這一調查的詳細內容，見陳正卿、莊志齡，〈檔案中發現的有關上海日軍慰安婦問題〉，載蘇智良等編，《滔天罪孽》，頁 110–22。

61.　蘇智良、陳麗菲、姚霏，《上海慰安所實錄》（上海：三聯書店，1995），頁 2–3。

62.　數字來自〈原中國慰安婦受害調查委員會第三次報告〉，取自中華全國律師協會網站，http://www.acla.org.cn，2010 年 6 月 30 日。

63.　〈上海的地獄——敵寇行樂所〉，《大公報》，1938 年 2 月 27 日；載李秀平，《十萬慰安婦》（北京：人民中國出版社，1993），頁 34。

64. 高興祖，〈日軍南京強姦事件與慰安所的出現〉，載蘇智良等編，《滔天罪孽》，頁 123–26。

65. 蘇智良，《慰安婦研究》，頁 124–30。

第二章：日軍大規模暴力強徵「慰安婦」

1. 本書關於這些戰役的綜述，基於 Edward J. Drea and Hans van de Ven, "An Overview of Major Military Campaigns during the Sino-Japanese War, 1937–1945," in *The Battle for China: Essays on the Military History of the Sino-Japanese War of 1937–1945*, ed. Mark Peattie, Edward J. Drea, and Hans van de Ven (Stanford: Stanford University Press, 2011), 33–35.

2. 日本侵華戰爭給中國造成了巨大的人員傷亡。儘管無法確切統計，學者常用的估算數字是 2,000 萬到 3,000 萬。見 Stephen R. MacKinnon, Diana Lary, and Ezra Vogel, eds., *China at War: Regions of China, 1937–1945* (Stanford: Stanford University Press, 2007), 1–2. 關於中國平民和軍人的傷亡總數，中國官方發表的數字是 3,500 萬，其中包括死亡人數 2,000 萬和受傷人數 1,500 萬。見郭汝瑰、黃玉章、田昭林，《中國抗日戰爭正面戰場作戰記》（南京：江蘇人民出版社，2001），頁 31。

3. 關於日軍侵華戰爭中強徵的勞工，目前尚無完整的統計數字。日本外務省報告稱，由於徵兵導致嚴重勞力短缺，為支持戰爭需求，從 1943 年 4 月開始，有 38,935 名 11 歲至 78 歲的中國男性被強行送往日本，在礦山、工地及碼頭上做勞工。在短短兩年的時間裏，17.5% 的勞工被摧殘致死。日本官方所報的死亡數字是 6,830 人，但這一數字並未包括那成千上萬在中國被拘禁期間，或在抵達日本之前逃跑時身亡的受害者。見 William Underwood, "Chinese Forced Labor, the Japanese Government and the Prospects for Redress," *Asia-Pacific Journal: Japan Focus*, accessed July 2, 2010, http://www.japanfocus.org/.

4. 桜田武、鹿内信隆，『いま明かす戦後秘史』（東京：サンケイ出版，1983），頁 40–41；引自吉見義明，『從軍慰安婦』（東京：岩波書店，1995），頁 37。

5. 關於這一蔑稱的來由，一種解釋是它可能來自英文「妓女」（prostitute）一詞中第一個字母 p 的發音。另一種解釋是，這是模仿中文俗語裏女性生殖器一詞「屄」的發音。

6. 千田夏光，『從軍慰安婦』（東京：講談社，1984），頁 72–76。上一章談到的曾在楊家宅慰安所給「慰安婦」檢查身體的軍醫麻生徹男，也用類似的語言形容慰安所。他説：「軍用特殊慰安所不是享樂的場所，而是衛生用公共廁所。」見麻生徹男，『上海より上海へ——兵站病院の産婦人科医』（福岡：石風社，1993），頁 222。

7. 千田夏光，『從軍慰安婦』，頁 73–74。西野瑠美子在她的『從軍慰安婦：元兵士たちの証言』（東京：明石書店，1992）中也有相關記載。見該書頁 34 及 42–60。

8. 吉見義明，『從軍慰安婦』，頁 22。

9. 陳麗菲，《日軍慰安婦制度批判》（北京：中華書局，2006），頁 202。

10. 《大公報》，1938 年 2 月 27 日。

11. 江浩，《昭示：中國慰安婦——跨國跨時代調查白皮書》（西寧：青海出版社，1998），頁 172–88。

12. 這一數字在中國、日本和西方學者的歷史研究中被普遍採用。見張憲文編，《中國抗日戰爭史》（南京：南京大學出版社，2001），頁 25、1263–64；"Second Sino-Japanese War," http://www.newworldencyclopedia.org/, accessed July 11, 2010. 日本學者秦郁彥也認為，截至 1941 年 12 月，日本在中國和太平洋地區駐軍有 198 萬；到戰爭後期，這一數字攀升到 324 萬（其中大部分是在中國）。見秦郁彥，『慰安婦と戰場の性』（東京：新潮社，1999），頁 401。在推算日軍慰安所受害者的總數時，韓國和日本學者也大多認為日軍士兵總數在 300 萬左右。

13. 吉見義明，『從軍慰安婦』，頁 78–81。

14. 千田夏光，『從軍慰安婦』，頁 119–20。Yuki Tanaka 參照的數字略有不同。他認為那次關東軍特別行動約有 80 萬軍人參加。見 Yuki Tanaka, *Japan's Comfort Women: Sexual Slavery and Prostitution during World War II and the US Occupation* (New York: Routledge, 2002), 18.

15. 見吉見義明編，『從軍慰安婦資料集』，頁 83。

16. 金一勉，『天皇の軍隊と朝鮮人慰安婦』（東京：三一書房，1976），頁 50。

17. 秦郁彥，『慰安婦と戰場の性』，頁 405。

18. 吉見義明，『從軍慰安婦資料集』，頁 83。

19. 蘇智良，《慰安婦研究》（上海：上海書店出版社，1999），頁 277–79。根據蘇智良與陳麗菲最近的估計，東南亞的受害者達數萬人，臺灣受害者有 2,000 人左右。

20. 李秀平，《十萬慰安婦》（北京：人民中國出版社，1993），頁 6–7。

21. 蘇智良，《慰安婦研究》，頁 278。

22. 文彥，〈安徽慰安所〉，載李秉新、徐俊元、石玉新編，《侵華日軍暴行總錄》（石家莊：河北人民出版社，1995），頁 742–43。

23. 符和積，〈侵瓊日軍「慰安婦」實錄〉，載蘇智良、榮維木、陳麗菲編，《滔天罪孽：二戰時期的日軍「慰安婦」制度》（上海：學林出版社，2000），頁 194–95。

24. 關於菲律賓「慰安婦」的遭遇，見 Maria Rosa Henson, *Comfort Woman: A Filipina's Story of Prostitution and Slavery under the Japanese Military* (Lanham, MD: Rowman and Littlefield, 1999).

25. Andrew Levinge 夫人提交遠東國際軍事法庭的證詞，Ex. 1590, 5089B，載於吉見義明監修，內海愛子、宇田川幸大、高橋茂人、土野瑞穗編，『東京裁判——性暴力関係資料』。（東京：現代資料出版，2011），頁 183–86。

26. 吳連生口述，林良材等整理，〈楚館悲歌　紅顏血淚——日軍那大慰安所親睹記〉，載符和積編，《鐵蹄下的腥風血雨——日軍侵瓊暴行實錄》（續）（海口：海南出版社，1996），頁 272–79。

27. 李秦，〈新發現的日軍強徵天津婦女充當「慰安婦」的史料剖析〉，載蘇智良等編，《滔天罪孽》，頁 639。

28. 同上。

29. 〈晉冀魯豫邊區八年抗日戰爭人民遭受損失調查統計表〉（1946 年 1 月），河北檔案館存，全宗號 576，目錄號 1，案卷號 31，件號 3。引自何天義，〈論日軍在中國華北的性暴力〉，載蘇智良等編，《滔天罪孽》，頁 255。

30. 〈敵人在華北的暴行〉，中央檔案館存文件 190 號，載中央檔案館、中國第二歷史檔案館、河北省社會科學院合編，田蘇蘇校，《日本侵略華北罪行檔案 9：性暴力》（石家莊：河北人民出版社，2005），頁 154–58。

31. 全宗號 91，目錄號 1，卷號 6，件號 1。引自何天義，〈論日軍在中國華北的性暴力〉，載蘇智良等編，《滔天罪孽》，頁 260–62。

32. 同上。

33. 何天義，〈論日軍在中國華北的性暴力〉，載蘇智良等編，《滔天罪孽》，頁 262。另見謝忠厚、田蘇蘇、何天義編，《日本侵略華北罪行史稿》（北京：社會科學文獻出版社，2005），頁 424。

34. 吉見義明，『從軍慰安婦』，頁 113–15。

35. 山田定，『憲兵日記』（東京：駿河台書房，1985），頁 273–76。引自吉見義明，『從軍慰安婦』，頁 113–15。

36. 中央檔案館，文檔 119-2-988-1-10，載中央檔案館等編，《日本侵略華北罪行檔案 9》，頁 2–3。

37. 鈴木啓久供詞，現存中國中央檔案館，文檔 119-2-1-1-4，載中央檔案館等編，《日本侵略華北罪行檔案 9》，頁 6–7。

38. 陳麗菲，《日軍慰安婦制度批判》，頁 199。

39. 何天義，〈論日軍在中國華北的性暴力〉，載蘇智良等編，《滔天罪孽》，頁 260–61。

40. 原文用此字，可能是「煤」之筆誤。

41. 〈汶水漢奸「通令」強徵妓女〉，《文獻》5 期（1939 年 2 月），頁 57。見蘇智良，《日軍性奴隸》（北京：人民出版社，2000），頁 87。

42. 見謝忠厚等編，《日本侵略華北罪行史稿》，頁 397–404。

43. 溝部一人，『独山二　もう一つの戦争』（山口：私家版，1983），頁 58；引自吉見義明，『從軍慰安婦』，頁 116–17。

44. 溝部一人，『独山二』，頁 55。

45. 胡家仁口述，卓石存、陳運宏整理，〈撫黎廟日軍和自警團的據點情況及其暴行〉，載符和積編，《鐵蹄下的腥風血雨》（續），頁 308–9。

46. 這句話原文如此。句中的「雖」可能是誤字。從上下文來看，「雖經」應為「須經」。

47. 王璧珍，〈慰安所裏的女同胞〉，《廣西婦女》17–18 期（1941），頁 36。

48. 在佔領地區出現的「協敵」現象是一個複雜問題。近年來國際上已經展開了對此類問題的研究。卜正民在他的分析中沿用了 Henrik Dethlefsen 的觀點，將「協敵」定義為「在佔領軍權力構成的壓力下不斷地執行該權力」。見 Henrik Dethlefsen, "Denmark and the German Occupation: Cooperation, Negotiation, or Collaboration?" *Scandinavian Journal of History* 15, 3 (1990): 193–206. 引自 Timothy Brook, *Collaboration: Japanese Agents and Local Elites in Wartime China* (Cambridge, MA: Harvard University Press, 2005), 2.

49. Shao Minghuang, "Taiwan in Wartime," in MacKinnon et al., *China at War*, 101.

50. 何十里，〈三百「慰安婦」慘死泰半——石碌鐵礦「慰安所」調查實錄〉，載符和積編，《鐵蹄下的腥風血雨》（下），頁 748–50。

51. 符和積，〈侵瓊日軍「慰安婦」實錄〉，載蘇智良等編，《滔天罪孽》，頁 191–96。

52. 《申報》（香港版），1938 年 3 月 6 日。

53. 北京市檔案館，〈日軍強徵「慰安婦」史料一件〉，載蘇智良等編，《滔天罪孽》，頁 623–26。這份調查如實抄錄了周謙和一名受害者向法庭提交的證言。關於日軍在天津強徵妓女充當「慰安婦」的調查，亦見林伯耀，〈天津日軍「慰安婦」之供給系統〉，載蘇智良等編，《滔天罪孽》，頁 269–307。

54. 八路軍是 1937 年至 1945 年抗戰期間中國共產黨領導的兩大部隊之一。

55. 田口新吉，「中国河北省の陸軍従軍慰安婦」，載日朝協会埼玉県連合会編，『証言「従軍慰安婦」——ダイヤル110番の記録』（浦和：日朝協会埼玉県連合会，1995），頁 45。

56. 見江浩，《昭示》，頁 53–97。

57. 見由林帕公口述、張應勇記錄的懷孕「慰安婦」李亞茜遇害事件，〈日軍「戰地後勤服務隊」中的黎族婦女〉，載符和積編，《鐵蹄下的腥風血雨》（下），頁 547–49。

58. 洞富雄，『南京大虐殺：決定版』（東京：現代史出版會，1982），頁 72。

59. 符和積，〈侵瓊日軍「慰安婦」實錄〉，載蘇智良等編，《滔天罪孽》，頁 198。

60. 謝忠厚、田蘇蘇、何天義編，《日本侵略華北罪行史稿》（北京：社會科學文獻出版社，2005），頁 419。

第三章：建在中國大陸的日軍慰安所實況

1. 蘇智良，《慰安婦研究》（上海：上海書店出版社，1999），頁 275–76；Miki Y. Ishikida, *Toward Peace: War Responsibility, Postwar Compensation, and Peace Movements and Education in Japan* (New York: iUniverse, 2005), 61; C. Sarah Soh, *The Comfort Women: Sexual Violence and Postcolonial Memory in Korea and Japan* (Chicago: University of Chicago Press, 2008), 137–38.

2. 蘇智良，《慰安婦研究》，頁 275–76。

3. 陳麗菲，《日軍慰安婦制度批判》（北京：中華書局，2006），頁 123–28。

4. 田中利幸指出，仍有大量的日軍文件，包括軍事計劃、行動記錄、戰地日誌等等，尚未解禁。亞太戰爭時期的日本警察文件也未公開。由於看不到日本政府部門的有關文件記錄，研究者亦無法查清為慰安所徵集、販運婦女的相關責任者。見 Yuki Tanaka, *Japan's Comfort Women: Sexual Slavery and Prostitution during World War II and the US Occupation* (New York: Routledge, 2002), 19–20.

5. Hirofumi Hayashi, "Disputes in Japan over the Japanese Military 'Comfort Women' System and Its Perception in History," *Annals of the American Academy of Political and Social Science* 617 (2008): 127.

6. Tanaka, *Japan's Comfort Women*, 19–28.

7. 援引自陳麗菲，《日軍慰安婦制度批判》，頁 180。

8. 長澤健一，『漢口慰安所』（東京：図書出版社，1983），頁 44。引自吉見義明，『從軍慰安婦』（東京，岩波書店，1995），頁 131。

9. 黎顯衡，〈日軍設置慰安所的暴行〉，載李秉新、徐俊元、石玉新編，《侵華日軍暴行總錄》（石家莊：河北人民出版社，1995），頁 1275。

10. 麻生徹男，『上海より上海へ——兵站病院の産婦人科医』（福岡：石風社，1993），頁 214–30。

11. 蘇智良，《慰安婦研究》，頁 57–71。

12. 同上，頁 59。

13. 關於此前研究者對慰安所種類的討論，見吉見義明，『從軍慰安婦』，頁 74；Tanaka, *Japan's Comfort Women*, 18–19; Soh, *Comfort Women*, 117–32.

14. 麻生徹男，『上海より上海へ』，頁 214–30。

15. 陳麗菲，《日軍慰安婦制度批判》，頁 182。

16. 吳連生口述證詞，〈楚館悲歌 紅顏血淚——日軍那大慰安所親睹記〉，載符和積編，《鐵蹄下的腥風血雨——日軍侵瓊暴行實錄》（續）（海口：海南出版社，1996），頁 272–79。

17. 李師，〈日軍在富陽縣的暴行〉，載李秉新、徐俊元、石玉新編，《侵華日軍暴行總錄》（石家莊：河北人民出版社，1995），頁 768。

18. 方志源，〈一個羞辱的報告〉，載陳斯白編，《野獸在江南》（上堯：前線日報社，1939），頁 89–92。

19. 金一勉，『天皇の軍隊と朝鮮人慰安婦』（東京：三一書房，1976），頁 124。

20. 陳黎明，〈安徽蚌埠最後一處侵華日軍慰安所舊址將被拆遷〉，《新安晚報》，2005 年 9 月 19 日，取自 http://china.com.cn.

21. 文言，〈鳳陽慰安所〉，載李秉新等編，《侵華日軍暴行總錄》，頁 734。

22. Tanaka, *Japan's Comfort Women*, 51–52.

23. 吉見義明，『從軍慰安婦』，頁 130。

24. 吉見義明編，『從軍慰安婦資料集』（東京：大月書店，1992），頁 285–86。

25. 山田清吉，『武漢兵站——支那派遣軍慰安係長の手記』（東京：図書出版社，1978），引自吉見義明，『從軍慰安婦』，頁 135。

26. 何十里，〈三百「慰安婦」慘死泰半——石碌鐵礦「慰安所」調查實錄〉，載符和積編，《鐵蹄下腥風血雨——日軍侵瓊暴行實錄》（下）（海口：海南出版社，1995），頁 748–50。

27. 宋福海口述，陳子明、王吉整理，〈我親睹的新盈日軍「慰安所」〉，載符和積編，《鐵蹄下的腥風血雨》（續），頁 188–90。

28. 張連紅、李廣廉，〈南京下關區侵華日軍慰安所的調查報告〉，載蘇智良、榮維木、陳麗菲編，《滔天罪孽：二戰時期的日軍「慰安婦」制度》（上海：學林出版社，2000），頁 146。

29. 同上，頁 147–48。1954 年以前日元的計算單位是 1 日元等於 100 錢。士兵和軍官收費不同的原因不明，可能由於軍官可以使用的時間更長且時間段較好。

30. 麻生徹男，『上海より上海へ』，頁 42。

31. 吉見義明編，『従軍慰安婦資料集』（東京：大月書店，1992），頁 285–87。

32. 根據吉見義明的研究，戰時由陸軍省經理局建築科和陸軍軍需品總廠合作將避孕套送往前線部隊。見吉見義明，『従軍慰安婦』，頁 71。

33. 蘇智良，《慰安婦研究》，頁 231。

34. 同上。

35. 林帕公口述、張應勇記錄，〈日軍「戰地後勤服務隊」中的黎族婦女〉，載符和積編，《鐵蹄下的腥風血雨——日軍侵瓊暴行實錄》（海口：海南出版社，1995），頁 547–49。

36. 吳連生口述，〈楚館悲歌　紅顏血淚〉，載符和積編，《鐵蹄下的腥風血雨》（續），頁 272–79。

37. 汪業新，〈鳳宜樓慰安所始末〉，載蘇智良等編，《滔天罪孽》，頁 182。

38. 相關的受害者證言，見 Tanaka, *Japan's Comfort Women*, 53；George Hicks, *The Comfort Women: Japan's Brutal Regime of Enforced Prostitution in the Second World War* (New York: W.W. Norton, 1994), 93–96.

39. 張連紅、李廣廉，〈南京下關區侵華日軍慰安所的調查報告〉，載蘇智良等編，《滔天罪孽：二戰時期的日軍「慰安婦」制度》，頁 151。

40. 兩起事件記錄均載於中支那派遣憲兵隊司令部，「陸軍々人軍属非行表」，1941 年 11 月和 1942 年 2 月，『陸支普大日記』，防衛庁防衛研究所圖書館藏。見吉見義明，『従軍慰安婦』，頁 143。上述案件及諸多類似案件記錄亦載於『政府調查「従軍慰安婦」関係資料集成 2』（東京：龍渓書舎，1997），頁 119–69。

41. 吉見義明，『従軍慰安婦』，頁 144。

42. 慰安所收費標準引自陳麗菲，《日軍慰安婦制度批判》，頁 132。

43. USNA collection, Allied Translation and Interpreter Section Research Report No. 120, *Amenities in the Japanese Armed Forces* (November 1945), 12；引自 Tanaka, *Japan's Comfort Women*, 54.

44. 馬來軍政監，〈慰安施設及旅館営業遵守規則〉，《軍政規定集》第三號，1943 年 11 月 11 日），載『政府調查「従軍慰安婦」関係資料集成』3（東京：龍渓書舎，1997），頁 25–38。亦見吉見義明，『従軍慰安婦』，頁 145。

45. 吉見義明，『従軍慰安婦』，頁 145。

46. 同上。

47. 同上，頁 148。

48. 同上，頁 146–48。

49. 關於慰安所對從日本本土及其殖民地徵召的「慰安婦」所進行的殘酷盤剝，已有很多調查報告。見金一勉，『天皇の軍隊と朝鮮人慰安婦』；隨軍慰安婦 110 專線編集委員会，『従軍慰安婦 110 番——電話の向こうから歴史の声が』（東京：明石書店，1992）；千田夏光，『従軍慰安婦』；吉見義明，『従軍慰安婦』；Hicks, *Comfort Women*; Tanaka, *Japan's Comfort Women*; Keith Howard, ed., *True Stories of the Korean Comfort Women: Testimonies Compiled by the Korean Council for Women Drafted for Military Sexual Slavery by Japan and the Research Association on the Women Drafted*

for Military Sexual Slavery by Japan (London: Cassell, 1995); Dai Sil Kim-Gibson, *Silence Broken: Korean Comfort Women* (Parkersburg: Mid-Prairie Books, 2000).

50. The Association of Advancement of Unbiased View of History, "Comfort Women," ABC of Modern Japanese History, http://www.jiyuushikan.org/, accessed October 13, 2010.

51. 王璧珍，〈慰安所裏的女同胞〉，《廣西婦女》17–18 期（1941），頁 36。

52. 陳麗菲，《日軍慰安婦制度批判》，頁 239–40。另見 Tanaka, *Japan's Comfort Women*, 46–47。

53. Soh, *Comfort Women*, 3.

第四章：「慰安婦」制度下的性犯罪

1. 唐華元，〈日軍在岳陽姦殺婦女的暴行〉，載李秉新、徐俊元、石玉新編，《侵華日軍暴行總錄》（石家莊：河北人民出版社，1995），頁 1010。

2. 同上。

3. 同上。

4. 張淮清，〈鳳陽大慘案〉，載李秉新等編，《侵華日軍暴行總錄》，頁 710。

5. 同上，頁 710–11。

6. 唐華元，〈日軍在岳陽姦殺婦女的暴行〉，載李秉新等編，《侵華日軍暴行總錄》，頁 1010。

7. 同上。

8. 吳連生口述，林良材等整理，〈楚館悲歌　紅顏血淚——日軍那大慰安所親睹記〉，載符和積編，《鐵蹄下的腥風血雨——日軍侵瓊暴行實錄》（續）（海口：海南出版社，1996），頁 272–79。

9. 佐藤寬二，『赤いチューリップの兵隊——ある兵士の足跡』（東京：千秋社，1978），頁 77–78，轉引自吉見義明，『從軍慰安婦』，頁 134–35。

10. 陳麗菲，《日軍慰安婦制度批判》（北京：中華書局，2006），頁 291。

11. 何十里，〈三百「慰安婦」慘死泰半——石碌鐵礦「慰安所」調查實錄〉，載符和積編，《鐵蹄下的腥風血雨——日軍侵瓊暴行實錄》（下）（海口：海南出版社，1995），頁 748–50。

12. 吉見義明，『從軍慰安婦』（東京：岩波書店，1995），頁 145–46。

13. 吳連生口述，林良材等整理，〈楚館悲歌　紅顏血淚〉，載符和積編，《鐵蹄下的腥風血雨》（續），頁 272–79。

14. 阿燕婆的證詞，黎蔚林記錄，載符和積編，《鐵蹄下的腥風血雨》（下），頁 649–50。

15. 吳連生口述，林良材等整理，〈楚館悲歌　紅顏血淚〉，載符和積編，《鐵蹄下的腥風血雨》（續），頁 275。

16. 陳祖梁，〈侵華日軍滇西慰安所與「慰安婦」〉，載蘇智良、榮維木、陳麗菲主編，《滔天罪孽：二戰時期的日軍「慰安婦」制度》（上海：學林出版社，2000），頁 315。

17. 宋福海口述，陳子明、王吉整理，〈我親睹的新盈日軍「慰安所」〉，載符和積編，《鐵蹄下的腥風血雨》（續），頁 188–90。

18. 吉見義明在『從軍慰安婦』一書中提供了相關的戰時日軍文件記錄。見頁 154。

19. 何十里，〈三百「慰安婦」慘死泰半〉，載符和積編，《鐵蹄下的腥風血雨》（下），頁 748–50。

20. 鍾強，〈我所知道的日軍黃流機場的「慰安所」〉，載符和積編，《鐵蹄下的腥風血雨》（下），頁 646–47。

21. 符和積，〈侵瓊日軍「慰安婦」實錄〉，載蘇智良等編，《滔天罪孽》，頁 198。

22. 同上，頁 199。

23. 原文較長，引文只摘譯了相關片段。全文見吉見義明，『從軍慰安婦資料集』（東京，大月書店，1992），頁 229–32。「支那」原為古代佛教經典中對中國的稱呼，但在甲午戰爭之後，特別是侵華戰爭期間，日本人稱中國為「支那」，帶有愚昧、劣等之類的負面含義。

24. 稻葉正夫編集，『岡村寧次大將資料（上）戰場回想編』（東京：原書房，1970），頁 302–3。見吉見義明，『從軍慰安婦』，頁 44。

25. 陸上自衛隊衛生學校編，『大東亞戰爭陸軍衛生史』（東京：陸上自衛衛生學校），第一卷，頁 605–7；轉引自吉見義明，『從軍慰安婦』，頁 51。

26. 諸多研究報告和戰爭親歷者回憶錄記載了戰爭末期日軍大規模屠殺「慰安婦」的慘案。見金一勉，『天皇の軍隊と朝鮮人慰安婦』（東京：三一書房，1976）；George Hicks, *The Comfort Women: Japan's Brutal Regime of Enforced Prostitution in the Second World War* (New York: W.W. Norton, 1994)；西野瑠美子，『戰場の慰安婦』（東京：明石書店，2003）。

27. 陳祖梁，〈侵華日軍滇西慰安所與「慰安婦」〉，載蘇智良等編，《滔天罪孽》，頁 322。

28. 〈敵隨軍營妓調查——騰衝城內一群可憐蟲〉，《掃蕩報》，1944 年 9 月 26 日，轉引自陳祖梁，〈侵華日軍滇西慰安所與「慰安婦」〉，載蘇智良等編，《滔天罪孽》，頁 322。

29. Alice Yun Chai, "Korean Feminist and Human Rights Politics: The Chongshindae/Jugunianfu Movement," in *Korean American Women: From Tradition to Modern Feminism*, ed. Young I. Song and Ailee Moon (Westport: Praeger, 1998), 240.

30. 蘇智良、侯桂芳、胡海英，《日本對海南的侵略及其暴行》（上海：上海辭書出版社，2005），頁 184–86。

31. 同上，頁 185–89。

32. 蘇智良、陳麗菲，〈侵華日軍慰安婦制度略論〉，載蘇智良等編，《滔天罪孽》，頁 29。

33. 調查採訪由蘇智良、陳麗菲、侯桂芳、胡海英在 2000 年至 2004 年間完成。當時在海南地區查證的 42 名倖存者中，14 名已經逝世，8 名未接受採訪。

34. 蘇智良等，《日本對海南的侵略及其暴行》，頁 284–85。

35. Diana Lary and Stephen MacKinnon, eds., *Scars of War: The Impact of Warfare on Modern China* (Vancouver: UBC Press, 2001), 5.

第二部分：倖存者證言

1. 這12位倖存者曾接受中外研究者及媒體多次採訪，中文報刊對她們的戰時經歷也有多次報導。石田米子、內田知行編輯的『黃土の村の性暴力──大娘（ダーニャン）たちの戦争は終わらない』（東京：創土社，2004）收載了日本學者訪談尹玉林、萬愛花的記錄。本書英文版是首部把她們的口述史介紹給英文讀者的專著。

2. 該法庭於 2000 年 12 月 8 日至 12 日開庭。這是一個由亞洲婦女和人權團體組織，在國際民間組織支持下舉行的人民法庭，旨在審判日軍的性暴力及其對「慰安婦」的性奴役罪行。詳見「Violence against Women in War-Network Japan」網站。

第五章：中國東部沿海地區

1. 「童養媳」是1949年前中國存在的一種包辦婚姻。當時貧困家庭常將無力撫養的女孩送給或賣給較富裕的家庭。女孩在領養人家中長大成人後，嫁給該家庭的某個男性成員。童養媳常常被婆家當作免費的勞動力。

2. 「Katsudô」和「nankinmame」是根據雷桂英的語音記錄。這兩個詞可能分別是日文詞「活動」（電影）和「南京豆」（花生）。

3. 引自蘇智良、陳麗菲的調查記錄。

4. 蘇智良、陳麗菲的調查記錄。

第六章：華中與華北戰區

1. Hans van de Ven and Edward J. Drea, "Chronology of the Sino-Japanese War," in *The Battle for China: Essays on the Military History of the Sino-Japanese War of 1937–1945*, ed. Mark Peattie, Edward J. Drea and Hans van de Ven (Stanford: Stanford University Press, 2011), 9.

2. Edward J. Drea and Hans van de Ven, "An Overview of Major Military Campaigns," in Peattie et al., *Battle for China*, 34–35.

3. 袁竹林似乎懷疑那白色的藥片是避孕藥，但當時是否有避孕藥是個疑問。在調查中亦有其他倖存者提到在慰安所中被迫服藥，但藥的性質和作用不明。

4. 關於袁竹林下放北大荒的經歷，此處根據蘇智良、陳麗菲 1998 年訪談記錄。後來在陳麗菲進一步訪問袁竹林老人和她的養女時，她們談起袁竹林戰後曾與廖奎結婚重組家庭，但廖奎 1953 年被人誣陷貪污，判刑勞改，後來轉到黑龍江密山縣的青山農場。袁竹林曾攜養女前往東北找廖奎，其後一度因病返回武漢，但到了城市疏散人口時又被趕回東北。

5. Hans van de Ven and Edward J. Drea, "Chronology of the Sino-Japanese War," in Peattie et al., *Battle for China*, 12.

6.   Stephen MacKinnon, "The Defense of Central Yangtze," in Peattie et al., *Battle for China*, 201–4; Tobe Ryōichi, "The Japanese Eleventh Army in Central China, 1938–1941," in Peattie, et al., *Battle for China*, 217–18, 226–27; Wang Qisheng, "The Battle of Hunan and the Chinese Military's Response to Operation Ichigō," in Peattie et al., *Battle for China,* 403–18. 另參考張憲文編，《中國抗日戰爭史》（南京：南京大學出版社，2001），頁 608–28、815–35、954–66、1069–82。

7.   Hans van de Ven and Edward J. Drea, "Chronology of the Sino-Japanese War," in Peattie et al., *Battle for China*, 8.

8.   謝忠厚、田蘇蘇、何天義編，《日本侵略華北罪行史稿》（北京：社會科學文獻出版社，2005），頁 41–143。

9.   〈晉冀女同胞慘遭敵人蹂躪〉，《新華日報》，1938 年 4 月 9 日。

10. Edward J. Drea and Hans van de Ven, "An Overview of Major Military Campaigns during the Sino-Japanese War, 1937–1945," in Peattie et al., *Battle for China*, 39.

11. 張憲文編，《中國抗日戰爭史》，頁 733–51。

12. 蘇智良、陳麗菲的調查記錄。

第七章：中國南方前線

1.   Hans van de Ven and Edward J. Drea, "Chronology of the Sino-Japanese War," in *The Battle for China: Essays on the Military History of the Sino-Japanese War of 1937–1945*, ed. Mark Peattie, Edward J. Drea and Hans van de Ven (Stanford: Stanford University Press, 2011), 11.

2.   潘先樗，〈日軍侵陵史實概要〉，載符和積編，《鐵蹄下的腥風血雨：日軍侵瓊暴行實錄》（海口：海南出版社，1995）（下），頁 448–62。

3.   羊傑臣，〈日軍侵佔崖縣及其暴行紀實〉，載符和積編，《鐵蹄下的腥風血雨》（下），頁 401–13。

4.   Hans van de Ven and Edward J. Drea, "Chronology of the Sino-Japanese War," in Peattie et al., *Battle for China*, 20.

5.   張應勇，〈日軍入侵保亭縣始末〉，載符和積編，《鐵蹄下的腥風血雨》（下），頁 531–41；王世忠等口述，張應勇整理，〈日軍在南林鄉的罪行實錄〉，載符和積編，《鐵蹄下的腥風血雨》（下），頁 538–50。

6.   「吃大鍋飯」是 1958 年至 1960 年「大躍進」期間的席卷大陸的一場運動。「大躍進」號召大眾投入一系列不切實際的狂熱運動，如實行農業合作化、各地建小高爐，等等。到 1958 年中期，農村成立了人民公社，農民的私有財產，包括自家的豬和果樹都被充公。「大鍋飯」在當時成為按需分配的代名詞。「大躍進」運動的失敗和 1959 年的農業歉收導致了當時嚴重的大饑荒。

7.   在「人民公社」制度中，社員的勞動所得按工分計酬，年終則按每人所得的工分分配口糧。由於林亞金的丈夫被定為反革命分子，她受到株連，評工分時給她記的工分總是少於她應得的工分。

8. Hagiwara Mitsuru, "The Japanese Air Campaigns in China, 1937–1945," in Peattie et al., *Battle for China*, 250. 另參考 Asano Toyomi, "Japanese Operation in Yunnan and North Burma," in Peattie et al., *Battle for China*, 361–85.

9. 陳祖梁，〈侵華日軍滇西慰安所與「慰安婦」〉，載蘇智良、榮維木、陳麗菲編，《滔天罪孽：二戰時期的日軍「慰安婦」制度》（上海：學林出版社，2000），頁 308–22。

10. 李連春有三女一子。大女兒高玉蘭，1955 年生，現為保山市隆陽區新街鄉杜家小學教師。二女兒、小女兒現在保山工作。兒子高成樹，1966 年生，繼承祖業，是獸醫，家中還有保山市政府頒發的獸醫證書。他熱心公益事業，幫助村上拉上電線通了電，還發起鋪設了自來水管，從溶洞裏取水，從此家家有了自來水。他還建了磨房，幫助村民磨苞米和大米。不幸的是，因積勞成疾，2001 年月因癌症去世。

第八章：無癒之傷

1. Yuki Tanaka, *Japan's Comfort Women: Sexual Slavery and Prostitution during World War II and the US Occupation* (New York: Routledge, 2002), 86.

2. 2007 年 4 月 17 日，林博史、吉見義明及其他歷史學家在東京宣布發現七份關於日軍強迫婦女在印尼、中國、東帝汶和越南戰場提供性服務的官方審問記錄及文件。這些記錄和文件曾被提交遠東國際軍事法庭。見 Reiji Yoshida, "Evidence Documenting Sex-Slave Coercion Revealed," *Japan Times*, April 18, 2007. 另見 Yuma Totani, *The Tokyo War Crimes Trial: The Pursuit of Justice in the Wake of World War II* (Cambridge: Harvard University Asia Center, 2008), 176–79, 181–82, and 185–86.

3. Totani, *Tokyo War Crimes Trial*, 185.

4. *Tokyo Judgment*, 1: 392–93。引自 Totani, *Tokyo War Crimes Trial*, 185.

5. Totani, *Tokyo War Crimes Trial*, 185.

6. Tanaka, *Japan's Comfort Women*, 87.

7. John Dower, *Embracing Defeat: Japan in the Wake of World War II* (New York: W.W. Norton, 1999), 469.

8. 同上。

9. 同上，632。

10. 同上，443–49。

11. 吉見義明，『從軍慰安婦』（東京：岩波書店，1995），頁 175–92。另見 Tanaka, *Japan's Comfort Women*, 86; C. Sarah Soh, *The Comfort Women: Sexual Violence and Postcolonial Memory in Korea and Japan* (Chicago: University of Chicago Press, 2008), 22.

12. Tanaka, *Japan's Comfort Women*, 86. 另見田中利幸，「なぜ米軍は従軍『慰安婦』問題を無視したのか」，『世界』627 期（1996），頁 174–83；628 期（1996），頁 270–79。

13. Tanaka, *Japan's Comfort Women*, 86.

14. George Hicks, *The Comfort Women: Japan's Brutal Regime of Enforced Prostitution in the Second World War* (New York: W.W Norton, 1994), 167; 另見 Tanaka, *Japan's Comfort Women*, 110–32.

15. Hicks, *Comfort Women*, 158–62; Tanaka, *Japan's Comfort Women*, 133–66.

16. Takemae Eiji, *The Allied Occupation of Japan*, trans. Robert Ricketts and Sebastian Swann (New York: Continuum, 2002), 67–71.

17. 『読売新聞』，1945年9月3日，日間版。

18. Totani, *Tokyo War Crimes Trial*, 185–89.

19. 同上，51。

20. 同上，152–55。

21. Nicola Henry, *War and Rape: Law, Memory and Justice* (London: Routledge, 2011), 40.

22. 同上，28–60。

23. Philip R. Piccigallo, *The Japanese on Trial: Allied War Crimes Operations in the East, 1945–1951* (Austin: University of Texas Press, 1979), 158–73.

24. 石田米子、内田知行編，『黄土の村の性暴力——大娘（ダーニャン）たちの戦争は終わらない』（東京：創土社，2004），頁225–28。

25. 同上。

26. 同上。

27. 同上，頁377。

28. 同上，頁363。

29. 同上，頁49–56。

30. 王改荷因參加過抗日工作而領取政府的養老金。

31. 見石田米子、内田知行編，『黄土の村の性暴力』，頁114–17。

32. 同上，頁76–79。

33. 引自蘇智良、陳麗菲的調查記錄。

34. 陳麗菲，《日軍「慰安婦」制度批判》（北京：中華書局，2006），頁325–26。

35. 同上。

36. 同上，頁398–99。亦見蘇智良、陳麗菲的調查記錄。

37. 韓文寧、馮春龍，《日本戰犯審判》（南京：南京出版社，2005），頁91。

38. 關於這一調查，見石田米子、内田知行編，『黄土の村の性暴力』，頁225–28。

第九章：索賠運動

1. 這兩本書是千田夏光的『從軍慰安婦』（東京：双葉社，1973），和金一勉的『天皇の軍隊と朝鮮人慰安婦』（東京：三一書房，1976）。

2. 相關出版物的信息，見 C. Sarah Soh, *The Comfort Women: Sexual Violence and Postcolonial Memory in Korea and Japan* (Chicago: University of Chicago Press, 2008), 146–48.

3. 原日本帝國軍人關於「慰安婦」的記述，當時有吉田清治的『朝鮮人慰安婦と日本人——元下関労報動員部長の手記』（東京：新人物往来社，1977），以及山田清吉的『武漢兵站——支那派遣軍慰安係長の手記』（東京：図書出版社，1978）。吉田的手記已於 1992 年被證明不實，受到歷史學家的普遍否定。

4. 關於韓日婦女組織的相關活動，見 Korean Council for Women Drafted for Military Sexual Slavery by Japan, *True Stories of the Korean Comfort Women*, ed. Keith Howard, trans. Young Joo Lee (London: Cassell, 1995), v–viii; Watanabe Kazuko, "Militarism, Colonialism, and the Trafficking of Women: 'Comfort Women' Forced into Sexual Labor for Japanese Soldiers," *Bulletin of Concerned Asian Scholars* 26, 4 (1994): 3–17; George Hicks, *The Comfort Women: Japan's Brutal Regime of Enforced Prostitution in the Second World War* (New York: W.W. Norton, 1994), 195–219; Alice Yun Chai, "Korean Feminist and Human Rights Politics: *The Chongshindae/Jugunianfu* ('Comfort Women') Movement," in *Korean American Women: From Tradition to Modern Feminism*, ed. Young I. Song and Ailee Moon (Westport: Praeger, 1998), 237–54.

5. Bonnie B. C. Oh, "The Japanese Imperial System and the Korean 'Comfort Women'," in *Legacies of the Comfort Women of the World War II,* ed. Margaret Stetz and Bonnie B. C. Oh, 3–25 (Armonk, NY: M.E. Sharpe, 2001), 14.

6. 見亞洲婦女基金會（女性のためのアジア平和国民基金）編，『政府調査「従軍慰安婦」関係資料集成』（東京：龍渓書舎，1997–1998），第 1 卷，頁 7–10。另參考 "Statement by Chief Cabinet Secretary Kato Regarding the So-Called Problem of Korean Comfort Women," Ministry of Foreign Affairs, Japan, July 6, 1992, accessed October 15, 2010, http://www.Mofa.go.jp/

7. Hicks, *Comfort Women*, 220–28.

8. 同上。

9. 《朝日新聞》，1993 年 8 月 4 日。該報告原文載於日本外務省網站 http://www.mofa.go.jp/，「いわゆる従軍慰安婦問題について」，1993 年 8 月 4 日。

10. 吉見義明，『従軍慰安婦』（東京：岩波書店，1995），頁 6–8。關於對河野談話的批評討論，見 Yoshiko Nozaki, "Feminism, Nationalism, and the Japanese Textbook Controversy over 'Comfort Women,'" in *Feminism and Antiracism: International Struggle for Justice*, ed. France Winddance Twine and Kathleen M. Blee (New York: New York University Press, 2001), 173–74.

11. 見 Norma Field, "War and Apology: Japan, Asia, the Fiftieth, and After," *Positions* 5, 1 (1997): 1–51.

12. Phillip A. Seaton, *Japan's Contested War Memories* (London: Routledge, 2007), 95.

13. 取自 AWF 網站 http://www.awf.or.jp/，2013 年 3 月 3 日。據日本外務省估計，民間捐款總額達到了 6 億日元。見 http://www.mofa.go.jp/。

14. Nozaki, "Feminism, Nationalism, and the Japanese Textbook Controversy," 175.

15. Takemae Eiji, *The Allied Occupation of Japan*, trans. Robert Ricketts and Sebastian Swann (New York: Continuum, 2002), 557.

16. 同上，673。

17. 關於 AWF 的設立始末及對它的批評，見 C. Sarah Soh, "Japan's Responsibility toward Comfort Women Survivors," Japan Policy Research Institute, University of San Francisco Center for the Pacific Rim, *JPRI Working Paper 77* (May 2001), 取自 http://www.jpri.org/.

18. 莊國明，〈讓正義甦醒——臺灣「慰安婦」記事〉，載蘇智良、榮維木、陳麗菲編，《滔天罪孽：二戰時期的日軍「慰安婦」制度》（上海：學林出版社，2000），頁 378–82；王清峰，〈她們的傷口尚未癒合——臺灣「慰安婦」問題的進展〉，載蘇智良等編，《滔天罪孽》，頁 383–89。

19. "Statement of Jan Ruff O'Herne, Surviving Comfort Woman, Friends of Comfort Women in Australia" (hearing before the Subcommittee on Asia, the Pacific, and the Global Environment of the Committee on Foreign Affairs House of Representatives, 110th Congress, 1st Session, February 15, 2007).

20. 見 *Contemporary Forms of Slavery: Systematic Rape, Sexual Slavery and Slavery-Like Practices during Armed Conflict* (final report submitted by Special Rapporteur Gay J. McDougall to United Nations Commission on Human Rights, Sub-Commission on Prevention of Discrimination and Protection of Minorities, 50th Session, UN Doc. E/CN.4/Sub.2/1998.13, June 12, 1998, 39, para. 4. 此處各要點摘引自該報告附錄。

21. 同上，頁 38–55，第 14–30 段。此處是對該報告附錄中相關論點的綜述。

22. 同上，頁 46，第 31 段。

23. 關於日軍「慰安婦」制度違反國際法的詳細討論，見 Yoshiaki Yoshimi, *Comfort Women: Sexual Slavery in the Japanese Military during World War II*, trans. Suzanne O'Brien (New York: Columbia University Press, 2000), 153–76.

24. 童增萬言書的全文收載於高凡夫，《追索正義與尊嚴的艱難訴求》（上海師範大學博士論文，2006），頁 229–40。童增該文亦發表於《中國民間對日索賠聯合會》網站，http://www.cfdc.org.cn/（閱覽時間 2012 年 6 月 6 日）。

25. 李固平指出，中國政府把放棄戰爭索賠權一條納入 1972《中日聯合聲明》時，中國正處於文化大革命期間。之前政府既未告知全國人民，也未諮詢國家最高權力機關全國人民代表大會。見李固平致全國人大的《一個普通公民就日本侵華戰爭賠償問題給全國人民代表大會的一封公開信》，載高凡夫，《追索正義與尊嚴的艱難訴求》，頁 217–24。

26. 同上。

27. 中國戰爭受害者賠償訴訟律師團（中国人戦争被害者賠償請求事件弁護団），『砂上の障壁——中国人戦後補償裁判 10 年の軌跡』（東京：日本評論社，2005），頁 6–7。

28. 王錄生，〈民間對日索賠：童增的文章引出人大代表十個提案〉，取自中華網：http://news.china.com/，2005 年 8 月 18 日。另見李秀平，《十萬慰安婦》（北京：人民中國出版社，1993），頁 190–205。

29. 李秀平，《十萬慰安婦》，頁 190–93。

30. 《中華人民共和國政府和日本國政府聯合聲明》，取自中國外交部網站：http://www.fmprc.gov.cn/，1972 年 9 月 29 日。

31. 《參考消息》，1992 年 2 月 25 日。

32. 中國戰爭受害者賠償訴訟律師團，『砂上の障壁』，頁 22。

33. 大森典子，『歷史の事實と向き合って――中国人「慰安婦」被害者と共に』（東京：新日本出版社，2008），頁 29-33。

34. 關於對「慰安婦」索賠運動的國際支援，見 Yuki Terazawa, "The Transnational Campaign for Redress for Wartime Rape by the Japanese Military: Cases for Survivors in Shanxi Province," *National Women's Studies Association Journal* 18, 3 (2006): 136.

35. 蔡葩，〈探索歷史真相的人〉，《海南日報》，2005 年 5 月 8 日，取自海南網：http://www.hinews.cn。

36. 〈他們為「慰安婦」奔波操勞〉，《海口晚報》，2005 年 8 月 15 日。

37. 穌實，〈日本侵略者強迫中國婦女作日軍「慰安婦」實錄〉，《抗日戰爭研究》4 期（1992），頁 14-23。高興祖，〈日軍南京強姦事件與慰安所的出現〉，載蘇智良等編，《滔天罪孽》，頁 123-26；管寧，〈慰安婦問題與日本的國際化〉，《世界史研究動態》9 期（1993），頁 27-39。何吉，〈日軍強迫中國婦女為「慰安婦」資料摘編〉，《抗日戰爭研究》4（1993），頁 37-51。關於更多的 1993 年後中國「慰安婦」問題研究，請參閱參考文獻。

第十章：訴訟之路

1. 小野寺利孝，「戰後 60 年支える会十周年――これまでの歩みとこれから」。取自《中國戰爭被害者の要求を支える会》網站 http://www.suopei.jp，2009 年 9 月 7 日。

2. 同上。

3. 曹鵬程，〈自掏腰包代理索賠，十年艱辛求事實認證：日本律師幫中國原告打官司〉，《環球時報》，2005 年 8 月 24 日。

4. 李東艦，〈尾山宏：以正義感動中國〉，《中國報導》，2004 年 2 月 24 日。

5. 筆者對康健律師的訪談，2009 年 7 月 7 日。

6. 大森典子，『歷史の事實と向き合って――中国人「慰安婦」被害者と共に』（東京：新日本出版社，2008），頁 15。

7. 何德功，〈我為何替中國受害者辯護――訪日律師小野寺利孝〉。取自中華網新聞，http://www.news.cn，2005 年 8 月 4 日。

8. Yuki Terazawa, "The Transnational Campaign for Redress for Wartime Rape by the Japanese Military: Cases for Survivors in Shanxi Province," *National Women's Studies Association Journal* 18, 3 (2006): 137. 石田米子等日本學者把山西省受害者群體稱為性暴力受害者而不是「慰安婦」。在這個問題上，中國學者的看法是，這些被日軍拘禁受到反覆性摧殘的女性所遭受的是典型的性奴役，對她們的殘害是日軍「慰安婦」制度的一部分。

9. 王清峰，〈她們的傷口尚未癒合――臺灣「慰安婦」問題的進展〉，載於蘇智良、榮維木、陳麗菲編，《滔天罪孽：二戰時期的日軍「慰安婦」制度》（上海：學林出版社，2000），頁 386。

10. 陳麗菲，《日軍「慰安婦」制度批判》（北京：中華書局，2006），頁 355。另據 Masami Ito 2004 年的報導稱，原告要求的賠償額為 2,300 萬日元。見 "High court convenes, snubs sex slave appeal, calls it a day," *The Japan Times*, December 16, 2004.

11. 中國戰爭受害者訴訟後援會（中国戦争被害者の要求を支える会），「生きている限り戦い続けます」。取自 web-suopei: http://www.suopei.jp, 2004 年 4 月 29 日。

12. 信息來自筆者 2009 年 7 月 7 日對康健律師的訪談。另見中國戰爭受害者索賠後援會刊，「中国人慰安婦第一次訴訟最高判決」。取自 web-suopei: http://www.suopei.jp, 2004 年 4 月 27 日。

13. 見 Dwight Daniels, "'Comfort Women' Deserve Justice," *China Daily*, March 28, 2005, http://www.Chinadaily.com.cn. 據共同社報導，兩位原告要求的賠償總額為 4,600 萬日元。見 *Kyodo News*, "Top Court: No War Redress for Chinese, Rights Void but Abuses Admitted—Suits to Fail," *Japan Times* online, April 28, 2007, http://search.japantimes.co.jp.

14. Daniels, "'Comfort Women' Deserve Justice."

15. "Japan Rejects Comfort Women Claims," *China View*, March 19, 2005. 取自 http://news.xinhuanet.com, 2009 年 4 月 8 日。

16. Masami Ito, "High Court Rejects Sex-Slave Suit: Judge Trots out Treaty with Nationalists, Statute of Limitations," *Japan Times* online, March 19, 2005. 取自 http://search.japantimes.co.jp, 2009 年 4 月 8 日。

17. *Kyodo News*, "Top Court."

18. 同上。《舊金山和平條約》曾受到多方批評。日本法西斯的主要受害國中國、朝韓、越南未被邀請赴會。

19. "China Blasts Japan Court's Rejection on WW2 Suits," *China Daily* online, April 28, 2007. 取自 http://www.chinadaily.com.cn, 2009 年 4 月 8 日。

20. 陳麗菲，《日軍「慰安婦」制度批判》，頁 362。

21. "Court Rejects Lawsuit on Wartime Rape," *Japan Times*, April 25, 2003. 取自 http://www.japantimes.co.jp, 2009 年 4 月 8 日。

22. 〈中國「慰安婦」要求日本政府謝罪訴訟請求再遭駁回〉。取自 http://news.xinhuanet.com, 2005 年 3 月 31 日。

23. 信息來自筆者 2009 年 7 月 8 日對康健律師的訪談。

24. 中国人戦争被害賠償請求事件弁護団，『砂上の障壁——中国人戦後補償裁判 10 年の軌跡』（東京：日本評論社，2005），頁 62–63。據 *China View* 在 "Tokyo Court Rejects Damages Suit Filed by WWII Chinese Sex Slaves" 一文中報導，原告最終索賠額為 2,300 萬日元。取自 *China View*: http://news.xinhuanet.com, 2009 年 3 月 2 日。

25. "Litigation on Comfort Women Wins Support," *China Daily*, March 20, 2006. 取自 http://www.chinadaily.com.cn, 2009 年 4 月 6 日。

26. "Tokyo Court Rejects Damages Suit Filed by WWII Chinese Sex Slaves," *China View*, March 27, 2009. 取自 *China View*: http://news.xinhuanet.com, 2009 年 3 月 27 日。

27. Permanent Mission of People's Republic of China to the UN, http://www.china-un.org, 取於 October 24, 2010.

28. 王清峰，〈她們的傷口尚未癒合〉，載蘇智良等編，《滔天罪孽》，頁 383–89。另見 Mo Yan-chih, "Comfort Women Still Fighting," *Taipei Times* online, December 27, 2010. 取自 http://www.taipeitimes.com, 2012 年 7 月 15 日。

29. "Taiwanese Comfort Women," *Memory and Reconciliation in the Asia-Pacific*, a Research and Policy Program at the George Washington University, Washington, DC, http://www.gwu.edu/~memory/data/judicial/comfortwomen_japan/Taiwanese.html, 取 於 2012 年 7 月 15 日。

30. 臺北市婦女救援社會福利事業基金會的資料顯示，臺灣的受害者超過二萬名。見 www.twfr.org 中的 "Comfort Women" 一文。

31. 見 "Comfort Women," www.twfr.org.

32. 〈七名被迫做慰安婦的臺灣婦女狀告日本政府敗訴〉，取自 http://news.xinhuanet.com, 2004 年 2 月 10 日。

33. 取自 "Taiwanese Comfort Women," *Memory and Reconciliation in the Asia-Pacific*.

34. 見 Appendix to *Contemporary Forms of Slavery: Systematic Rape, Sexual Slavery and Slavery-Like Practice during Armed Conflict* (final report submitted by Special Rapporteur Gay J. McDougall to United Nations Commission on Human Rights, Sub-Commission on Prevention of Discrimination and Protection of Minorities, 50th Session), UN Doc. E/CN.4/Sub.2/1998.13, June 22, 1998, 51, para. 50.

35. McDougall, *Contemporary Forms of Slavery*, Appendix, 39, para. 6.

36. 庫馬拉斯瓦米報告中援引特別調查員 Theo van Boven 語（見 E/CN.4/Sub. 2/1993/8. 頁 56, 第 2 段），原文見 "Report of the Special Rapporteur on violence against women, its causes and consequences, Ms. Radhika Coomaraswamy, in accordance with Commission on Human Rights resolution, 1994/45; Report on the mission to the Democratic People's Republic of Korea, the Republic of Korea and Japan on the issue of military sexual slavery in wartime" (UN Doc., E/CN.4/1996/53/Add.1, 4 January 1996), para. 124.

37. McDougall, *Contemporary Forms of Slavery*, Appendix, p. 49, para. 44.

38. 除前述山口地方法院下關分院的判決外，東京地方法院也否定了日本政府對戰時強徵中國勞工訴訟案的某些辯護。如 2001 年 7 月 12 日，東京地方法院駁回了日本政府提出的以「訴訟期限」為依據的辯護，對強制勞工的中國受害者劉連仁的索賠主張予以肯定。在 2003 年 1 月 15 日裁決的另一起訴訟案件裏，曾被日本強迫做勞工的中國受害者起訴日本政府和日本冶金工業株式會社。儘管京都地方法院的裁決沒有支持中國原告的訴訟請求，但判決駁回了被告日本政府的「國家豁免權」辯護。在其後東京高等法院、福岡高等法院和新潟地方法院裁決的案子裏，日本政府的「國家豁免權」辯護也都被駁回。見 William Underwood 與康健合著的文章，"Japan's Top Court Poised to Kill Lawsuits by Chinese War Victims," *Asia-Pacific Journal Japan Focus*, March 2, 2007, 取自 http://japanfocus.org，2009 年 3 月 20 日。

39. 約翰・普萊斯（John Price）指出，中國被排除在締約磋商之外，與當時美國及其他國家正在朝鮮戰場上與中國軍隊交鋒有關。同時，美國政府認為邀請韓國參加有風險，擔心愛批評日本政府的韓國人會擾亂其迅速締結條約的計劃。日本首腦吉田茂也希望把韓國排除在簽約國之外，否則居留日本的韓國人將有權享受該條約的權益。見 John Price, "Fifty Years Later, It's Time to Right the Wrongs of the San Francisco Peace Treaty," *Japan Times* online, September 6, 2001。取自 http://www.japantimes.co.jp，2012 年 12 月 2 日。

40. 關於朝鮮、韓國和日本就簽約問題的立場觀點，見拉迪卡・庫馬拉斯瓦米報告的第 5、6、7 節。

41. 見 Underwood、康健，"Japan's Top Court Poised to Kill Lawsuits by Chinese War Victims."

42. McDougall, *Contemporary Forms of Slavery*, Appendix, 53, para. 61.

43. 見 Underwood、康健，"Japan's Top Court Poised to Kill Lawsuits by Chinese War Victims."

44. McDougall, *Contemporary Forms of Slavery*, Appendix, 52, para. 55.

45. 見 Underwood、康健，"Japan's Top Court Poised to Kill Lawsuits by Chinese War Victims."

46. 關於日本政府對《舊金山和平條約》相關條款的不同解讀，見 Kinue Tokudome, "POW Forced Labor Lawsuits against Japanese Companies," *JPRI Working Paper* (Japan Policy Research Institute at the University of San Francisco for the Pacific Rim), no. 82, November 2001, http://www.jpri.org.

47. Price, "Fifty Years Later, It's Time to Right the Wrongs."

48. 同上。

49. Carol Gluck, "Operations of Memory: 'Comfort Women' and the World," in *Ruptured Histories: War, Memory, and the Post-Cold War in Asia*, ed. Sheila Miyoshi Jager and Rana Mitter (Cambridge, MA: Harvard University Press, 2007), 48.

50. "Japan Rejects Lawsuit by WWII Sex Slaves," *People's Daily* online, September 20, 2000. 取自 http://english.peopledaily.com.cn，2009 年 4 月 11 日。

51. Tokudome, "POW Forced Labor Lawsuits against Japanese Companies."

52. 這些專家是 Fritz Kalshoven（萊頓大學榮譽教授），Lepa Mladjenovic（塞爾維亞反性暴力女性自治中心），山田朗（明治大學副教授），林博史（關東學院大學教授），吉見義明（中央大學教授）和藤目ゆき（大阪外國語大學副教授）。見 "The Women's International War Crimes Tribunal on Japan's Military Sexual Slavery", Violence against Women in War Network Japan, http://www1.jca.apc.org/vaww-net-japan/english/womenstribunal2000/whatstribunal.html.

53. 引自陳麗菲，《日軍「慰安婦」制度批判》，頁 378。Violence against Women in War Network (VAWW-NET) Japan 列出的中國幸存者出席名單有：楊明貞、袁竹林、萬愛花、李秀梅＊、郭喜翠、陳亞扁＊、黃友良＊和劉面換＊（＊代表錄像證言）。見 http://www.jca.apc.org.

54. Rumi Sakamoto 指出，「慰安婦」問題最初由日韓學者和社會活動家在後殖民主義研究的語境中提出。女性主義研究者擔心這一問題被民族主義話語所淹沒，遂將「慰安婦」問題與當代國際人權問題連繫起來。在這個意義上，女性國際戰犯審判也可以說是從超越民族國家的角度看待這一問題的努力。見 Rumi Sakamoto, "The Women's International War Crimes Tribunal on Japan's Military Sexual Slavery: A Legal and Feminist Approach to the 'Comfort Women' Issue," *New Zealand Journal of Asian Studies* 3, 1 (2001): 49–58.

55. McDougall, *Contemporary Forms of Slavery*, 23–31.

56. Sakamoto, "Women's International War Crimes Tribunal," 54–55.

第十一章：國際支援

1. Hayashi Hirofumi, "Disputes in Japan over the Japanese Military 'Comfort Women' System and Its Perception in History," *Annals of the American Academy of Political and Social Science* 617 (2008): 123–24.

2. Tessa Morris-Suzuki, "Japan's 'Comfort Women': It's Time for the Truth (in the Ordinary Everyday Sense of the Word)," *Asia-Pacific e-Journal: Japan Focus*, March 8, 2007, http://www.japanfocus.org.

3. Dongwoo Lee Hahm, "Urgent Matters: Redress for Surviving 'Comfort Women,'" in *Legacies of the Comfort Women of World War II*, ed. Margaret Stetz and Bonnie B. C. Oh (Armonk, NY: M.E. Sharpe, 2001), 128–41.

4. 該組織 1992 年成立，致力於推動對「慰安婦」問題的研究和相關教育，是一個獨立的非盈利、無黨派、教育性機構。

5. 該組織 1994 年成立，主要致力於維護亞太戰爭（1931–1945）的相關史實，也開展了援助「慰安婦」倖存者的活動。該聯合會下屬的「卑詩省亞洲二戰浩劫史實維護會」等組織多次帶「和平與和解教師訪問亞洲學習團」赴中國訪問戰爭受害者。

6. 該組織 1993 年於上海成立，並在中國、日本、韓國、朝鮮、菲律賓、印尼、臺灣和荷蘭設有分會。分會協調人每年集會，討論各個國家的活動和整體共同活動的計劃。

7. 要求解決日本歷史遺留問題國際聯合委員會第五次會議決議。

8. 草案全文見戶塚悅朗，「市民が決める『慰安婦』の立法解決：戰時性的強制被害者問題解決促進法案の実現を求めて」附錄，『国際人権法政策研究』3–4 期（2008），頁 56–62。

9. 同上。

10. 根據 2009 年的統計，截至當年，已知倖存者約有一半已經逝世。見尋求立法解決「慰安婦」問題協會（「慰安婦」問題の立法解決を求める会）、促進立法解決戰時性強暴受害者問題聯絡會（「戰時性の強制被害者問題解決促進法案」の立法を求める連絡会議）刊，『「慰安婦」問題の早期立法解決のために』，2009 年 1 月，頁 1。

11. Hahm, "Urgent Matters," 128.

12. 臺北婦女救援基金會未刊報告。

13. 1997年12月，臺灣政府向42名狀告日本政府並提交證詞的原「慰安婦」提供了每人約200萬日元的臨時救助款。1998年4月，韓國政府向拒絕 AWF 賠償的原「慰安婦」提供了約300萬日元的救助款。見『「慰安婦」問題の早期立法解決のために』(2009年1月)，頁2。

14. 取自中華全國律師協會網，http://www.acla.org.cn/，2009年1月2日。

15. 〈中國原「慰安婦」受害事實調查委員會發布第一階段調查結果〉。取自中華全國律師協會網：http://www.acla.org.cn/，2009年1月2日。

16. 同上。

17. 戈書亞，〈董家溝慰安所的新發現〉，《民主與法制時報》，2010年11月1日。

18. 陳祖梁，〈侵華日軍滇西慰安所與「慰安婦」〉，載蘇智良、榮維木、陳麗菲編，《滔天罪孽：二戰時期的日軍「慰安婦」制度》(上海：學林出版社，2000)，頁308–22。

19. 同上，頁313–20。

20. 取自 Women's Active Museum 網站：http://www.wam-peace.org/，2012年5月30日。

後記

1. Wang Yufeng, "Scholars Propose Memorializing 'Comfort Stations': The Ravages of Time," *Global Times*, September 22, 2011.

2. 同上。

3. 此處是根據本書英文版出版前的情況所做的評論。近年來日本國內否定其二戰期間侵略戰爭罪行的勢力日益猖獗，中國政府對日軍「慰安婦」制度的譴責態度較前已更為明朗。

4. 莊慶鴻，〈日本女性記述的中國「慰安婦」歷史〉，《中國青年報》，2010年4月5日。

5. 「清國奴」日文發音是「chankoro」(チャンコロ)，這是一個對中國人的蔑稱。

6. 大森典子，『歷史の事實と向き合って——中国人「慰安婦」被害者と共に』(東京：新日本出版社，2008)，頁111。

7. 池田惠理子，「田村泰次郎が描いた戰場の性——山西省・日本軍支配下の買春と強姦」，載石田米子、内田知行編，『黄土の村の性暴力——大娘(ダーニャン)たちの戰争は終わらない』(東京：創土社，2004)，頁296–325。近藤的回憶在大森典子的『歷史の事実と向き合って』中也有記載，見該書頁112。

8. 同上。

9. 筆者此處分析受卜正民論點啟發。見 Timothy Brook, *Collaboration: Japanese Agents and Local Elites in Wartime China* (Cambridge, MA: Harvard University Press, 2005), 23–24.

10. Nicola Henry, *War and Rape: Law, Memory and Justice* (London: Routledge, 2011), 52.

參考文獻

報 刊
（按名稱原文讀音依英文字母順序排列）

朝日新聞
參考消息
China Daily
大地週報
Global Times
海南日報
海口日報
環球時報
Japan Times
民主與法制時報
People's Daily
人民日報
人民日報海外版
申報
讀賣新聞
中國青年報

網 站
（按名稱原文讀音依英文字母順序排列）

China View. http://www.chinaview.cn/.
中国人海南島戦時性暴力被害者への謝罪と賠償を求めるネットワーク (Hainan NET)。
　　　http://hainannet.org/.
中国人戦争被害者の要求を支える会。http://www.suopei.jp/.
House of Sharing. http://nanum.org/.

女性のためのアジア平和国民基金 (AWE)。http://www.awf.or.jp/.

Korean Council for Women Drafted for Military Sexual Slavery by Japan.
　　http://saynotoviolence.org/.

日本外務省。http://www.mofa.go.jp/.

女たちの戦争と平和資料館。http://www.wam-peace.org/.

人民網。http://www.people.com.cn/.

「戦争と女性への暴力」日本ネットワーク(VAWW-NET Japan)。
　　http://www1.jca.apc.org/vaww-net-japan/.

臺北婦女救援基金會。http://www.twrf.org.tw/.

United Nations documents. http://www.unhchr.ch/.

新華網。http://news.xinhuanet.com/.

中國律師網。http://www.ACLA.org.cn/.

中國民間對日索賠聯合會。http://www.cfdc.org.cn/.

中國慰安婦研究中心。http://cms.shnu.edu.cn/.

中華人民共和國外交部。http://www.fmprc.gov.cn/.

中文文獻
(按著者姓名讀音依漢語拼音順序排列)

安明。《慰安婦的血淚情》。北京：軍事譯文出版社，1999。

班忠義。《血淚「蓋山西」：日軍山西性暴力十年調查》。北京：中國文聯出版社，
　　2006。

北京市檔案館。〈日軍強徵「慰安婦」史料一件〉。載蘇智良、榮維木、陳麗菲編，
　　《滔天罪孽：二戰時期的日軍「慰安婦」制度》。上海：上海學林出版社，2000，
　　頁623–26。

卞修躍。〈慰安婦問題與日本戰爭罪責〉，《抗日戰爭研究》2期 (1999)，頁159–73。

步平。〈慰安婦問題與日本的戰爭責任認識〉，《抗日戰爭研究》2期 (2000)，
　　頁162–80。

曹保明。《慰安婦考察手記》。長春：吉林文史出版社，2007。

陳景彥。〈日本侵華期間強徵中國慰安婦問題〉，《東北亞論壇》3期 (2001)，頁60–64。

陳娟。〈南京日軍「慰安婦」制度的實施〉。載蘇智良、榮維木、陳麗菲編，《滔天罪
　　孽：二戰時期的日軍「慰安婦」制度》。上海：學林出版社，2000，頁152–60。

陳麗菲。《日軍慰安婦制度批判》。北京：中華書局，2006。

陳麗菲、蘇智良。《追索——朝鮮慰安婦樸永心和她的姐妹們》。廣州：廣東人民出版
　　社，2005。

陳慶港。《血痛：二十六個慰安婦的控訴》。北京：北京出版社，2005。

陳淑榮。〈國際法透視下的日軍「慰安婦」問題〉，《石家莊學院學報》4期 (2005)，
　　頁35–38。

陳斯白。《野獸在江南》。上堯：前線日報社，1939。

陳正卿。〈侵華日軍華中「慰安婦」罪行新證〉,《檔案與史學》1 期（2003）,頁 39–46。

陳正卿、莊志齡。〈檔案中發現的有關上海日軍慰安婦問題〉,《檔案與史學》2 期（2000）,頁 47–51。

陳祖梁。〈侵華日軍滇西慰安所與「慰安婦」〉。載蘇智良、榮維木、陳麗菲編,《滔天罪孽：二戰時期的日軍「慰安婦」制度》。上海：學林出版社,2000,頁 308–22。

房建昌。〈日寇鐵蹄下漢口的日本陸軍慰安所〉,《武漢文史資料》4 期（2000）,頁 37–41。

方志源。〈一個羞辱的報告〉。載陳斯白編,《野獸在江南》。上堯：前線日報社,1939,頁 89–90。

符和積。〈侵瓊日軍「慰安婦」實錄〉,《抗日戰爭研究》4 期（1996）,頁 34–50。

符和積編。《鐵蹄下的腥風血雨——日軍侵瓊暴行實錄》（上、下）。海口：海南出版社,1995。

符和積編。《鐵蹄下的腥風血雨——日軍侵瓊暴行實錄》（續）。海口：海南出版社,1996。

高凡夫。〈日本社會傳統與日軍慰安婦制度〉,《學海》3 期（2005）,頁 59–61。

高凡夫。〈追索正義與尊嚴的艱難訴求〉。上海師範大學博士論文,2006。

高興祖。《南京大屠殺期間日軍慰安所慘況》。載蘇智良、榮維木、陳麗菲編,《滔天罪孽：二戰時期的日軍「慰安婦」制度》。上海：學林出版社,2000,頁 137–43。

高興祖。〈日軍南京強姦事件與慰安所的出現〉。載蘇智良、榮維木、陳麗菲編,《滔天罪孽：二戰時期的日軍「慰安婦」制度》。上海：學林出版社,2000,頁 123–26。

戈叔亞。〈董家溝慰安所的新發現〉,《民主與法制時報》,2010 年 11 月 1 日。

管建強。〈從國際法看日本國侵華戰爭的民間賠償問題〉,《法學》3 期（2000）,頁 49–52。

管寧。〈慰安婦問題與日本的國際化〉,《世界史研究動態》9 期（1993）,頁 27–39。

管文華。〈日軍對北票婦女的凌辱〉。載李秉新、徐俊元、石玉新編,《侵華日軍暴行總錄》。石家莊：河北人民出版社,1995,頁 69。

郭汝瑰、黃玉章、田昭林。《中國抗日戰爭正面戰場作戰記》。南京：江蘇人民出版社,2002。

韓文寧、馮春龍。《日本戰犯審判》。南京：南京出版社,2005。

何德功。〈我為何替中國受害者辯護：訪日律師小野寺利孝〉。取自中華網新聞：http://news.china.com,2005 年 8 月 4 日。

何吉。〈日軍強逼中國婦女為「慰安婦」資料摘編〉,《抗日戰爭研究》4（1993）,頁 37–51。

何十里。〈三百「慰安婦」慘死泰半——石碌鐵礦「慰安所」調查實錄〉。載符和積編,《鐵蹄下的腥風血雨——日軍侵瓊暴行實錄》（下）。海口：海南出版社,1995,頁 748–50。

何天義。〈論日軍在中國華北的性暴力〉。載蘇智良、榮維木、陳麗菲編,《滔天罪孽：二戰時期的日軍「慰安婦」制度》。上海：學林出版社,2000,頁 254–68。

胡家仁口述，卓石存、陳運宏整理。〈撫黎廟日軍和自警團的據點情況及其暴行〉。載符和積編，《鐵蹄下的腥風血雨——日軍侵瓊暴行實錄》（續）。海口：海南出版社，1996，頁308-9。

蔣公穀。《陷京三月記》（1938）。重印本，南京：南京出版社，2006。

江浩。《昭示：中國慰安婦——跨國跨時代調查白皮書》。西寧：青海人民出版社，1998。

江上幸子。〈日軍婦女暴行和戰時中國婦女雜誌〉。載蘇智良、榮維木、陳麗菲編，《滔天罪孽：二戰時期的日軍「慰安婦」制度》。上海：學林出版社，2000，頁56-70。

江蘇省如皋市地方誌編撰委員會。《如皋縣誌》。香港：香港新亞洲出版社有限公司，1995。

姜維久。〈論二戰平民受害賠償責任〉，《社會科學戰線》1期（2000），頁238-43。

近代史資料編輯部、中國人民抗日戰爭紀念館編。《日軍侵華暴行實錄》。北京：北京出版社，1996。

經盛鴻。〈南京的慰安婦與慰安所〉，《抗日戰爭研究》2期（1999），頁191-99。

經盛鴻。〈侵華日軍在南京實施「慰安婦」制度始末〉。載蘇智良、榮維木、陳麗菲編，《滔天罪孽：二戰時期的日軍「慰安婦」制度》。上海：學林出版社，2000，頁161-73。

李碧華。《煙花三月》。廣州：花城出版社，2005。

李秉新、徐俊元、石玉新編。《侵華日軍暴行總錄》。石家莊：河北人民出版社，1995。

李金蓮，〈抗戰時期日軍對滇西婦女的性暴行初探〉，《楚雄師範學院學報》1期（2003），頁65-68。

李秦。〈新發現的日軍強徵天津婦女充當「慰安婦」的史料析〉。載蘇智良、榮維木、陳麗菲編，《滔天罪孽：二戰時期的日軍「慰安婦」制度》。上海：學林出版社，2000，頁638-45。

李師。〈日軍在富陽縣的暴行〉，載李秉新、徐俊元、石玉新編，《侵華日軍暴行總錄》。石家莊：河北人民出版社，1995，頁768。

李世民。〈喬鴻年籌設慰安所〉，《大地週報》31期（1946），頁2。

李曉方。《世紀吶喊：67位幸存慰安婦實錄》。北京：中國黨史出版社，2008。

李小江編。《讓女人自己說話：親歷戰爭》。北京：生活讀書新知三聯書店，2003。

李秀平。《十萬慰安婦》。北京：人民中國出版社，1993。

林伯耀。〈天津日軍「慰安婦」之供給系統〉。載蘇智良、榮維木、陳麗菲編，《滔天罪孽：二戰時期的日軍「慰安婦」制度》。上海，學林出版社，2000，頁269-307。

凌以安。〈湖州的日軍「慰安所」〉，《古今談》4期（2001），頁21-27。

劉萍。〈關於日軍強徵山西「慰安婦」的調查報告〉，《抗日戰爭研究》2期（1991），頁181-90。

劉士田、李志忠。〈戰後日本對華賠償問題〉，《抗日戰爭研究》3期（1997），頁187-200。

潘先椁。〈日軍侵陵史實概要〉。載符和積編,《鐵蹄下的腥風血雨——日軍侵瓊暴行實錄》(下)。海口:海南出版社,1995,頁448–62。

宋福海口述,陳子明、王吉整理。〈我親睹的新盈日軍「慰安所」〉。載符和積編,《鐵蹄下的腥風血雨——日軍侵瓊暴行實錄》(續)。海口:海南出版社,1995,頁188–90。

穌實。〈日本侵略者強迫中國婦女作日軍「慰安婦」實錄〉,《抗日戰爭研究》4期(1992),頁14–23。

蘇智良。〈關於日軍慰安婦制度的簡單辨析〉,《抗日戰爭研究》3期(1997),頁166–80。

蘇智良。《日軍性奴隸》。北京:人民出版社,2000。

蘇智良。〈試論戰後日本對慰安婦問題的態度〉,《日本研究》3期(1999),頁26–32。

蘇智良。《慰安婦研究》。上海:上海書店出版社,1999。

蘇智良。〈香港日軍慰安所調查記〉,《探索與證明》2期(2000),頁44–48。

蘇智良、陳麗菲。〈侵華日軍慰安婦制度略論〉,載蘇智良、榮維木、陳麗菲編,《滔天罪孽:二戰時期的日軍「慰安婦」制度》。上海:學林出版社,2000,頁7–31。

蘇智良、陳麗菲、姚霏。《上海慰安所實錄》。上海:三聯書店,1995。

蘇智良、侯桂芳、胡海英。《日本對海南的侵略及其暴行》。上海:上海辭書出版社,2005。

蘇智良、榮維木、陳麗菲編。《滔天罪孽:二戰時期的日軍「慰安婦」制度》。上海:學林出版社,2000。

孫遜。《慰安婦血淚》。西安:太白文藝出版社,2001。

孫宅巍。〈論南京大屠殺中的性暴力問題〉,《民國檔案》4期(2000),頁9–96。

臺北市婦女救援社會福利事業基金會。《臺灣「慰安婦」報告》。台北:商務印書館,1999。

唐華元。〈日軍在岳陽姦殺婦女的暴行〉。載李秉新、徐俊元、石玉新編,《侵華日軍暴行總錄》。石家莊:河北人民出版社,1995,頁1010。

田蘇蘇。〈日軍慰安婦政策在華北地區的實施〉,《抗日戰爭研究》2期(2005),頁166–88。

田蘇蘇。〈新發現的日軍在華北設置慰安所的罪證〉,《檔案天地》1期(2005),頁14–17。

童增。〈中國要求日本受害賠償刻不容緩〉,1991。載高凡夫,《追索正義與尊嚴的艱難訴求》。上海師範大學博士論文,2006,頁229–40。

王璧珍。〈慰安所裏的女同胞〉,《廣西婦女》17–18期(1941),頁36。

王清峰。〈她們的傷口尚未癒合——臺灣「慰安婦」問題的進展〉。載蘇智良、榮維木、陳麗菲編,《滔天罪孽:二戰時期的日軍「慰安婦」制度》。上海:學林出版社,2000,頁383–89。

王世忠等口述,張應勇整理。〈日軍在南林鄉的罪行實錄〉。載符和積編,《鐵蹄下的腥風血雨——日軍侵瓊暴行實錄》(下)。海口:海南出版社,1995,頁538–50。

王延華。〈關於日軍的「慰安婦」制度〉,《齊齊哈爾大學學報》5期(1995),頁125–28。

汪業新。〈鳳宜樓「慰安所」始末〉，載蘇智良、榮維木、陳麗菲編，《滔天罪孽：二戰時期的日軍「慰安婦」制度》。上海：學林出版社，2000，頁180-83。

王鍾倫、劉太亨編。《從甲戌到乙酉1800億美元民間受害大索賠——國人依法起訴侵華日軍》。海口：海南出版社，1993。

文言。〈鳳陽「慰安所」〉。載李秉新、徐俊元、石玉新編，《侵華日軍暴行總錄》。石家莊：河北人民出版社，1995，頁734、742-43。

吳廣義。《侵華日軍南京大屠殺日誌》。北京：社會科學文獻出版社，2005。

吳連生口述，林良材等整理。〈楚館悲歌　紅顏血淚——日軍那大慰安所親睹記〉。載符和積編，《鐵蹄下的腥風血雨——日軍侵瓊暴行實錄》(續)。海口：海南出版社，1996，頁272-79。

曉蘇。〈「慰安婦」這一頁屈辱黑暗的歷史：日軍在華北實施「慰安婦」制度罪行史證〉，《檔案天地》4期 (2004)，頁4-9。

謝忠厚、田蘇蘇、何天義編。《日本侵略華北罪行史稿》。北京：社會科學文獻出版社，2005。

羊杰臣。〈日軍侵佔崖縣及其暴行紀實〉。載符和積編，《鐵蹄下的腥風血雨——日軍侵瓊暴行實錄》(下)。海口：海南出版社，1995，頁401-13。

章伯峰、莊建平編。《抗日戰爭》。成都：四川大學出版社，1997。

張淮清。〈鳳陽大慘案〉。載李秉新、徐俊元、石玉新編，《侵華日軍暴行總錄》。石家莊：河北人民出版社，1995，頁710-11。

張連紅、李廣廉。〈南京下關區侵華日軍慰安所的調查報告〉。載蘇智良、榮維木、陳麗菲編，《滔天罪孽：二戰時期的日軍「慰安婦」制度》。上海：學林出版社，2000，頁144-51。

張憲文編。《中國抗日戰爭史》。南京：南京大學出版社，2001。

張應勇。〈日軍入侵保亭縣始末〉，載符和積編，《鐵蹄下的腥風血雨——日軍侵瓊暴行實錄》(下)。海口：海南出版社，1995，頁531-41。

張應勇。〈日軍「戰地後勤服務隊」中的黎族婦女〉，符和積編，《鐵蹄下的腥風血雨》(下)。海口：海南出版社，1995，頁547-49。

中國抗日戰爭史學會、中國人民抗日戰爭紀念館。《日軍侵華暴行實錄》。北京：北京出版社，1995。

鍾強。〈我所知道的日軍黃流機場的「慰安所」〉。載符和積編，《鐵蹄下的腥風血雨——日軍侵瓊暴行實錄》(下)。海口：海南出版社，1995，頁646-47。

中央檔案館、中國第二歷史檔案館、河北省社會科學院合編，田蘇蘇校。《日本侵略華北罪行檔案9：性暴力》。石家莊：河北人民出版社，2005。

莊國明。〈讓正義甦醒——臺灣「慰安婦」記事〉。載蘇智良、榮維木、陳麗菲編，《滔天罪孽：二戰時期的日軍「慰安婦」制度》。上海：學林出版社，2000，頁378-82。

朱德蘭。〈台灣「慰安婦」檔案調查與歷史真相研究〉，《亞洲週刊》7期 (1999)，頁19-25。

英文文獻

(按著者姓名依英文字母表順序排列)

Brook, Timothy. *Collaboration: Japanese Agents and Local Elites in Wartime China.* Cambridge, MA: Harvard University Press, 2005.

Brownmiller, Susan. *Against Our Will: Men, Women, and Rape.* New York: Simon and Schuster, 1975.

Chai, Alice Yun. "Asian-Pacific Feminist Coalition Politics: The Chongshindae/Jugunianfu Movement." *Korean Studies* 1993 (17): 67–91.

Chai, Alice Yun. "Korean Feminist and Human Rights Politics: The Chongshindae/Jugunianfu ('Comfort Women') Movement." In *Korean American Women: From Tradition to Modern Feminism*, edited by Young I. Song and Ailee Moon, 237–54. Westport: Praeger, 1998.

Chang, Iris. *The Rape of Nanking: The Forgotten Holocaust of World War II.* New York: Penguin, 1998.

Chavez, Linda. "Contemporary Forms of Slavery." Working paper on the situation of systematic rape, sexual slavery, and slavery-like practices during wartime, including internal armed conflict, submitted in accordance with subcommission decision 1994/109, UN Doc. E/CN.4/Sub.2/1995/38.1995.

Choi, Chungmoo. *The Comfort Women: Colonialism, War and Sex* (*positions: east asia cultures critique* 5, 1 [1997], special issue). Durham: Duke University Press, 1997.

Chung, Chin Sung. "Korean Women Drafted for Military Sexual Slavery by Japan." In *True Stories of the Korean Comfort Women: Testimonies Compiled by the Korean Council for Women Drafted for Military Sexual Slavery by Japan and the Research Association on the Women Drafted for Military Sexual Slavery by Japan*, edited by Keith Howard, translated by Young Joo Lee, 11–30. London: Cassell, 1995.

Chung, Chin Sung. "Wartime State Violence against Women of Weak Nations; Military Sexual Slavery Enforced by Japan during World War II." *Korean and Korean American Studies Bulletin* 5 (2–3) (1994): 15–27.

Coomaraswamy, Radhika. *Report of the Special Rapporteur on Violence against Women, Its Causes and Consequences, Ms. Radhika Coomaraswamy, in Accordance with Commission on Human Rights Resolution, 1994/45. Report on the Mission to the Democratic People's Republic of Korea, the Republic of Korea and Japan on the Issue of Military Sexual Slavery in Wartime.* UN Doc. E/CN.4/1996/53/Add.1, January 4, 1996.

Dethlefsen, Henrik. "Denmark and the German Occupation: Cooperation, Negotiation, or Collaboration?" *Scandinavian Journal of History* 15 (3) (1990): 193–206.

Dolgopol, Ustinia, and Snehal Paranjape. *Comfort Women: An Unfinished Ordeal.* Report of a Mission. Geneva, CH: International Commission of Jurists, 1994.

Dower, John. *Embracing Defeat: Japan in the Wake of World War II.* New York: W.W. Norton, 1999.

Drea, Edward J., and Hans van de Ven. "An Overview of Major Military Campaigns during the Sino-Japanese War, 1937–1945." In *The Battle for China: Essays on the Military History of the Sino-Japanese War of 1937–1945*, ed. Mark Peattie, Edward J. Drea, and Hans van de Ven, 27–47. Stanford: Stanford University Press, 2011.

Field, Norma. "War and Apology: Japan, Asia, the Fiftieth, and After." *Positions* 5 (1) (1997): 1–49.

Flath, James, and Norman Smith. *Beyond Suffering: Recounting War in Modern China.* Vancouver: UBC Press, 2011.

Fogel, Joshua A., ed. *The Nanjing Massacre in History and Historiography.* Foreword by Charles S. Maier. Berkeley: University of California Press, 2000.

Gluck, Carol. "Operations of Memory: 'Comfort Women' and the World." In *Ruptured Histories: War, Memory, and the Post-Cold War in Asia*, ed. Sheila Miyoshi Jager and Rana Mitter, 47–77. Cambridge, MA: Harvard University Press, 2007.

Gluck, Carol. "Sekinin/Responsibility in Modern Japan." In *Word in Motion*, edited by Carol Gluck and Anna Lowenhaupt Tsing, 83–106. Durham: Duke University Press, 2009.

Hahm, Dongwoo Lee. "Urgent Matters: Redress for Surviving 'Comfort Women.'" In *Legacies of the Comfort Women of World War II*, edited by Margaret Stetz and Bonnie B. C. Oh, 128–41. Armonk, NY: M.E. Sharpe, 2001.

Hata Ikuhiko. "The Nanking Atrocities: Facts and Fable." *Japan Echo* 25 (4) (1998): 47–57.

Hayashi Hirofumi. "Disputes in Japan over the Japanese Military 'Comfort Women' System and Its Perception in History." *Annals of the American Academy of Political and Social Science* 617 (2008): 123–32.

Hein, Laura. "Savage Irony: The Imaginative Power of the 'Military Comfort Women' in the 1990s." *Gender and History* 11 (2) (1999): 336–72.

Henry, Nicola. *War and Rape: Law, Memory and Justice.* London: Routledge, 2011.

Henson, Maria Rosa. *Comfort Woman: A Filipina's Story of Prostitution and Slavery under the Japanese Military.* Lanham, MD: Rowman and Littlefield, 1999.

Hicks, George. *The Comfort Women: Japan's Brutal Regime of Enforced Prostitution in the Second World War.* New York: W.W. Norton, 1995.

Hite, Katherine. *Politics and the Art of Commemoration: Memorials to Struggle in Latin American and Spain.* London: Routledge, 2011.

Honda, Katsuichi. *The Nanjing Massacre: A Japanese Journalist Confronts Japan's National Shame.* London: M.E. Sharpe, 1999.

Ienaga, Saburô. *The Pacific War: World War II and the Japanese, 1931–1945.* New York: Pantheon Books, 1978.

Ishikida, Miki Y. *Toward Peace: War Responsibility, Postwar Compensation, and Peace Movements and Education in Japan.* New York: iUniverse, 2005.

Jager, Sheila Miyoshi, and Rana Mitter, eds. *Ruptured Histories: War, Memory, and the Post-Cold War in Asia.* Cambridge, MA: Harvard University Press, 2007.

Japanese Delegation to the Photo Exhibitions of War Atrocities Committed by Japanese Army. *The Asian Holocaust 1931–1945: Hidden Holocaust in World War II by the Japanese Army-Unit 731, BCW, Nanjing Massacre, Comfort Women*. Tokyo, 1998.

Kim-Gibson, Dail Sil. *Silence Broken: Korean Comfort Women*. Parkersburg: Mid-Prairie Books, 2000.

Korean Council for Women Drafted for Military Sexual Slavery by Japan. *True Stories of the Korean Comfort Women*. Edited by Keith Howard; translated by Young Joo Lee. London: Cassell, 1995.

Lary, Diana, and Stephen MacKinnon, eds. *Scars of War: The Impact of Warfare on Modern China*. Vancouver: UBC Press, 2001.

Li, Danke. *Echoes of Chongqing: Women in Wartime China*. Urbana: University of Illinois Press, 2010.

Lu, Suping. *They Were in Nanjing: The Nanjing Massacre Witnessed by American and British Nationals*. Hong Kong: Hong Kong University Press, 2004.

MacKinnon, Stephen R., Diana Lary, and Ezra Vogel, eds. *China at War: Regions of China, 1937–1945*. Stanford: Stanford University Press, 2007.

Matsui, Yayori. "Women's International War Crime Tribunal on Japan's Military Sexual Slavery: Memory, Identity and Society." *East Asia: An International Quarterly* 19 (4) (2001): 119–42.

Matsusaka, Yoshihisa Tak. *The Making of Japanese Manchuria, 1904–1932*. Cambridge: Harvard University Asia Center, 2001.

Mayo, Marlene J., and J. Thomas Rimer with H. Eleanor Kerkham, eds. *War, Occupation, and Creativity: Japan and East Asia, 1920–1960*. Honolulu: University of Hawai'i Press, 2001.

McDougall, Gay J. *Contemporary Forms of Slavery: Systematic Rape, Sexual Slavery and Slavery-Like Practice during Armed Conflict*. Final report submitted to United Nations Commission on Human Rights, Sub-Commission on Prevention of Discrimination and Protection of Minorities, 50th session. UN Doc. E/CN.4/Sub.2/1998/13, June 22, 1998. Appendix: "An Analysis of the Legal Liability of the Government of Japan for 'Comfort Women Stations' Established during the Second World War."

Morris-Suzuki, Tessa. "Japan's 'Comfort Women': It's Time for the Truth (in the Ordinary Everyday Sense of the Word)." *Asia-Pacific e-Journal: Japan Focus*, March 8, 2007.

Nihon bengoshi rengôkai. *Investigative Report in Relation to Cases of Japan's Imperial Military "Comfort Women" of Taiwanese Descent*. Tokyo: Japan Federation of Bar Associations, 1997.

Nozaki, Yoshiko. "Feminism, Nationalism, and the Japanese Textbook Controversy over 'Comfort Women'." In *Feminism and Antiracism: International Struggle for Justice*, edited by France Winddance Twine and Kathleen M. Blee, 170–89. New York: New York University Press, 2001.

Nozaki, Yoshiko. "The Comfort Women Controversy: History and Testimony." *Asia-Pacific Journal: Japan Focus*. Available at http://www.japanfocus.org/.

Nozaki, Yoshiko. *War Memory, Nationalism and Education in Postwar Japan, 1945–2007: The Japanese History Textbook Controversy and Ienaga Saburō's Court Challenges*. New York: Routledge, 2008.

Peattie, Mark, Edward J. Drea, and Hans van de Ven, eds. *The Battle for China: Essays on the Military History of the Sino-Japanese War of 1937–1945*. Stanford: Stanford University Press, 2011.

Piccigallo, Philip R. *The Japanese on Trial: Allied War Crimes Operations in the East, 1945–1951*. Austin: University of Texas Press, 1979.

Price, John. "Fifty Years Later, It's Time to Right the Wrongs of the San Francisco Peace Treaty." *Japan Times* online, September 6, 2001.

Rabe, John. *The Good Man of Nanking: The Diaries of John Rabe*. New York: Vintage Books, 1998.

Roberts, J. A. G. *A Concise History of China*. Cambridge: Harvard University Press, 1999.

Ruff-O'Herne Jan. *50 Years of Silence*. Sydney: ETT Imprint, 1994.

Saaler, Sven, and Wolfgang Schwentker, ed. *The Power of Memory in Modern Japan*. Folkestone, UK: Global Oriental, 2008.

Sakamoto, Rumi. "The Women's International War Crimes Tribunal on Japan's Military Sexual Slavery: A Legal and Feminist Approach to the 'Comfort Women' Issue." *New Zealand Journal of Asian Studies* 3 (1) (2001): 49–58.

Sancho, Nelia, ed. *War Crimes on Asian Women: Military Sexual Slavery by Japan during World War II—The Case of the Filipino Comfort Women*. Manila: Asian Women Human Rights Council, 1998.

Schellstede, Sangmie Choi, ed. *Comfort Women Speak: Testimony by Sex Slaves of the Japanese Military*. New York: Holmes and Meier, 2000.

Schmidt, David A. *Ianfu—The Comfort Women of the Japanese Imperial Army of the Pacific War: Broken Silence*. Lewiston: Edwin Mellon Press, 2000.

Seaton, Phillip A. *Japan's Contested War Memories*. London: Routledge, 2007.

Soh, C. Sarah. *The Comfort Women: Sexual Violence and Postcolonial Memory in Korea and Japan*. Chicago: University of Chicago Press, 2008.

Soh, C. Sarah. "Japan's Responsibility toward Comfort Women Survivors." *JPRI Working Paper* 77 (2001). Japan Policy Research Institute, University of San Francisco Center for the Pacific Rim, Available at http://www.jpri.org/.

Song, Young I., and Ailee Moon, ed. *Korean American Women: From Tradition to Modern Feminism*. Westport: Praeger, 1998.

Stetz, Margaret, and Bonnie B. C. Oh, eds. *Legacies of the Comfort Women of World War II*. Armonk, NY: M.E. Sharpe, 2001.

Sun, Youli. *China and the Origins of the Pacific War, 1931–1941*. New York: St. Martin's Press, 1993.

Takemae Eiji. *The Allied Occupation of Japan*. Translated by Robert Ricketts and Sebastian Swann. New York: Continuum, 2002.

Tanaka, Yuki. *Japan's Comfort Women: Sexual Slavery and Prostitution during World War II and the US Occupation*. New York: Routledge, 2002.

Terazawa, Yuki. "The Transnational Campaign for Redress for Wartime Rape by the Japanese Military: Cases for Survivors in Shanxi Province." *National Women's Studies Association Journal* 18 (3) (2006): 133–45.

Tokudome, Kinue. "POW Forced Labor Lawsuits against Japanese Companies." *Japan Policy Research Institute Working Paper* 82 (2001). Available at http://www.jrpi.org/.

Totani, Yuma. *The Tokyo War Crimes Trial: The Pursuit of Justice in the Wake of World War II*. Cambridge: Harvard University Asia Center, 2008.

Totsuka Etsurô. "Commentary on a Victory for 'Comfort Women': Japan's Judicial Recognition of Military Sexual Slavery." *Pacific Rim Law and Policy Journal* 8 (161) (1999): 47–61.

Ueno, Chizuko. *Nationalism and Gender*. Translated by Beverley Yamamoto. Melbourne: Trans Pacific Press, 2004.

Underwood, William, and Kang Jian. "Japan's Top Court Poised to Kill Lawsuits by Chinese War Victims." *Asia-Pacific Journal Japan Focus*, March 2, 2007. Available at http://www.japanfocus.org/.

Utsumi, Aiko. "How the Violence against Women Was Dealt with in War Crime Trials." In *Common Grounds: Violence against Women in War and Armed Conflict Situations*. Quezon: Asian Center for Woman's Human Rights, 1998.

Wang, Yufeng. "Scholars Propose Memorializing 'Comfort Stations': The Ravages of Time." *Global Times*, September 22, 2011.

Watanabe, Kazuko. "Militarism, Colonialism, and the Trafficking of Women: 'Comfort Women' Forced into Sexual Labor for Japanese Soldiers." *Bulletin of Concerned Asian Scholars* 26 (4) (1994): 3–17.

Wood, Nancy. *Vectors of Memory: Legacies of Trauma in Postwar Europe*. Oxford: Berg, 1999.

Yang, Daqing. "Atrocities in Nanjing: Searching for Explanations." In *Scars of War: The Impact of Warfare on Modern China*, ed. Diana Lary and Stephen MacKinnon, 76–96. Vancouver: UBC Press, 2001.

Yoshida, Takashi. *The Making of the "Rape of Nanking": History and Memory in Japan, China, and the United States*. Oxford: Oxford University Press, 2006.

Yoshimi, Yoshiaki. *Comfort Women: Sexual Slavery in the Japanese Military during World War II*. Translated by Suzanne O'Brien. New York: Columbia University Press, 2000.

日文文獻
(按著者姓名讀音依日文字典順序排列)

麻生徹男。『上海より上海へ——兵站病院の産婦人科医』。福岡：石風社，1993。

「慰安婦」問題の立法解決を求める会、「戦時性的強制被害者問題解決促進法案」の立法を求める連絡会議。『「慰安婦」問題の早期立法解決のために』。2009年1月。

池田恵理子。「田村泰次郎が描いた戦場の性——山西省・日本軍支配下の買春と強姦」。石田米子、内田知行編，『黄土の村の性暴力——大娘（ダーニャン）たちの戦争は終わらない』。東京：創土社，2004，頁296-325。

石田米子、内田知行編。『黄土の村の性暴力——大娘（ダーニャン）たちの戦争は終わらない』。東京：創土社，2004。

稲葉正夫編。『岡村寧次大将資料（上）戦場回想篇』。東京：原書房，1970。

内海愛子、石田米子、加藤修宏編。『ある日本兵の二つの戦場——近藤一の終わらない戦争』。東京：社會評論社，2005。

江口圭一。『十五年戦争小史』。東京：青木書店，1986。

大森典子。『歴史の事実と向き合って——中国人「慰安婦」被害者と共に』。東京：新日本出版社，2008。

大森典子、川田文子。『慰安婦問題が問うてきたこと』。東京：岩波書店，2012。

岡部直三郎。『岡部直三郎大将の日記』。東京：芙蓉書房，1982。

笠原十九司。「中国戦線における日本軍の性犯罪：河北省、山西省の事例」，『戦争責任研究』13期（1996），頁2-11。

笠原十九司。『南京事件』。東京：岩波書店，1997。

笠原十九司。『南京事件と三光作戦——未来に生かす戦争の記憶』。東京：大月書店，1999。

川田文子。『戦争と性』。東京：明石書店，1995。

金一勉。『天皇の軍隊と朝鮮人慰安婦』。東京：三一書房，1976。

金一勉。『遊女、からゆき、慰安婦の系譜』。東京：雄山閣出版，1997。

桜田武、鹿内信隆。『いま明かす戦後秘史』第一部。東京：サンケイ出版，1983。

佐藤寛二。『赤いチューリップの兵隊——ある兵士の足跡』。東京：千秋社，1978。

従軍慰安婦110番編集委員会。『従軍慰安婦110番——電話の向こうから歴史の声が』。東京：明石書店，1992。

女性のためのアジア平和国民基金編集。『政府調査「従軍慰安婦」関係資料集成』五巻。東京：龍渓書舎，1997-1998。

鈴木裕子。『「従軍慰安婦」問題と性暴力』。東京，未來社，1993。

鈴木裕子。『フェミニズムと戦争』。東京：マルジュ社，1986。

千田夏光。『従軍慰安婦』。東京：講談社，1984。

高木健一。『従軍慰安婦と戦後補償——日本の戦後の責任』。東京：三一書房，1992。

田中利幸。「なぜ米軍は従軍『慰安婦』問題を無視したのか」，『世界』627期（1996），頁174-83；628期（1996），頁270-79。

中国帰還者連絡会編。『完全版三光』。東京：晩聲社，1984。

中国人戦争被害賠償請求事件弁護団。『砂上の障壁——中国人戦後補償裁判10年の軌跡』。東京：日本評論社，2005。

南京事件調査研究会編訳。『南京事件資料集』。東京：青木書店，1992。

西野瑠美子、林博史、VAWW-NET Japan 編集。『「慰安婦」・戦時性暴力の実態
　　＜2＞　中国、東南アジア、太平洋編』，（日本軍性奴隷制を裁く–2000女性国際
　　戦犯法廷の記録）単行本。東京：緑風出版，2000。
西野瑠美子。『従軍慰安婦：元兵士たちの証言』。東京：明石書店，1992。
西野瑠美子。『戦場の慰安婦』。東京：明石書店，2003。
日朝協会埼玉県連合会編。『証言「従軍慰安婦」——ダイヤル110番の記録』。浦和：
　　日朝協会埼玉県連合会，1995。
秦郁彦。『慰安婦と戦場の性』。東京：新潮社，1999。
林博史。「陸軍の慰安所管理の一側面」，『戦争責任研究』，1期（1993），頁16–17。
平林久枝。『強制連行と従軍慰安婦』。東京：日本図書センター，1992。
広田和子。『証言記録従軍慰安婦・看護婦—戦場に生きた女の慟哭』。東京：新人物
　　文庫，1975。
藤岡信勝。『「自虐史観」の病理』。東京：文藝春秋，1997。
洞富雄。『南京大虐殺：決定版』。東京：現代史出版社，1982。
森崎和江。『からゆきさん』。東京：朝日新聞社，1976。
山下明子。『戦争とおんなの人権』。東京：明石書店，1997。
山田定。『憲兵日記』。東京：駿河台書房，1985。
山田清吉。『武漢兵站——支那派遣軍慰安係長の手記』。東京：図書出版社，1978。
尹貞玉。『朝鮮人女性がみた「慰安婦」——明日をともに創るために』。東京：三一書
　　房，1992。
吉田清治。『朝鮮人慰安婦と日本人——元下関労報動員部長の手記』。東京：新人物
　　往来社，1977。
吉見義明、林博史。『共同研究日本軍慰安婦』。東京：大月書店，1995。
吉見義明。『従軍慰安婦』。東京：岩波書店，1995。
吉見義明編。『従軍慰安婦資料集』。東京：大月書店，1992。
吉見義明監修、内海愛子、宇田川幸大、高橋茂人、土野瑞穂編。『東京裁判——性
　　暴力関係資料』。東京：現代資料出版，2011。

索引